高等院校**电子商务类**
新形态系列教材

电商
客户关系管理

微课版 第2版

苏朝晖◎编著

Electronic

Commerce

人民邮电出版社
北　京

图书在版编目（CIP）数据

电商客户关系管理 ：微课版 / 苏朝晖编著. -- 2版
. -- 北京 ：人民邮电出版社，2024.4
高等院校电子商务类新形态系列教材
ISBN 978-7-115-63662-1

Ⅰ．①电… Ⅱ．①苏… Ⅲ．①电子商务－网络客户－
营销管理－高等学校－教材 Ⅳ．①F713.365.2

中国国家版本馆CIP数据核字(2024)第023423号

内 容 提 要

本书借鉴和吸收了国内外电商客户关系管理领域的研究成果，内容分为四篇，分别为导论、电商客户关系的建立、电商客户关系的维护、电商客户关系的挽救，具体包括客户关系管理概论、客户购买行为分析、电商对客户的选择、电商对客户的开发、电商对客户信息的管理、电商对客户的分级管理、电商对客户的沟通管理、电商对客户满意的管理、电商对客户忠诚的管理、电商对流失客户的挽回等。

本书体系完整、结构清晰、深入浅出、通俗易懂，与电商企业的经营活动紧密联系，并且配有大量典型、生动的案例，便于读者更好地领会电商客户关系管理的要义。

本书配有理论 PPT 课件、案例 PPT 课件、教学大纲、教学进度表、电子教案、课后习题答案、模拟试卷及答案等教学资源，用书教师可在人邮教育社区免费下载使用。

本书适合作为高等院校电子商务类专业的教材，也适合从事相关工作的人士阅读和参考。

♦ 编　著　苏朝晖

　　责任编辑　王　迎

　　责任印制　胡　南

♦ 人民邮电出版社出版发行　　北京市丰台区成寿寺路 11 号

　　邮编　100164　　电子邮件　315@ptpress.com.cn

　　网址　https://www.ptpress.com.cn

　　保定市中画美凯印刷有限公司印刷

♦ 开本：787×1092　1/16

　　印张：12.25　　　　　　　　2024 年 4 月第 2 版

　　字数：300 千字　　　　　　2025 年 6 月河北第 4 次印刷

定价：49.80 元

读者服务热线：(010)81055256　印装质量热线：(010)81055316
反盗版热线：(010)81055315

PREFACE 前言

随着互联网与信息技术的迅猛发展，互联网市场已成为一个急速扩展、潜力巨大的市场，蕴含着无限商机，引来众多电商企业竞相追逐。

党的二十大报告指出："构建优质高效的服务业新体系，推动现代服务业同先进制造业、现代农业深度融合。"尽管当前电商企业间的竞争表现为品牌竞争、创新竞争、服务竞争等，但其本质上都是在争夺客户。一家电商企业无论有多好的设备、多好的技术、多好的品牌、多好的机制、多好的团队，如果没有客户，一切都无法发挥价值。

例如，品牌只是吸引客户的有效工具之一，再强势的品牌如果没有客户的青睐，同样站不住脚。这也可以解释为什么有些知名品牌在异地发展遭遇挫折——不是品牌本身有问题，而是品牌没有被异地的客户所接受！所以，电商企业要实现赢利必须依赖客户，要想在激烈的市场竞争中获得长期稳定的发展，就必须重视客户关系管理。

电商企业要做好客户关系管理工作，就要做到以下几点。首先，电商企业应当积极地与客户建立关系；其次，电商企业在与客户建立关系之后还必须认真维护好客户关系；最后，电商企业应当认识到在建立、维护客户关系阶段随时可能发生关系的破裂，为此电商企业必须及时采取有效措施来挽救客户关系。

本书此次修订在原版本的基础上对部分章节的内容进行了修订，其中完善了电商对客户的选择、电商对客户信息的管理、电商对客户的分级管理、电商对客户忠诚的管理、电商对流失客户的挽回等章节的相关内容；另外，更新、补充了相关案例，突出了时代感与本土化及应用型人才培养的特点。

为了方便教师的教学，本书提供了丰富的教学资源，包括理论 PPT 课件、案例 PPT 课件、教学大纲、教学进度表、电子教案、课后习题答案、模拟试卷及答案等，教师可在人邮教育社区（www.ryjiaoyu.com）进入本书页面免费下载使用。此外，对于书后的综合实训，教师可根据实际教学情况酌情安排。

本书在编写过程中引用了大量典型案例，便于读者更好地领会客户关系管理的要义。资料来源已尽可能列出，如有遗漏在此深表歉意。由于作者水平所限，书中难免有不足之处，恳请读者批评指正，意见与建议请发送至电子邮箱 822366044@qq.com。

苏朝晖

CONTENTS

第四篇　电商客户关系的挽救

第一篇

导论

客户是指购买或者使用产品或服务的个人或组织。

客户关系是企业与客户之间的关系，是企业与客户相互联系的状态。

电商企业要想赢利，离不开客户的购买，因此电商企业必须重视客户关系管理，也必须了解客户购买行为的特点、模式与过程，以及影响客户购买行为的各种因素。

由于许多电商企业为交易平台，因此本书所探讨的客户包括买方客户，也包括卖方客户。此外，电商企业的客户既包括个人客户，也包括企业客户；既包括境内客户，也包括境外客户。

第一章
客户关系管理概论

本章将介绍客户关系管理的产生、客户关系管理的内涵，以及客户关系管理的理论基础、客户关系管理系统、电商客户关系管理的思路。

第一节　客户关系管理的产生

客户关系管理是一个既古老又新鲜的话题。

之所以古老，是因为自人类有商务活动以来，客户关系问题就一直是商务活动中的核心问题之一，也是影响商务活动成功与否的关键因素之一。例如，古时候的货郎、商人都意识到，对于那些常来常往的客户，如果能熟记他们的名字、爱好和购买习惯，给予这些客户朋友般的亲切接待，并且投其所好地满足他们的需要，就容易使其成为忠诚的客户。

之所以新鲜，是因为现代的客户关系管理不同于传统的客户关系管理，现代客户关系管理的产生源于当前需求的拉动和技术的推动。

一、需求的拉动

客户关系管理的产生源于市场对客户关系管理的需求，这体现在两个方面，一方面是客户的重要性，另一方面是客户关系管理的重要性。

（一）客户的重要性

客户的重要性体现在客户对企业的价值上，这部分价值不应仅是客户的购买为企业带来的利润，而应该是客户为企业创造的价值的总和。客户的重要性具体体现在以下几个方面。

1. 利润源泉

客户可以给企业带来利润，使企业兴旺发达，同时也可以使企业破产倒闭。只有客户购买了企业的产品或者服务，企业才能获取利润，因此客户是企业利润的源泉，管好了客户就等于管好了"钱袋子"。企业利润的来源不是品牌，品牌只是吸引客户的有效工具。再强势的品牌如果没有客户青睐，同样是站不住脚的。这可以解释为什么有些知名品牌在异地发展遭遇挫折——不是品牌本身有问题，而是品牌没有被异地的客户接受。正因为如此，美国通用电气公司变革的带头人韦尔奇说："公司无法提供职业保障，只有客户才行。"著名的管理学大师彼德·德鲁克说："企业的首要任务就是'创造客户'。"沃尔玛的创始人萨姆·沃尔顿说："实际上只有一个真正的老板，那就是客户。他只要用把钱花在别处的方式，就能将公司的董事长和所有雇员全部都'炒鱿鱼'。"

2. 聚客效应

自古以来，人气旺就是商家发达的生意经。一般来说，人们具有从众心理，喜欢追捧那些热门企业。如果企业拥有庞大的忠诚客户群，那么这本身就是一个很好的广告、很有力的宣传、很有效的招牌，在从众心理效应的作用下，企业能够吸引更多的新客户。所以，客户被形象地称为"播种机"，因为满意和忠诚的客户会带来其他新的客户。因此，已经拥有较多客户的企业更容易吸引新客户，从而使企业的客户规模不断壮大。

3. 信息价值

客户的信息价值是指客户为企业提供信息，从而使企业更有效、更有的放矢地开展经营活动所产生的价值。这些信息主要是企业在建立客户档案时由客户无偿提供、企业与客户沟通过程中客户以各种方式（如抱怨、建议、要求等）向企业提供的。这些信息包括客户需求信息、竞争对手信息、客户满意程度信息等。企业是为客户服务的，检验企业服务优劣的唯一标准就是客户评价。所以，客户被形象地称为"镜子"，客户的意见、建议为企业的正确经营指明了方向，为企业制定营销策略提供了真实、准确的一手资料。

4. 口碑价值

客户的口碑价值是指对产品或服务满意的客户向他人宣传企业的产品或服务，吸引更多新客户，从而促使企业销售量增长、收益增加所创造的价值。所以，客户被形象地称为"宣传队队员"，他们会对其他人诉说正面或者负面的评价，从而影响其他人对企业的兴趣和预期。研究表明，在影响客户购买决策的信息来源中，口碑传播的可信度最高，远胜于商业广告和公共宣传。因此，客户主动推荐和进行口碑传播一方面会使企业的知名度和美誉度迅速提高，另一方面可以降低企业的广告和宣传费用。

5. 应对竞争的利器

在产品或服务供过于求、买方市场日渐形成的今天，客户选择的自由度越来越高。尽管当前企业间的竞争更多地表现为品牌竞争、价格竞争、服务竞争等，但实质上都是在争夺有限的客户资源。此外，技术、资金、管理、服务、土地、人力、信息等，很容易被竞争对手模仿或者购买，而企业拥有的客户却不会如此。客户忠诚一旦形成，竞争对手往往要花费数倍的代价来挖墙脚（挖客户）。因此，从根本上说，判断一个企业的竞争力有多强，不但要看技术、资金、管理，而且要看其到底拥有多少忠诚客户，特别是拥有多少忠诚的优质客户。在小咖啡店买杯咖啡只要 0.5 美元，而在某品牌咖啡店买杯咖啡却要 3 美元，后者的生意更好，这是为什么？谁也没有强迫谁购买，购买者都是心甘情愿的，因为他们觉得值。所以，企业如果能够拥有较多的、乐意以较高价格购买产品的客户，就能在激烈的竞争中站稳脚跟，立于不败之地。此外，企业拥有的客户越多，就越可能获得规模效应，从而降低企业为客户提供产品或服务的成本，为客户提供具有更高价值的产品或服务。同时，企业如果拥有众多客户，还会给其他企业造成较高的进入壁垒——"蛋糕"（市场份额）就那么大，你拥有的客户多了，则其他企业占有的客户就少了，从而你在激烈的竞争中就处于优势地位。可以说，忠诚、庞大的客户队伍是企业从容面对市场变化的基石。

总之，客户是企业的衣食父母，是企业的命脉，是企业永恒的宝藏，是企业生存和发展的基础。一个企业不管有多好的设备、多好的技术、多好的品牌、多好的机制、多好的团队，如果没有客户，那么一切都无法发挥价值。企业就像船，客户就像水，水能载舟，亦能覆舟。企业要实现赢利必须依赖客户，没有客户，企业就难以发展！

（二）客户关系管理的重要性

1. 降低企业维系老客户和开发新客户的成本

客户关系管理可使企业与老客户保持良好、稳定的关系，这就为企业节省了一大笔向老客户进行宣传、促销等的费用。此外，好的客户关系会使老客户主动为企业进行有利的宣传。通过发挥老客户的口碑效应，企业能更有效地吸引新客户，同时减少企业为吸引新客户支出的费用，降低开发新客户的成本。例如，可口可乐公司曾经扬言："如果今天工厂被一把火烧了，第二天可另起炉灶，接着生产，继续供应可口可乐。"可口可乐公司为什么这么有底气？因为它有着数以亿计的忠诚客户。也正因如此，可口可乐公司用于维系老客户和开发新客户的成本很低。

2. 降低企业与客户的交易成本

客户关系管理还使企业和客户之间较易形成稳定的伙伴关系和信用关系，使交易容易实现，并且使过去逐次逐项的谈判交易发展成为例行的程序化交易，从而大大降低了搜寻成本、谈判成本和履约成本，最终降低了企业与客户的整体交易成本。

3. 促进增量购买和交叉购买

客户关系管理可以增加客户对企业的信任度，进而提高客户增量购买（即客户增加购买产品的数量）的可能性。例如，一位客户在银行开立了活期存款账户，而银行开立活期存款账户通常是不赚钱的，但银行仍然为该客户提供了良好的服务。后来，这位客户申请了一个定期存款账户，不久后又申请了汽车消费贷款，再后来又申请了购房贷款……显然，促使该客户增量购买银行服务的原因是银行与这位客户建立的良好关系。此外，客户关系管理还可以促使客户交叉购买（即客户购买该企业生产的其他产品或拓展与企业的合作业务范围）。例如，购买海尔冰箱的客户，如果与海尔公司的关系良好，当需要购买电视、洗衣机等产品时，就比较容易接受海尔公司的相关产品。

4. 给企业带来源源不断的利润

传统的管理理念乃至现行的财务制度，把厂房、设备、资金、股票、债券等视为资产，后来又把技术、人才也视为企业的资产。如今，人们逐渐认识到，虽然客户及客户关系不具备实物形态，但也是企业的重要资产，能为企业带来实实在在的利润。北欧航空公司的前首席执行官简·卡尔森认为，在企业资产负债表的"资产"栏记录几十亿欧元的飞机价值，是不对的，应该在"资产"栏里记录企业拥有多少满意和忠诚的客户，因为企业唯一的资产是对企业的服务满意并且愿意再次成为客户的客户。美国柯达公司为打开南美市场，曾斥资500万美元与以色列的鸡蛋公司签订协议，要求在其出口南美的鸡蛋上印上"柯达"商标——柯达看中的是以色列鸡蛋公司庞大、忠诚的客户群，而以色列鸡蛋公司由于善于将其客户关系作为一项资产来经营，因此将500万美元广告费尽收腰包。同样，国际足联也是利用了其拥有的客户关系——亿万名球迷，而获取收益。可见，客户关系管理使企业拥有相对稳定的客户群体和客户关系，能够稳定销售，降低企业的经营风险，并且提高效率、促进销售、增加市场占有率，从而赚取源源不断的利润。此外，好的客户关系，使客户对企业抱有好感，如此客户就会降低对产品价格或服务价格的敏感度，使企业能够获得较高的利润。

综上所述，企业管理好客户关系可以降低维系老客户和开发新客户的成本、降低与客户的交易成本、促进增量购买和交叉购买、赚取源源不断的利润。企业的命运建立在与客户保持长远利益关系的基础之上，企业要想在激烈的市场竞争中保持优势，保持长久的竞争力，保证企业的稳定发展，就必须积极建立客户关系，巩固和发展客户关系，把良好的客户关系作为企业的宝贵资产和战略资源来进行有效的经营和管理。相反，不重视客户关系管理将阻碍企业正常经营活动的开展。例如，国际商业机器公司（International Business Machines Corporation，IBM）这样具有强大技术与经济实力的公司，当年推出业界期待已久的家用计算机 PC Jr.，虽然花了几千万美元的广告与促销费用，但由于没有得到零售商客户的支持，最终也不得不宣布停产。

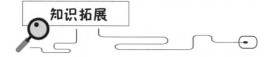

客户资产与客户的终生价值

客户资产（Customer Equity）就是将企业与客户的关系视为企业的一项可经营的资产。客户资产也可以理解为企业所有客户终生价值的折现价值的总和。客户资产还包括企业与客户、分销商和合作伙伴所形成的相互信任、合作的关系，是一种能为企业所运用、产生长期现金流量的风险资产。

客户的终生价值（Customer Lifetime Value，CLV）是指一个客户一生所能给企业带来的价值，它是以客户带来的收益减去企业为吸引、维系和服务该客户所产生的成本来计算的，并且要折为现值。

客户带来的收益包括客户初期购买给企业带来的收益、客户重复购买给企业带来的收益、客户增量购买及交叉购买给企业带来的收益、获取与保持客户的成本降低及提高营销效率给企业带来的收益、客户向朋友或家人推荐企业的产品或服务给企业带来的收益、客户对价格的敏感性降低而给企业带来的收益等。例如，可口可乐公司预测其一位忠诚客户在 50 年内能给企业带来的收益是 1.1 万美元，AT&T 公司预测其一位忠诚客户在 30 年内能给企业带来的收益是 7.2 万美元等。

客户终生价值既包括历史价值，又包括未来价值，它随着时间的推移而增长。因此，企业千万别在意客户一次花多少钱、购买了多少产品或服务，而应该考虑他们一生可能给企业带来多少收益。现实中客户往往因为企业没有满足其某一个心愿，而从此不再光顾该企业，暂且不论一位客户离去的各种负面效应和其他间接损失，单就失去一位老客户的直接损失就非常大。正因为如此，某企业评估其一位忠诚客户 10 年的终生价值是 8000 美元，并以此来教育员工失误一次很可能就会失去全部，要以 8000 美元的价值而不是一次 20 美元的销售额来接待每一位客户，提醒员工只有时时刻刻让客户满意，才能确保企业得到客户的终生价值。

二、技术的推动

客户关系管理起源于 20 世纪 80 年代初的"接触管理"，即专门收集、整理客户与企业相互联系的所有信息，借以改进企业经营管理，提高企业营销效益。后来，企业在处理与外部客户的关系时，越来越感觉到没有信息技术支持的客户关系管理力不从心。因而自 20 世纪 90 年代以来，美国许多企业为了满足市场竞争的需要，相继开发了销售自动化系统、客户服务系统等软件系统。到 20 世纪 90 年代中期，接触管理逐渐演变为包括呼叫中心和数据分析在内的"客户服务"。

20 世纪 90 年代末，由于信息技术的引入，客户关系管理的营销模式在技术解决方案方面得到了很大的充实和快速的发展，这使企业能够有效地分析客户数据，积累和共享客户信息，根据不同客户的偏好和特性，提供相应的服务，从而提高客户价值。同时，信息技术也可以辅助企业识别不同的客户关系，针对不同的客户关系采用不同的策略。信息技术的突飞猛进为客户关系管理的实现和功能的扩展提供了前所未有的手段，如数据挖掘、数据库、商业智能、知识发现、基于浏览器的个性化服务系统等技术的发展，使收集、整理、加工和利用客户信息的质量大大提高，也使企业与客户之间进行交流的渠道越来越多。

信息技术对客户关系管理的影响分为自动化、信息化和理念变革三个层次。自动化层次是指用计算机技术替代手工劳动，主要目的是提高客服人员的工作效率，如用一些管理软件自动进行数据统计、自动生成数据分析报表等。信息化层次是指利用现代信息技术，将数据、知识、经验和软件整合起来，为客服人员提供及时的决策信息，以支持营销决策，也就是营销工程。理念变革层次是指应用信息技术促进客户关系管理的理论和实践的创新，如数据库营销、关系营销等，这些营销理念已日益为企业所接受和应用。此外，由于互联网是非常好的信息平台和互动手段，它提供了一个低成本的信息获取工具，同时也实现了供应商和客户的无缝连接，所以，互联网推动了客户关系管理的发展。

总之，在需求的拉动和技术的推动下，客户关系管理不断演变发展，逐渐形成了一套管理理论体系和应用技术体系。

第二节　客户关系管理的内涵

一、关于客户关系管理的认识误区

许多人认为"关系"是个令人费解、难以言说的词语，因而规避讨论"关系"，而更愿意讨论"战略""创新"这样的话题。这是因为他们将"关系"简单地理解为"搞关系""走后门"，认为只要多"献殷勤"就可以建立客户关系、维护客户关系，这是对客户关系管理的误解。

其实，正常的客户关系本质上是买卖关系、交易关系、服务关系、利益关系。因此，客户关系管理不可以"务虚"，而必须"务实"，必须是建立在坚实的利益基础之上的，必须是能够为客户创造价值的。如果企业提供的产品或服务不能满足客户的需要，那么不论怎么"请客""送礼""赔笑脸""走后门""搞关系""献殷勤"都无济于事。

还有不少人认为，客户关系管理就是安装客户关系管理软件，或者客户关系管理就是数据库管理，这也是对客户关系管理的误解。我们最初看到的客户关系管理是与客户关系管理软件、数据库管理联系在一起的，所以有了一个错误认识——引进了客户关系管理软件、建立了客户数据库就是在进行客户关系管理。事实上，客户关系管理可能需要客户关系管理软件，但其只是为企业进行客户关系管理提供了一种手段，并不能代表客户关系管理。客户数据库也只是帮助我们更有效地管理客户信息的工具，同样不能替代客户关系管理。

从根本上说，企业与客户是利益关系、协作关系、双赢关系。双方只有愿意交往、愿意合作，才能建立、保持良好的关系。

总之，企业与客户间关系的建立与维护靠的是企业为客户创造的利益、情感和价值，而仅凭人际交往、计算机软件或数据库是无法实现的。

二、客户关系管理再认识

（一）客户关系管理首先是一种"管理"

"管理"是指有目的的活动，是计划、组织、指挥、协调、控制。那么，客户关系管理就是企业对客户关系进行计划、组织、指挥、协调、控制，这就意味着客户关系管理绝不仅是使用一套软件、建立一个客户数据库那么简单，而是涉及企业的定位、战略、业务、流程、管理、营销、文化等一系列问题。

（二）客户关系管理是关于"关系"的管理

《现代汉语词典（第7版）》对"关系"的解释是：①事物之间相互作用、相互影响的状态；②人和人或人和事物之间的某种性质的联系；③关联或牵涉等。此外，"关系"是有生命周期的，即关系的建立、发展、保持、破裂。由此可见，客户关系是企业与客户之间相互作用、相互影响、相互联系的状态。当然，客户关系也是有生命周期的，即客户关系的建立、发展、保持、破裂。

（三）客户关系管理是关于"客户关系"的管理

企业与客户之间的关系既是买卖关系，又是利益关系，还是伙伴关系。企业的销售和客户的购买使企业赢得利润、客户获得价值，企业与客户都从对方那里获得利益，只要关系不破裂，这种交换就可以持续下去。可见，从关系的持久性来看，企业实施客户关系管理必须实现客户与企业的双赢，实现客户价值的最大化和企业收益最大化之间的平衡。此外，社会关系的一些基本准则大多适用于客户关系管理，因为从本质上说，企业、客户的背后都是人，客户关系本质上是人与人的关系，当然，客户关系侧重于社会关系与人际关系中的商业关系，因而一些客户关系管理方法并不适用于管理社会关系与人际关系。

三、客户关系管理的概念及目标

客户关系管理是建立在营销思想和信息技术基础之上的先进的管理理念与策略，是专门研究如何建立客户关系、如何维护客户关系、如何挽救客户关系的科学。它将管理的视野从企业的内部延伸、扩展到企业的外部，是企业管理理论的新领域。

客户关系管理的目标是通过建立客户关系、维护客户关系、挽救客户关系来帮助企业拥有大量的、优质的、忠诚的客户。

第三节　客户关系管理的理论基础

一、关系营销

（一）关系营销的内涵

关系营销认为，企业营销是一个与客户、竞争者、供应商、分销商、政府机构和社会组织发生互动作用的过程，正确处理与这些个人和组织的关系是企业营销的核心，是企业成功的关键。

关系营销强调关系的重要性，即企业通过客户服务、紧密的客户联系、高度的客户参与、对客户高度承诺等方面来建立双方良好的合作关系，视客户为永久性的伙伴、朋友，并与之建立互利互惠的伙伴关系，其目的是在获得新客户的同时维护老客户，并在企业与客户结成的长期互利互惠的伙伴关系中获得收益。这种关系超越了简单的物质利益的互惠而满足了某种情感需求，企业通过维系这种情感来获得并维持客户，从而形成一种长久的利益机制。

（二）交易营销与关系营销的区别

首先，交易营销只关注一次性的交易，较少强调客户服务，对客户的承诺有限，适度地与客户联系，只有生产部门关心质量；关系营销则高度重视客户服务、客户承诺、客户联系，所有部门都关心质量。

其次，交易营销认为，市场中交易双方的主动性不同，即存在"积极的卖方"和"消极的买方"，买卖双方是各自独立的，交易营销就是卖方的单方行为，卖方用产品、价格和促销等营销组合手段刺激客户购买；关系营销则认为，具有特定需求的买方也在积极寻找合适的卖方，买卖双方是互动的关系。

再次，交易营销认为，市场由同质的、无差别的个体客户构成，市场细分是在庞大的消费群中划分出同质性较高的目标受众；关系营销则认为，市场中不同个体客户的需求和欲望、购买能力有着很大的差异，所以每个客户对企业的价值是不同的，不能将每个客户同等对待，应采取客户分级的方法来区别对待处于不同层级的客户。

最后，交易营销注重结果和以产品为中心的价值传播，关系营销倾向于以服务过程和价值创造为中心。

（三）关系营销的意义

关系营销是对市场营销学理论的重大突破，它首次强调了客户关系在企业战略和营销中的地位与作用。关系营销的目的从获取短期利润转向与各方建立和谐的关系，保持企业与客户之间的长期互利互惠的伙伴关系是关系营销的核心思想。

关系营销吸收了以往各种营销方式的优点，又注重与新技术的结合，其理念是运用各种工具和手段，培养、发展和维持与客户之间的亲密关系，实现有效的客户挽留。所以，很多学者认为关系营销是客户关系管理的基石，是客户关系管理的雏形，关系营销直接推动了客户关系管理的产生。

二、客户细分

（一）客户细分的概念

市场细分是美国市场学家温德尔·史密斯（Wendell Smith）于1956年提出来的，是指根据客户的需要与欲望及购买行为和购买习惯等方面的明显差异，把某一产品或服务的市场划分成若干由相似需求构成的消费群（即若干子市场）的过程。

（二）客户细分的意义

第一，不同的客户群体具有不同的价值。客户天生就存在差异，不同的客户有不同的需求，不同的客户的价值也不相同。通过客户细分，企业可以更好地识别不同客户群体对企业的需求，以此指导企业的客户关系管理，从而达到吸引客户、留存客户、培养忠诚客户的目的。为此，企业要识别每个客户群体的价值，并根据价值的不同采取有效方法对客户进行细分。通过客户细分，找寻到哪些客户是能为企业带来赢利的，哪些客户不能为企业带来赢利，并锁定那些高价值的客户。只有这样，企业才能保证投入资源后得到回报，企业的长期利润和持续发展才能得到保证。

第二，合理利用企业有限的资源。对企业而言，在现有的客户群体中，并不是所有的客户都会或者有可能同企业建立并发展长期合作关系。因此如果对所有客户不加区别地开展营销活动，势必会造成企业资源的浪费。但是，如果首先通过客户细分，识别具有较大概率同企业保持密切关系的客户，并有区别地开展目标营销，企业就会取得事半功倍的效果，大大节约企业有限的资源。

总之，市场是一个多层次、具有多元化消费需求的综合体，任何企业都无法满足所有的需求。企业通过市场细分可以识别最能赢利的细分市场，找到最有价值的客户，把主要资源放在这些能产生最大投资回报的客户身上，从而更好地满足他们的需要。

（三）客户细分的原则

企业在进行客户细分时，应该注意以下几个细分原则。

第一，细分后的客户群体必须具有不同的特点并且保持相对的稳定性，以便企业执行长期的营销策略，有效地开拓并占领目标市场。相反，如果细分后客户群体的特点变化过快，则营销风险会随之增加。

第二，每一个细分后的客户群体要具有可衡量的特征，即各子群体内都有明确的组成，而且企业能对其规模、购买力和基本情况大致做出判断。

第三，在客户细分中，企业服务目标客户要量力而行，充分发挥企业的人力、物力、财力和生产力、技术、营销能力的作用。那些不能充分发挥企业资源的作用、难以被企业拥有的群体，则不能作为目标客户群体，否则会浪费企业的资源。

第四，细分后的客户群体规模必须使企业有利可图，而且有相当的发展潜力。企业服务一个细分客户群体是否可以实现经济效益取决于这个市场的容量，如果市场容量过小，则企业就不值得为该目标客户群体实施相关营销计划。

三、客户关系生命周期

任何关系都有生命周期，即从关系建立、关系发展、关系破裂到关系恢复或关系结束，客户关系也不例外。

客户关系生命周期是指从企业与客户建立关系到完全终止关系的全过程，是客户关系随时间变化的发展轨迹，它动态地描述了客户关系在不同阶段的总体特征。

我国学者陈明亮将客户关系生命周期划分为考察期、形成期、稳定期、退化期4个阶段。

（一）考察期

考察期是客户关系的孕育期。此时客户第一次接触企业，需要花大量成本和精力来寻求信息并做出决策，然后尝试下单，一般交易量较小。企业则需要花费大量人力和物力进行调研，确定其是否为目标客户，此时企业对客户投入较多，但客户尚未对企业做出较大贡献。

（二）形成期

形成期是客户关系的发展阶段。此时企业与客户已经建立了一定的相互信任和相互依赖关系，客户愿意承担部分风险，对价格的忍耐力有所增加，需求进一步增多。企业从客户交易中获得的收入已经大于投入，开始赢利。但是，这一时期客户关系没有固化沉淀，客户在做出购买决策时，还会将企业产品与相关竞品进行对比。因此，客户群体表现出稳定性较差、需求的波动性较大、容易受外界影响等特征。针对形成期客户关系的特点，企业要建立和完善客户档案信息，通过恰当的方式与客户保持沟通，了解客户的真实需求和感受，同时向客户传递企业的价值观，通过承诺和兑现承诺使客户建立对企业的信任；在满足客户基本预期的基础上，努力实现和超越客户的预期，以抵挡竞争对手对客户的促销和诱惑。

（三）稳定期

稳定期是客户关系发展的最高阶段。此时企业与客户已经建立长期合作关系，客户对产品或服务的数量和质量需求稳定，对价格的敏感度降低，价格忍耐力达到最高值，交易量增大，客户对企业的产品或服务有信心，愿意试用新产品或新服务，并主动向周围人传递良好的企业口碑和推荐客户，形成外部效应。稳定期客户关系管理的任务是"保持"，即将客户关系保持在一个较好的状态，并且保持尽可能长的时间。保持策略是通过恰当的客户接触渠道和客户沟通，传递企业的价值观，建立双方信息共享机制和深度合作的平台，提高客户的参与程度，通过企业和客户之间的互动创造价值；构建客户学习曲线，使客户感受到和企业保持现有关系所带来的附加价值和节约的成本，提高客户的主动忠诚度，同时提高客户转移成本，提高客户的被动忠诚度。

（四）退化期

退化期是客户关系发展过程中的逆转阶段。该阶段客户的购买水平下降，这种下降可能骤然发生，也可能缓慢出现。原因很可能是客户对产品或服务的抱怨增加，客户满意度下降，客户开始与企业的竞争者来往。退化期并不总是处在稳定期之后，在任一阶段中关系都有可能退化。如果客户关系没有存在的必要，企业就采取客户关系终止策略；如果客户关系仍然有存在的必要，企业就应该采取关系恢复策略。企业应注意：认真倾听客户的心声，了解客户的真实需求，分析客户流失的原因；制订重建信任的关系恢复计划，并且保证承诺能够兑现；即使客户拒绝恢复关系也要表现得大度。

第四节　客户关系管理系统

当企业的客户群体相对较大时，客户信息的调查、收集、登记、更新、分析、分类等工作需要一个平台和相应的软件系统来完成。也就是说，企业有必要建立快速、准确、动态的客户关系管理系统来满足日益复杂的管理客户关系的需要。

客户关系管理系统是以客户数据的管理为核心，利用现代信息技术、网络技术、电子商务、智能管理、系统集成等多种技术，记录企业在市场营销与销售过程中和客户发生的各种交互行为，以及各类有关活动的状态，提供各类数据模型，进行客户信息的收集、管理、分析、利用的系统，帮助企业建立以客户为中心的管理模式。

一、客户关系管理系统的特点

客户关系管理系统的主要工作有：帮助记录、管理企业与客户交易与交往的所有信息，并能够辨别哪些客户是有价值的，以及了解这些客户的特征等；实现自动化管理，动态地跟踪客户需求、客户状态变化、客户订单，记录客户意见；通过自动的电子渠道，如短信、邮箱、网站等，完成对客户进行的某些自动化管理的任务。客户关系管理系统的特点如下。

（一）综合性

客户关系管理系统综合了绝大多数企业有关客户服务、销售和营销管理系统自动化和优化的需要，实现营销与客户服务的功能，同时通过系统具备的为现场销售和远程销售提供的各种服务实现销售功能。客户关系管理系统使企业拥有了畅通、高效的客户交流途径及面对客户的业务工具和竞争能力，从而使企业能够顺利实现从传统的企业模式向以电子商务为基础的现代企业模式的转变。

（二）集成性

客户关系管理要有效发挥作用，还要与企业的后台系统进行集成。在电子商务背景下，客户关系管理系统与企业资源计划（Enterprise Resource Planning，ERP）、供应链管理、计算机集成制造、财务等系统的集成，将彻底改革企业的管理方式和业务流程，确保各部门、各系统的任务能够动态协调和无缝连接。

（三）智能化

客户关系管理系统还具有商业智能的决策能力和分析能力。客户关系管理系统获得并深入分析了大量的客户信息，通过加强对数据库的建设和数据挖掘工作，可以对市场和客户的需求展开智能性的分析，从而为管理者提供决策的依据或参考。客户关系管理系统的商业智能还可以改变产品定价方式、产品组合方式，帮助企业提高市场占有率和客户忠诚度，以及发现新的商业机会。

（四）高技术

客户关系管理系统涉及种类繁多的信息技术，如数据库、数据挖掘、多媒体技术等，同时为实现与客户的全方位交流，在方案部署中要求实现呼叫中心、销售平台、远程销售、移动设备，以及基于互联网的电子商务站点的有机结合。这些不同的技术、不同规则的功能模块和方案结合，将形成一个统一的客户关系管理环境。

二、客户关系管理系统的主要功能

客户关系管理系统的主要功能是：接触功能、业务功能、技术功能。

（一）接触功能

客户关系管理系统应当能使客户以各种方式与企业接触，典型的方式有呼叫中心、面对面的直接沟通、传真、移动销售、电子邮件、互联网及其他营销渠道，如中介或经纪人等。

客户关系管理系统应当能够或多或少地支持各种各样的接触活动。企业必须协调这些沟通渠道，保证客户能够按其方便或偏好的形式随时与企业交流，并且保证来自不同渠道的信息完整、准确和一致。

（二）业务功能

企业中每个部门必须能够通过上述接触方式与客户进行沟通，而营销部门、销售部门和服务部门与客户的接触和交流最为频繁。因此，客户关系管理系统主要应对这些部门予以支持。

1. 营销自动化

营销自动化也称作技术辅助式营销，主要通过设计、执行和评估营销行动和相关活动的全面框架，赋予市场营销人员更多的工作手段及能力，使其能够对营销活动的有效性加以计划、执行、监视和分析，并能够运用工作流技术来优化营销流程，从而使营销任务自动化完成。其目的在于使企业能够在活动、渠道和媒体选择上合理分配营销资源，以达到收益最大化和客户关系最优化的效果。

2. 销售自动化

销售自动化以自动化方法替代原有的销售过程，这种方法主要是基于信息技术而形成的。销售自动化可以帮助企业的销售机构及销售人员高质量地完成日程安排，进行有效的客户关系管理，进行销售预测，制作和提交销售建议书，制定定价与折扣策略，分配和管理销售地域，以及建立与完善报销报告制度等。

3. 服务自动化

服务自动化是企业依靠信息技术与手段，根据客户的背景资料及可能的需求，与客户进行多种交流与沟通，并且在特定的时机提示客服人员有效、快捷、准确地满足客户的需求，从而进一步发展、维系与客户的关系。

（三）技术功能

赫尔维茨集团（Hurwitz Group）给出了客户关系管理系统的 6 个主要功能，即信息分析的功能、对客户互动渠道进行集成的功能、支持网络应用的功能、建设集中的客户信息仓库的功能、对工作流进行集成的功能、与企业资源计划集成的功能。

例如，数据库是客户关系管理系统的重要组成部分，是客户关系管理思想和信息技术的有机结合，是企业前台各部门进行各种业务活动的基础。其功能体现在：帮助企业根据客户终生价值来区分各种现有客户；帮助企业准确地找到目标客户群体；帮助企业在合适的时机以合适的产品满足客户需求，降低成本，提高效率；帮助企业结合最新信息和结果制定新策略，培养忠诚客户。运用数据库这一强大的工具，企业可以与客户进行高效的、可衡量的、双向的沟通，体现以客户为导向的管理思想。

三、客户关系管理系统的类型

美国的调研机构美塔集团（Meta Group）将客户关系管理系统分为操作型、分析型、协作型。图 1-1 所示为客户关系管理系统的类型。

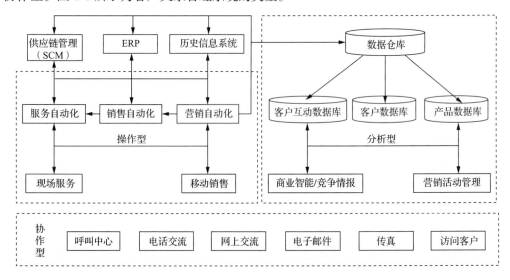

图 1-1　客户关系管理系统的类型

（一）操作型客户关系管理系统

操作型客户关系管理系统有时也称为前台客户关系管理系统，它包括与客户直接发生接触的各个方面，通过为客户提供自动化服务来改善与客户接触的流程，进而提高工作效率，使客户满意。这种系统的设计理念在于客户管理在企业经营中的地位越来越重要，它要求所有的业务流程流线化与自动化，包括经由各种渠道的客户接触点，即可接触的机会的整合，使前台与后台在管理上保持平滑的无缝连接。其目的是使企业直接面对客户时能够提供自动化的业务流程，让各个部门的业务人员在日常工作中共享客户资源，减少信息流动滞留点，为客户提供高质量的服务，使客户就像在和虚拟个人做交易一样。由于操作型客户关系管理系统面向的是营销、销售、客户服务等一线、前台的工作，它主要运用现代技术手段解决以客户为中心而带来的一系列问题，包括销售信息管理、销售信息分析、销售过程定制、销售过程监控、销售预测、营销活动的环境分析、信息管理、计划预算、项目追踪、成本核算、回报预测、营销效果评估、客户服务请求，以及投诉反应机制的建立、分配、解决、跟踪、反馈、回访等。

（二）分析型客户关系管理系统

分析型客户关系管理系统通常也称后台客户关系管理系统，它不需要直接同客户打交道，其作用是理解并分析发生在前台的客户活动，主要是从操作型客户关系管理系统应用所产生的大量交易数据中提取有价值的各种信息，为企业的经营管理和决策提供有效的量化依据。分析型客户关系管理系统主要面向客户数据分析，针对一定企业的业务主题，设计相应的数据库和数据集市，利用各种预测模型和数据挖掘技术，对大量的交易数据进行分析，对将来的趋势做出必要的预测或寻找某种商业规律。作为一种企业决策支持工具，分析型客户关系管理系统可用于指导企业的生产经营活动，提高经营决策的有效性和科学性。

（三）协作型客户关系管理系统

协作型客户关系管理系统基于多媒体联络中心，将多渠道的交流方式融为一体，建立统一的接入平台——交互中心，为客户和企业之间的互动提供多种渠道和联系方式，提高企业与客户的沟通能力。

（四）三种客户关系管理系统之间的关系

从上面三种客户关系管理系统的介绍和分析可以发现，操作型客户关系管理系统和协作型客户关系管理系统主要解决内部工作效率和交易数据的采集问题，并不具备信息分析的能力，分析型客户关系管理系统最具价值。此外，这三种类型的客户关系管理系统都是侧重解决某一个方面的问题，因此，要构建企业与客户之间的联动机制，就需要将三种类型的客户关系管理系统结合在一起。如果将客户关系管理系统比作一个人，则分析型客户关系管理系统是人的大脑，操作型客户关系管理系统是人的手和脚，而协作型客户关系管理系统有点像人的感觉器官。虽然不完全贴切，但它们的确有一定的相似性，三者共居于一个系统之中，共同完成同一个企业目标——为目标客户服务。企业是先建设分析型客户关系管理系统，还是先建设操作型客户关系管理系统，或者协作型客户关系管理系统，完全取决于企业的现状。不论怎样，企业一定要整体设计，先解决最紧迫的需求，这样投资少、见效快、风险小，是非常切合实际的做法。

第五节　电商客户关系管理的思路

互联网的快速发展将整个世界经济带入了一个从未有过的高速增长期，电商在网络技术的催生下急速改变着传统的商业模式，对传统企业提出了严峻的挑战。据国家统计局统计，2019 年中国网上商品和服务零售额达 10.6 万亿元，首次突破 10 万亿元大关。

随着内容电商化潮流的到来，跨流量平台的抖音、快手、小红书都加入了电商大军，原本竞争激烈的电商市场，更添加了浓烈的火药味。例如，小红书通过数据分析挖掘"爆款"，自己采购进行关联销售。此外，电商内容化拓展新场景。直播、短视频不但丰富了人们对商品的认知方式，而且有助于商品品类的拓展和消费场景的延伸，对提升复购次数和单用户消费金额大有裨益。社交电商、内容电商、短视频等跨界流量平台的创新模式有效满足了客户多样化的需求，正在成为传统电商平台强有力的竞争对手。这种跨界成功的关键在于通过内容带动商品销售，激发客户购买欲望，"内容＋社交平台"与电商的合作趋向于通过大数据进行精准匹配，带来人、货、场效能倍增效应。

综上所述，作为以营利为目标的电商企业，其客户关系管理应遵循以下思路。

一、必须以营销思想与信息技术为两翼

一方面，电商客户关系管理必须以营销思想为支撑。不论时代怎么发展、科学技术如何进步，客户关系管理都必须以客户为中心，以营销思想为支撑，通过了解和掌握客户需求，为客户提供个性化的优质服务以满足客户需要，并且不断提高客户的满意度和忠诚度，从而提高电商企业的经营效率，实现销售收入的增长、市场份额的增加，以及电商企业赢利能力和竞争能力的提高。

另一方面，电商客户关系管理必须以信息技术为支撑。在信息技术如此发达和重要的今天，客户关系管理必须以信息技术等现代科技为支撑，充分利用数据库、数据挖掘、人工智能技术、应用集成技术、移动与互联网技术等现代技术手段，不断改进和优化与客户相关的全部业务流程，实现电子化、自动化运营。

知识拓展

B2C、B2B、C2C

B2C 是 Business to Customer 的缩写，其中文简称为"商对客"，是一种电子商务模式，一般以网络零售业为主，主要借助互联网开展在线销售活动。B2C 为客户提供了一个新型的购物环境——网上商店，客户在网上购物、支付，代表网站有天猫、京东。例如，当前生鲜的网上分销渠道有京东到家、每日优鲜、超级物种、盒马鲜生等平台，以及同时提供网上到家服务的连锁超市、天猫、淘宝等综合性电商平台等。

B2B 是 Business to Business 的缩写，是企业与企业之间通过互联网进行商品、服务及信息交换的电子商务模式。B2B 代表网站有慧聪网等。

C2C 即 Customer to Customer，是个人与个人之间通过网络进行交易的电子商务模式。代表网站有淘宝网、易趣网、拍拍网。

二、主动地、有选择地建立客户关系

一方面，当没有客户关系时，电商企业就要主动、努力地建立关系，守株待兔的思想是不可取的。建立客户关系就是要让潜在客户和目标客户产生购买欲望并付诸行动，促使他们尽快成为电商企业的现实客户。

另一方面，为了使建立客户关系不太难，也为了使日后维护客户关系不太难，电商企业在建立客户关系之前必须有选择地建立关系，而不能盲目地建立客户关系。

客户关系建立阶段包含客户的选择、客户开发两个环节。

延伸阅读：电商行业的主要商业模式

平台型。平台型电商就像线下的集市和商场，提供给个人或者企业进行开店交易的平台，通过收取佣金、服务费、广告费、增值服务费等赢利。淘宝是目前最大的电商平台之一，淘宝的生态系统下繁衍着各种各样的电商企业。平台型电商的客户有两大类别，一是卖家客户，二是买家客户。

垂直型。垂直型电商企业一般获得了某些品牌的代理权或者经销权，通过赚取差价赢利，如主卖鞋的优购、卖服装的有货、卖酒的酒仙网等。

混合型。混合型电商平台的特点是"自营＋店铺"，自营原来的优势类目，通过扩大市场份额，提升议价能力，赚取购销差价；另外，吸引更多类目的品牌商入驻开店，收取佣金、服务费、广告费等收益。例如，一开始卖 3C 产品的京东，主卖化妆品的聚美、乐蜂，主卖图书的亚马逊、当当，现在都已经发展成为混合型电商平台。

闪购型。闪购网站本质上也属于平台，但是闪购网站没有店铺，而是以品牌为单位提供限时购买机会。例如，唯品会、聚划算，其核心竞争力就是限时、限量、最低价，而且唯品会为了建立竞争壁垒，自建仓储和物流体系，保证客户的购物体验。

导购型。导购型电商主要做流量分发，赢利模式主要是赚取交易佣金，如白菜价、返利网一类的导购网站。再如，值得买基于海淘优惠信息的整合，本质上也属于导购型电商。

三、积极维护客户关系

在建立客户关系之后，电商企业还必须维护好客户关系。俗话说："打江山易，守江山难。"同样，建立客户关系不易，维护客户关系更难。这是因为随着科学技术的发展，电商企业生产技术和生产效率得到了很大的提高，商品及服务得到了极大丰富，各电商企业之间的差别也越来越小，市场已开始由卖方市场向买方市场转变，所以客户的选择余地越来越大，因而电商企业留住客户越来越难。

客户关系的维护是电商企业通过努力来巩固及进一步发展与客户长期、稳定关系的动态过程和策略。客户关系维护的目标就是提高客户的忠诚度，特别是提高优质客户的忠诚度，避免优质客户的流失。

客户关系维护阶段包含客户的信息、客户的分级、客户的沟通、客户的满意、客户的忠诚 5 个环节。

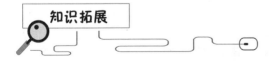

知识拓展

O2O

O2O 即 Online to Offline，指将线下商务的机会与互联网结合，让互联网成为线下交易的平台。O2O 通过打折、提供信息、服务预订等方式，把线下商店的消息推送给互联网用户，极大地便利了用户享受必须到店消费的服务，如餐饮、健身、住宿和演出等。

例如，喜茶布局了线下体验店、"喜茶 GO"小程序、微信公众号、微博、天猫旗舰店、抖音直播及美团外卖等触点，并且使线上、线下同时进行营销。例如，客户通过小程序下单，可以去线下实体店取货，同时商家也可通过线下活动吸引粉丝关注线上账号。打开喜茶微信公众号，文案、海报等元素精致、有趣，具有很浓的艺术气息。特别是，喜茶一般采用漫画的方式将故事娓娓道来，使年轻消费者群体产生情感共鸣。这不但使粉丝产生依赖性，而且促使他们主动分享喜茶的产品和活动。

O2O 的优势在于：首先，结合了线上和线下的优势；其次，推广效果可查，每笔交易可跟踪；再次，让客户在享受线上优惠价格的同时，又可享受线下贴心的服务；最后，可实现不同电商企业的联盟。总之，O2O 就是把线上的客户带到现实的商店中去，在线上支付购买线下的商品或服务，再到线下去消费和享受。

四、及时挽救客户关系

在客户关系的建立阶段、维护阶段，客户关系随时可能破裂。如果电商企业没有及时地恢复客户关系，就可能造成客户的永远流失。

相反，如果电商企业能够及时地采取有效措施，就有可能使破裂的关系得到恢复，挽回已经流失的客户，促使他们重新购买电商企业的商品或服务，使他们继续为电商企业创造价值。

总之，客户关系管理是一个系统工程，电商客户关系管理的流程如图 1-2 所示。

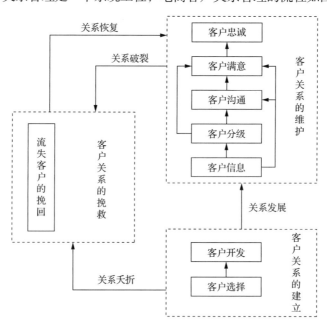

图 1-2 电商客户关系管理的流程

 **本章练习**

一、不定项选择题

1. 客户为企业创造的价值表现在（ ）等方面。

　　A. 利润源泉　　　　B. 聚客效应　　　　C. 信息价值　　　　D. 口碑价值

2. 客户关系建立阶段包含（　　　）环节。

    A. 客户沟通　　　　B. 客户选择　　　　C. 客户开发　　　　D. 客户分级

3. 客户关系维护阶段包含（　　　）环节。

    A. 客户沟通　　　　B. 客户满意　　　　C. 客户开发　　　　D. 客户忠诚

4. 客户关系管理系统的特点是（　　　）。

    A. 综合性　　　　B. 集成性　　　　C. 智能化　　　　D. 高技术

5. 客户关系管理系统的类型有（　　　）。

    A. 操作型　　　　B. 分析型　　　　C. 协作型　　　　D. 接触型

二、判断题

1. 客户就是指最终消费者。　　　　　　　　　　　　　　　　　　（　　　）

2. 客户关系管理必须以营销思想与信息技术为支撑。　　　　　　　（　　　）

3. 企业在建立客户关系之前必须有选择地建立关系。　　　　　　　（　　　）

4. 实施客户关系管理就是购买一个 CRM 软件，并在企业全面使用。（　　　）

5. 客户关系侧重于社会关系与人际关系中的商业关系。　　　　　　（　　　）

三、名词解释

客户　　客户关系　　客户关系生命周期　　客户终生价值　　客户关系管理

四、问答题

1. 简述客户关系管理产生的背景。

2. 客户关系管理的重要性是什么？

3. 客户关系管理的目标是什么？

4. 客户关系管理系统的主要功能是什么？

5. 电商客户关系管理的思路是什么？

 本章实训：介绍自己所钟爱的电商企业或品牌

实训任务

介绍自己对哪些电商企业或品牌情有独钟，并解释原因。

实训组织

（1）教师布置实训任务，指出实训要点和注意事项。

（2）全班分为若干个小组，各组确定本组的实训内容。

（3）收集相关资料和数据时可以进行实地调查，也可以采用二手资料。

（4）小组内部充分讨论，认真研究，形成分析报告。

（5）小组需制作一份能够在 3~5 分钟演示完毕的 PPT，在课堂上进行汇报，之后其他小组可质询，台上台下进行互动。

（6）教师对每组分析报告和课堂讨论情况即时进行点评和总结。

2-1 客户购买
行为分析

第二章
客户购买行为分析

电商企业赢利目标的实现有赖于客户的购买，因此，电商企业必须研究客户的购买行为及购买过程。了解和掌握客户购买行为的特点是电商企业开展经营活动的基础和指南，也是电商企业生存与发展的重要前提。

第一节 客户购买行为的特点、类型与模式

一、客户购买行为的特点

（一）购买需求的零星性

电商企业的客户众多，虽然客户的购买频率可能较高，但每次购买的数量往往较少。

延伸阅读：网络购物客户的特点

一般来说，网络购物客户多属于年轻的、受过现代高等教育的高学历者，他们的经济和社会条件明显较好。当然，随着互联网络的发展，中低收入群体、中老年群体上网的比例有逐渐增加的趋势。

另外，网络购物在女性网民中的普及率和深入程度均高于男性。随着网络购物商业模式和产品种类的日趋丰富，人们通过网络购买的产品也从图书音像、数码电子类产品向生活家居类产品扩展，这可能是女性网民在网购人群中比例迅速提升的重要原因。女性网购的主要产品集中在服饰类和家居工艺类，而男性在网络购物中热衷的产品是预付卡和电子产品。尽管女性青睐网络购物，但是她们对网络购物的担忧却普遍高于男性。

（二）购买需求的波动性

购买需求的波动性体现为有规律的波动和无规律的波动。

1. 有规律的购买需求波动

由于受文化、习惯及作息时间的影响，客户在很多情况下产生了步调一致的购买需求，于是产生了用餐高峰、交通高峰、旅游高峰，用餐低谷、交通低谷、旅游低谷。

虽然客户的购买需求可能在任一时点发生差异，但这些购买需求大多有规律——它们往往出现在上班（上学）前、下班（放学）后、节假日的前后与节假日期间等。

例如，工人发工资后的几天是工矿产区的餐馆生意最好的时候；风景区、住宿、游乐场、零售商的生意与节假日密切相关，也与气候变化有关；汽车经销商发现周末看车的客户非常多，而周一、周二看车的客户非常少，因为人们在双休日才有时间看车，如果在双休日看了车，则在周一和周二再来看车的可能性就非常小；4S店发现春节前很多客户会预约车辆检查，因为客户需要为长途旅行做准备。

总之，我们可以发现市场上有些购买需求具有周期性、阶段性、季节性等特点，可能是每日循环、每周循环、每月循环、每季循环、每年循环的。企业识别这部分有规律的购买需求，就可以对购买需求进行预测和引导，并且采取相关措施满足购买需求。

2. 无规律的购买需求波动

有时，购买需求的变化与突发性事件相关，如台风、暴雨、停电、停水、交通事故、食物中毒、火灾、地震等，这些突发性事件可能在瞬间引发购买需求。企业无法预测更没法控制这些突发性事件的发生，但可以采取相应措施来应对突发性事件带来的需求波动。

延伸阅读：需求及其类型

需求是指在一定的地理区域和一定的时期内，在一定的营销环境和一定的营销方案下，客户愿意购买的总数量，也被称为市场需求量。任何市场均可能存在以下不同的需求类型。

1. 负需求

负需求是指市场上众多客户不喜欢某种产品或服务。例如，许多老年人为预防各种老年疾病不敢吃甜点和肥肉，有些客户害怕冒险而不敢乘坐飞机，还有些客户害怕化纤纺织品中的有毒物质损害身体而不敢购买化纤服装。

2. 潜伏需求

潜伏需求是指现有的产品或服务不能满足许多客户的强烈需求。例如，老年人需要高植物蛋白、低胆固醇的保健食品，美观大方的服饰，安全、舒适、服务周到的交通工具，等等，但许多企业尚未重视老年市场的需求。潜伏需求和潜在需求不同，潜在需求是指客户对某些产品或服务有消费需求而无购买力，或有购买力但并不急于购买的需求。

3. 下降需求

下降需求是指目标市场客户对某些产品或服务的需求出现了下降趋势。例如，城市居民对电风扇的需求逐渐减少。

4. 不规则需求

不规则需求是指许多企业因季节、月份、周、日、时的变化而对产品或服务的需求产生变化，造成生产能力和产品的闲置或过度使用。例如，公共交通工具在运输高峰时不够用，在非运输高峰时则闲置不用。又如，在旅游旺季时旅馆房间紧张和短缺，在旅游淡季时旅馆房间空闲。再如，节假日时商店拥挤，平时则商店客户稀少。

5. 过度需求

过度需求是指市场上客户对某些产品的需求超过了企业供应能力，导致产品供不应求。例如，由于人口过多或物资短缺，交通、能源及住房等产品供不应求。

6. 有害需求

有害需求是指有害于客户身心健康的产品或服务的需求。例如，对香烟等的需求。

（三）购买行为的多样性

由于客户在年龄、性别、职业、文化水平、经济条件、个性特征、地理区域、生活方式等方面存在差别，因此，购买行为具有多样性。而且，随着购买力的不断提高，客户会更加注重个性化消费。

购买行为的多样性表现为客户的购买行为、偏好及选择产品的方式等各有侧重、互不相同。此外，在不同时期、不同环境、不同情境、不同产品的选择上，同一客户的购买行为也呈现很大的差异性。

（四）购买行为的多变性

随着时代的变迁、科技的进步、收入的提高，客户的购买行为一般会经历由低级到高级、由简单到复杂、由粗到精的变化过程。

（五）购买行为的复杂性

购买行为的复杂性首先表现为客户的购买动机往往是隐蔽的、复杂的。以购买一辆昂贵的品牌汽车为例，显性动机是购买交通工具，而隐性动机则是显示自己的成功与地位。可见，同一购买行为可以是多种动机所驱使的。

购买行为还受到经济环境、社会文化环境、个性特征和生活方式等因素的影响，这些因素对客户行为的影响有的是直接的，有的是间接的；有的是单独的，有的是交叉的。这些影响因素的多样性和复杂性决定了购买行为的复杂性。

延伸阅读：心理账户

心理账户是芝加哥大学经济学家理查德·塞勒（Richard Thaler）提出的概念，塞勒于2017年获得了诺贝尔经济学奖。

一般来说，客户都有两个账户，一个是经济学账户，另一个是心理账户。在经济学账户里，每部分的钱是可以替代的，只要绝对量相同。而在心理账户里，每部分的钱是不同的，人们会视每部分钱的不同采取不同的态度。一个人会对辛苦赚来的报酬制订严谨的储蓄和投资计划，但是对意外获得的钱却有不同的态度。人们可能会挥霍来得容易的钱，但会珍惜来之不易的钱。

所谓心理账户，指的是客户会根据财富的来源不同，把等价的支出或收益在心理上划分到不同的账户中。心理账户有三种情形：一是将各期的收入或者以各种不同方式获得的收入分在不同的账户中，不能相互填补；二是将不同来源的收入用于不同的消费倾向；三是用不同的态度来对待不同数量的收入。

购买行为生命周期理论应用心理账户来解释现实中客户的购买行为——客户往往根据财富的来源和形式，将它们划入三个心理账户——现期可花费的现金收入账户、现期资产账户、未来收入账户。购买行为生命周期理论认为，不同账户的财富对客户决策行为的影响是不同的。现期可花费的现金收入账户消费的诱惑力最大，因此，将这个账户的钱不消费而储蓄起来的心理成本也最大；现期资产账户的诱惑力和储蓄的心理成本居中；未来收入账户的诱惑力和储蓄的心理成本最小。由于这三个不同的心理账户对客户的诱惑力不同，所以，客户倾向于较多地通过现期可花费的现金收入账户消费，而较少通过现期资产账户消费，几乎不通过未来收入账户消费。

（六）购买行为的非专业性

购买时，大多数客户是外行，即缺乏相应的产品知识和市场知识，其购买行为属于非专业性购买行为。

（七）购买行为的可引导性

客户有时并不能清楚地意识到自己的需要，容易受广告宣传等因素的影响。为此，企业可以通过提供合适的产品来刺激客户消费，也可以通过有效的广告宣传、营销推广等促销手段来刺激客户，使之产生购买欲望，甚至影响他们的购买行为，改变他们的消费习惯，更新他们的消费观念。

二、客户购买行为的类型

（一）根据客户的购买频率划分

1. 经常性购买行为

经常性购买行为是购买行为中较为简单的一类，是指客户购买日常生活所需、消耗快、购买频繁、价格低廉的产品，如洗衣粉、牙膏、肥皂等。客户一般对产品比较熟悉，加上产品价格低廉，客户往往不必花很多时间和精力去收集资料和选择产品。

2. 选择性购买行为

选择性购买行为是指客户购买时往往愿意花较多的时间进行比较选择，如购买服装、鞋帽、小家电产品、手表、自行车等。这一类消费品单价比日用消费品高，并且购买后使用时间较长，客户购买频率不高，不同的品种、规格、款式、品牌之间差异较大。

3. 考察性购买行为

考察性购买行为是指客户购买时十分慎重，会花很多时间去调查、比较、选择，如购买轿车、成套高档家具、钢琴、计算机、高档家用电器等。这一类消费品昂贵、使用期长，客户往往很看重产品的品牌，大多数客户认牌购买，客户一般在大商场或专卖店购买这类产品。此外，已购买客户对于产品的评价对未购买客户的购买行为影响较大。

案例

唯品会客户的特点

首先，中青年客户居多，年龄在20～40岁的网民占很大比例。唯品会是一个专门做品牌折扣特卖的电商网站，其"一站购物，时尚体验"的风格深受中青年客户的喜爱。这些客户大部分具有较高的文化水平，他们熟悉计算机操作方法，有较强的阅读能力，是唯品会主要的上网用户，适应和欣赏唯品会购物网站营造的氛围，感觉到在这种氛围内购买产品就是一种享受。

其次，中等收入水平人员居多。这部分消费群体希望在唯品会网站上买到便宜产品，很适合购买唯品会二、三线品牌折扣价格产品，他们有时也会购买一些奢侈品。

最后，女性网购者居多且增长速度快。唯品会的产品价格比商场的便宜一些，且可实现网上看衣服款式、看服装搭配，满足了女性喜好逛街的需要。

（二）根据客户的购买态度与要求划分

1. 习惯型购买行为

习惯型购买行为是指客户由于对某种产品或某家商场的信赖、偏爱而产生的经常、反复的购买行为。由于经常购买和使用，他们对这些产品或服务十分熟悉，体验较深，再次购买时往往不再花费时间进行比较选择，注意力稳定、集中。

2. 理智型购买行为

理智型购买行为是指客户在每次购买前对所购买的产品都要进行较为仔细的研究比

较。这类客户在购买时头脑冷静，行为慎重，不轻易相信广告、宣传、承诺、促销及售货员的介绍，他们主要看产品的功能、质量、款式。

3. 经济型购买行为

经济型购买行为是指客户购买时特别重视价格，对价格的反应特别灵敏，无论是对高档产品，还是对中低档产品，首要考虑的都是价格的一种购买行为。这类客户对"大甩卖""清仓""亏本销售"等低价促销很感兴趣。一般来说，经济型购买行为与客户自身的经济状况有关。

4. 冲动型购买行为

冲动型购买行为是指客户容易受产品的外观、包装、商标或其他促销刺激而产生的购买行为。这类客户一般注重直观感觉，从个人的兴趣或情绪出发，喜欢新奇、新颖、时尚的产品，购买时不愿反复地比较。

5. 疑虑型购买行为

疑虑型购买行为是指客户在购买时小心谨慎和疑虑重重，购买缓慢、费时多，常常犹豫不决而中断购买，购买后还会疑心是否上当受骗的购买行为。这类客户具有内倾性的心理特征。

6. 情感型购买行为

情感型购买行为是指客户往往会联想产品的意义，购买时注意力容易转移，兴趣容易变换，对产品的外表、造型、颜色和命名都较重视，以是否符合自己的内心要求作为是否购买的主要依据的购买行为。

7. 不定型购买行为

不定型购买行为是指客户的购买多属尝试性的，其心理尺度尚未稳定，购买时没有固定的偏好，在上述 6 种类型之间游移的一种行为。

延伸阅读：网络购物行为的特点

（一）受时空限制较少

与实体经济消费相比，在互联网时代尤其是移动互联网时代，购买行为具有更加随意的特征。这是因为手机、平板电脑等移动设备的使用往往不需要较为集中的时间，也不像实体经济一样有固定的消费店面和地点。因此，购买行为在时间、空间上受到的限制较少，客户随时随地都可以进行网络消费，不用再去商场挑选，在家、在办公室只要借助终端设备，就可以自由地消费。

（二）消费便捷

在传统实体经济占主流地位的环境下，客户要挑选质优价廉的产品，只能一家又一家地跑商场、店铺，如果要对不同产品进行比较和衡量，还需要在不同的店铺之间进行浏览，故而在逛街、逛商场中耽误了太多的时间。而借用移动设备逛各种移动购物平台可以很好地解决这一问题——客户足不出户就可以在很大的范围内选择产品，货比多家，并对不同的产品进行比较，最终做出购物决策。

（三）可避开消费环境的干扰

实体店的消费环境往往会在一定程度上干扰客户的购买。例如，消费环境的整洁程度、导购的态度等，都会直接影响客户的消费心理和行为。而网络购物给客户提供了一个安静的消费环境，客户可以在不受周围环境干扰的情况下自由选购。

（四）冲动消费增多

冲动消费是指在偶然或突发因素的诱使下产生的无计划、无意识的消费行为。在传统购物消费模式中，客户在购物过程中会考虑时间成本因素，因而购物具有选择性、计划性。而在电子商务和网络购物环境下，客户购物的时间成本显著降低，且产品的式样繁多，这会对客户产生强烈的吸引力，因而冲动消费显著增多。

（五）借助搜索引擎轻松货比三家

在网络环境下，客户几秒之内就可以搜索到所需产品的品牌、价格、形状、功能、特征等信息，借助各类搜索引擎无须走出家门就可货比三家。例如，百度、搜狗、360 等搜索引擎给客户提供了大量的产品信息，淘宝、京东、苏宁易购等网络销售平台也提供了产品搜索业务，便于客户挑选产品。

三、客户购买行为的模式

国内外许多的学者、专家对客户购买行为的模式进行了大量的研究，并且提出了一些具有代表性的模式，揭示了客户购买行为的某些共性或规律性，其中以恩格尔 - 科拉特 - 布莱克威尔（Engel-Kollat-Blackwell，EKB）模式和霍华德 - 谢思（Howard-Sheth）模式最为出名。

（一）恩格尔 - 科拉特 - 布莱克威尔模式

该模式又称 EKB 模式，是由恩格尔、科特拉和布莱克威尔在 1968 年提出的，其重点是从购买决策过程去分析。该模式认为，外界信息在有形因素和无形因素的作用下，输入中枢控制系统。人类大脑的发现、注意、理解、记忆及人们对大脑存储的个人经验、评价标准、态度、个性等进行的过滤加工，构成了信息处理程序，然后人们在内心进行评估选择，产生决策方案。整个决策过程同样要受到环境因素，如收入、文化、家庭等因素的影响。此后人们产生购买行为，并对购买的产品进行消费体验，得出满意与否的结论，此结论通过反馈又进入中枢控制系统，形成信息与经验，影响未来的购买行为。

（二）霍华德 - 谢思模式

该模式是由霍华德与谢思于 20 世纪 60 年代末在《购买行为理论》一书中提出的。霍华德和谢思认为，影响客户购买决策程序的主要因素有：输入变量、知觉过程、学习过程、输出变量、外因性变量等。输入变量（刺激因素）包括刺激、象征性刺激和社会刺激。刺激是指物品、商标本身产生的刺激；象征性刺激是指由推销员、广告媒介、商标目录等传播的语言、文字、图片等产生的刺激；社会刺激是指客户在同他人的交往中产生的刺激，这种刺激一般与提供的购买信息相关联。客户对这些刺激因素有选择地加以接受并产生反应。

霍华德 - 谢思模式认为，输入变量和外因性变量是购买的刺激物，它通过唤起和形成动机，提供各种选择方案信息，影响客户的心理活动（内在因素）。客户受刺激物和以往购买经验的影响，开始接收信息并产生各种动机，对可选择产品产生一系列反应，形成一系列购买决策的中介因素，如选择评价标准、意向等，在动机、购买方案和中介因素的作用下，客户产生某种倾向或态度。这种倾向或态度与其他因素，如购买行为的限制因素结合后，便产生购买结果。购买结果形成的感受信息也会反馈给客户，影响客户的心理和下一次的购买行为。

霍华德 - 谢思模式与 EKB 模式有许多相似之处，但也有诸多不同点。两个模式的主要差异在于强调的重点不同。EKB 模式强调的是态度的形成与产生购买意向之间的过程，认为信息的收集与评价是非常重要的方面。而霍华德 - 谢思模式更加强调购买过程的早期情况：知觉过程、学习过程及态度的形成，同时也指出了影响客户购买行为的各种因素之间的联系错综复杂，只有把握住各种因素之间的关系及联结方式，才能揭示客户购买行为的一般规律。

第二节　客户的购买过程

一般来说，客户的购买过程包含了引起需要、信息收集、评估方案、购买决策、购后反应 5 个阶段。客户购买过程的 5 个阶段如图 2-1 所示。

图 2-1　客户购买过程的 5 个阶段

一、引起需要

当客户感觉到一种需要并准备购买某种产品以满足这种需要时，购买过程就开始了。当然，需要不是凭空产生的。

客户的这种需要，既可以是人体的感受引发的，如因饥饿而引发购买食品的需要，因口渴而引发购买饮料的需要；又可以是外部条件刺激所诱生的，如看见电视中的西服广告而打算自己买一套，路过水果店看到新鲜的水果而决定购买等。当然，有时候客户的某种需要可能是内外因素同时作用的结果。

人类行为的一般模式是刺激、机体反应（Stimulus Organism Response，SOR）模式。该模式表明客户的购买行为是由刺激所引起的，这种刺激来自客户身体内部的生理、心理因素和外部的环境。客户在各种因素的刺激下产生动机，在动机的驱使下，做出购买产品的决策，实施购买行为，购买后还会对购买的产品及其相关渠道和厂家做出评价，这样就完成了一次完整的购买过程。

二、信息收集

当客户产生购买需要之后，客户便会记住这种需要，并注意收集与需要相关的信息，以便进行决策。为使购买方案具有科学性与可靠性，客户必须广泛收集有关信息，包括产品种类、规格、型号、价格、质量、维修服务、有无替代品、何处何时购买等。因此，企业应当了解哪些因素会影响客户收集信息并采取相应的措施。

（一）信息收集阶段的影响因素

从决策角度看，有三类因素影响着客户的信息收集活动：第一类是风险因素；第二类是客户因素；第三类是情境因素。

1. 风险因素

与产品或服务购买相联系的风险很多，如财务风险、功能风险、心理风险、时间风险、社会风险等。一旦客户认为产品或服务的购买具有很大的风险，他将花更多的时间、精力搜集信息，因为更多的信息有助于减少决策风险。例如，一项研究发现，客户在购买服务时，一般不像购买有形产品时那样当机立断，而且很多客户倾向于更多地将别人的经验作为信息来源。之所以如此，是因为服务不似有形产品那样可以标准化，客户面临更大的购买风险。

2. 客户因素

客户因素（个性、经验、知识水平等）同样影响着信息收集活动。研究发现，具有外向性格、心胸开阔、自信心强的人，一般与大量的信息收集活动相联系。斯旺等人发现，对某一产品领域缺乏消费经验的客户，更倾向于大量收集信息，当客户对所涉及的产品领域的消费经验越来越多时，他的信息收集活动将越来越少。应当指出的是，消费经验与信息收集活动之间这种此消彼长的关系，只适用于已经具有某种起码经验的客户，如果客户根本没有关于某类产品的消费知识或经验，可能会因此不敢大胆地从各方面收集信息，从而很少从事信息收集活动。此外，高收入和受过良好教育的人具有更高的信息收集水平；同样，职位较高的人，往往从事更多的信息收集活动。另外，随着年龄的增长，信息收集活动数量呈下降趋势。

3. 情境因素

影响信息收集活动的情境因素很多，具体如下。首先，时间因素。可用于购买活动的时间越充裕，信息收集活动可能越多。其次，客户在从事购买活动前的生理、心理等方面的状态。客户的身体不适、疲惫、烦躁等状态均会影响客户收集外部信息的能力。再次，购买活动的重要程度。如果购买活动非常重要，如是为一位要好的朋友购买结婚礼品，那么，客户将会十分审慎，并伴有较多的外部信息收集活动。最后，市场的性质。研究人员发现，随着备选品数量的增加，客户会从事更多的信息收集活动，同样，如果出售同类物品的店铺较多，客户会更多地进行信息收集。

此外，贝蒂和史密斯对三类产品，即电视机、录放机和个人计算机的信息收集过程做了调查，结果发现，客户拥有的某一产品领域的知识与信息收集活动呈反向变化；客户可用的时间越多，信息收集活动就越多；客户对购买的介入程度越高，信息收集活动就越多；信息收集活动随客户购物态度的变化而改变，越是将购物作为一种享受的客户，越倾向于更多地进行信息收集。

（二）信息的来源

客户的信息来源主要有经验来源、个人来源、公共来源、商业来源和其他客户评价5个方面。经验来源是客户从直接使用产品的过程中获得的信息；个人来源是指家庭成员、朋友、邻居和其他熟人提供的信息；公共来源是从电视、网络等大众传播媒体、社会组织处获取的信息；商业来源是指从企业营销中获取的信息，如从广告、推销员、展览会等获得的信息；其他客户评价是客户获取购买决策信息的重要来源之一，可以帮助客户更加客观、全面地评价想要购买的产品。调查显示，77%的客户在网上购买产品之前会看其他客户的相关评价，其他客户对产品的评价除了必须具备相关性，时效性也非常重要，越是近期的评价，越能够影响客户的决策。

从客户对信息来源的信任程度看，经验来源和个人来源相对较高，其次是公共来源、其他客户评价，最后是商业来源。

三、评估方案

客户在获取足够的信息之后，就会根据这些信息和一定的方法对同类产品的不同品牌、不同购买方案加以评估。企业应当了解哪些因素会影响客户对购买方案的评估，并有所作为。客户评估方案主要受消费观念、产品属性、属性权重、品牌信念、效用要求等方面的影响。

消费观念因人而异。例如，有人以价格低廉作为基本要求，有人以符合时尚要求作为选择标准；有人要求外观新颖，有人则希望结实耐用；有人追求个性化，求新求异，有人则从众，与所属群体的选择保持一致。面对各种方案，客户可能做出完全不同的选择。

产品属性是指产品能够满足客户需求的特征，涉及产品功能、价格、质量、款式等。

属性权重是客户对产品有关属性所赋予的不同重要性权数。如购买电冰箱，如果客户注重耗电量，他就会更倾向于购买耗电量低的电冰箱。

品牌信念是客户对某种品牌产品的看法，它带有个人主观因素，受选择性注意、选择性扭曲、选择性记忆的影响，客户的品牌信念与产品的真实属性往往并不一致。

效用要求是客户对某种品牌产品的各种效用应当达到何种水准的要求。如果产品能够满足客户的效用需求，客户就愿意购买。

延伸阅读：网上购物客户的购买过程

客户需求诱发。网上购物与传统购物的一个相同点就是都将客户需求诱发作为客户购买过程的开始。但与传统购物不同的是，网上购物除了受到实际需求的诱发，也会受到其他需求的诱发，如网页上商家的广告宣传、产品的文字描述与产品的图片都对客户会产生视觉上的刺激。

产品的浏览、比较与选择。如今客户更倾向于网上购物是因为在这种消费方式下，客户只需要在家就可以挑选满足自身需求的产品。同时客户还可以通过对各种产品的价格、质量、配送服务等方面进行比较来挑选最心仪的产品，这使购物更加便利。

支付购买。网上购物相较于传统购物的另一个便利特征就是其不像传统购物一样需要当面交易结算，而是可以通过各种各样的网上支付方式进行结算，如可以通过支付宝、网上银行进行支付。

购后评价。网上购物的客户收到产品后，会对产品进行试用，试用后会对产品做出评价。评价高则其他准备购买的客户就可能因此选择此产品，评价低则可能会使其他准备购买的客户放弃购买。

四、购买决策

客户购买决策是指客户在受到内外部因素刺激，产生需求，形成购买动机，并且经过收集信息、评估方案后，在众多方案中挑选出最符合自己标准的产品、服务或品牌，以此来完成满足自身需要的特定过程。为此，企业应当了解哪些因素会对客户的购买决策产生影响，以及购买决策的主要内容和参与者，从而采取相应的措施。

（一）购买决策的影响因素

通常情况下，客户在做出购买决策的时候，需要经过三个层面的思考：技术层面、经济层面和实惠层面。技术层面主要是指，这个产品是否能满足我的特定需求？经济层面主要是指，这个产品能满足我的特定需求，但是我有足够的钱来购买吗？实惠层面主要是指，这个产品能满足我的特定需求，我也有足够的钱来购买，但是它在我的选择决策中，是实惠的吗？总体上说，影响客户做出购买决策的因素较为复杂，客户的购买决策受到多方面因素的影响和制约，具体如下。

1. 产品因素

在现实当中，由于产品的特点、用途及购买方式不同，做出购买决策的难易程度与程序也有所不同，并非所有的购买决策都必须经过 5 个阶段。

一般来说，对日常生活用品如牙膏、洗衣粉等的购买，客户对所购产品的品牌、价格、档次比较熟悉，无须花费大量时间收集信息和比较选择，仅根据以往经验或习惯做出购买决策，购买后也无须进行评价。这类决策通常较为简单、迅速，只经过第 1、4 两个阶段即可。对于服装、鞋帽、家具等种类款式繁多、选择性较强的产品，客户具有一定的购买经验，无须大量收集信息、反复比较选择，但受时尚流行、个人偏好等因素的影响，客户通常在式样、花色、质量、价格等方面进行比较选择，且会进行购后评价。这类以选择性购买为特征的决策相对复杂，仅可省略第 2 个阶段。

对于高档耐用消费品如家用电器、汽车、住房等，由于产品昂贵，使用年限较长，规格、质量复杂且差异较大，客户大多缺乏专门知识，因此对这类产品的购买一般持审慎态度。在购买前，客户会通过各种途径广泛收集有关信息，对各种备选方案反复进行比较选择，在购买中要求当场试用体验，并详细询问使用、退换、售后服务等事宜，购买后还要进行评价。因此，这类决策较其他决策复杂得多，通常依次经过 5 个阶段。

2. 客户自身因素

客户个人的性格、气质、兴趣、生活习惯、收入水平、购买习惯、消费心理、家庭环境等主体相关因素存在着差异性，不同的客户对同一种产品的购买决策也可能存在着差异。由于影响决策的各种因素不是一成不变的，而是随着时间、地点、环境的变化不断发生变化的，因此对同一个客户来说，消费决策具有明显的情境性，其具体决策方式因所处情境不同而不同。

3. 他人态度

由于许多产品具有在他人面前表现自我的作用，因而客户在购买时会更加在意他人的看法。他人看法与客户意见相左，将会导致客户犹豫不决，很难在短期内做出购买决策，甚至会放弃购买。

他人态度的影响力取决于三个因素。第一，他人态度的强度。态度越强烈，影响力越大。第二，他人与客户关系的密切程度。一般来说，他人与客户的关系越密切，其态度对客户的影响越大。第三，他人的权威性。他人对产品的专业知识了解越多、对产品的鉴赏力越强，则其态度对客户的影响越大。

4. 意外因素

客户购买意向是以一些预期条件为基础形成的，如预期收入、预期价格、预期质量、预期服务等。如果这些预期条件受到一些意外因素的影响而发生变化，则客户的购买意向就可能改变。例如，预期的奖金收入没有得到、原定产品价格突然提高、购买时销售人员态度恶劣等都有可能改变客户的购买意向。

影响客户冲动购买的因素

客户特征。冲动型的人，心境变化剧烈，对新产品有浓厚兴趣，较多考虑产品外观和个人兴趣，易受广告宣传的影响；而想象型的人，活泼好动，注意力易转移，兴趣易变，审美意识强，易受产品外观和包装的影响。从客户的心理特征看，生活必需品最有可能成为冲动购买品。

产品因素。产品是满足客户需要的基础，是影响客户购买动机的主要因素，冲动购买的产品多为价值低、购买频次高的生活必需品。客户对生活必需品的一般性能、用途、特点都比较熟悉，且花费不多又是必需的用品，因而冲动购买的情况特别多。另外，对于玩具、糖果、便服等产品，外观、包装、广告促销、价格、销售点等对销售起着重要作用，客户冲动购买的可能性大。

设计因素。超市广泛地采用自选售货方式，在自由挑选产品的环境下，商家通过通道设计、陈列设计、灯光色彩设计、广告设计等营销手段，吸引客户的注意力，延长客户在店内的逗留时间，最大限度地诱发客户冲动购买。

促销因素。现场促销形式是客户冲动购买的直接诱因，现场营销推广活动和 POP（point-of-purchase，购物点）广告，有助于激发客户相应的心理反应，促使其产生冲动购买行为。

（二）购买决策的主要内容

客户购买决策的内容因人而异，但所有购买决策都离不开 5 个 "W" 和 2 个 "H"。

第一个 "W" ——Who，即明确购买主体。在购买过程中，客户扮演的角色有所不同，有人充当决策者，有人是购买者，有人则是产品的使用者。

第二个 "W" ——Why，即明确购买动机。客户的购买动机多种多样。同样购买一台洗衣机，有人为了减轻家务劳动，有人则为了追求更高的洗净比。同样购买一束鲜花，有人为了装饰家居，自我欣赏；有人为了表达情感，献给爱人；有人则为了表达关切，献给生病的朋友、同事。

第三个 "W" ——What，即明确购买对象，这是购买决策的核心问题。客户会确定具体的对象及内容，包括产品的品牌、性能、质量、款式、规格及价格等。

第四个 "W" ——When，即明确购买时间。它与主导性购买动机的迫切性有关。在客户的多种动机中，往往需求强度高的主导性动机决定购买的先后顺序；同时，购买时间也与市场供应状况、购物场所营业时间、节假日及消费习俗等有直接关系。

第五个 "W" ——Where，即明确购买地点。购买地点是由多种因素决定的，如购物场所的环境、商家信誉、交通便利程度、可挑选的品种数量、价格及服务态度等。例如，客户走在路上口渴难耐，就会到路边小店买瓶矿泉水，但如果买水是为了家庭需要，往往会到超市或大卖场成箱购买。此外，购物决策也与求名、求速、求便等动机有关。例如，求便、求速的客户会光顾便利店，求名的客户会去高档百货店，喜欢物美价廉或追求时尚的客户会到网上购物。

第一个 "H" ——How many，即明确购买数量。购买数量一般取决于实际需要、支付能力及市场供求情况。如果市场供应充裕，客户又不急于买，客户不会买太多；如果市场供应紧张，客户即使目前不急需或支付能力不足，也会大量购买。

第二个 "H" ——How，即明确购买方式。客户的购买方式包括到店购、网购、预购及代购，付现金、刷信用卡及分期付款等。随着电视购物、直购、网上购物等新型购物方式的不断涌现，现代客户的购买方式趋于多样化。

（三）购买决策的参与者

客户的购买决策在许多情况下并不是由一个人单独做出的，而会受其他成员的影响，往往是集体决策的结果。由于个人在选择和决定购买某种个人消费品时，常常会同他人商量或听取他人的意见，因此，了解哪些人参与了购买决策，他们各自在购买决策过程中扮演怎样的角色，对企业的营销活动是很重要的。

一般来说，客户购买决策的参与者大体可分成 5 种主要角色：发起者，即首先想到或提议购买某种产品或服务的人；影响者，即看法或意见对最终购买决策具有直接或间接影响的人；决定者，即能够对买不买、买什么、买多少、何时买、何处买等问题做出全部或部分决定的人；购买者，即实际购买的人，他会对产品的价格、购买地点等内容进行选择，并同卖方进行谈判，达成交易；使用者，即直接消费或使用所购产品或服务的人，他会对产品进行满意度评价，进而影响再次购买决策。

上述 5 种角色有时候可能由客户一人担任，有时候则由不同成员分别担任。例如，一个家庭要购买一台英语学习机，发起者可能是孩子，孩子认为英语学习机有助于提高自己学习英语的效率；影响者可能是爷爷、奶奶，他们表示赞成，并鼓励孩子父母给孩子买；决定者可能是母亲，她认为孩子确实需要，根据家庭目前经济状况也有条件购买；购买者可能是父亲，他更熟悉电器产品知识，去商场或网上购物平台选购；使用者是孩子。可以看出，他们共同参与了购买决策过程。

五、购后反应

购买产品以后，如果客户使用频率很高，说明该产品有较高的价值，客户再次购买的周期就较短，有的客户甚至会为产品找到新用途，这些对企业都有利。如果客户将产品闲置甚至丢弃，则说明客户认为该产品无用或价值较低。如果客户把产品转卖给他人或用于交换其他物品，将会影响企业产品的销量。因此，产品卖出后企业的工作并没有结束，企业还需要监测客户的购后使用情况和评价情况，并针对不同的情况采取相应的对策。

影响客户购后反应的因素有客户购前对产品价值的预期、使用后对产品价值的感知。客户在完成实际购买后，会在产品的使用过程中，将产品的实际价值与之前的购买期望值进行比较，以此来决定对该产品的满意程度，形成购后评价。购后评价会对客户以后的态度和购买行为产生影响，还会通过口碑传播扩散至其他客户，影响他们的态度和行为。如果客户对自己购买的产品感到满意，则非常可能再次购买该产品，即成为忠诚客户，甚至会带动他人购买该品牌产品。如果客户对购买的产品感到不满意，则会尽量减少或消除失落感。客户消除失落感的方式各不相同：第一种方式是寻找能够表明该产品具有高价值的信息或避免获取能够表明该产品具有低价值的信息，证实自己原先的选择是正确的；第二种方式是讨回损失或补偿损失，如要求企业退货、调换、维修，或补偿在购买和消费过程中造成的物质损失和精神损失等；第三种方式是可能向政府部门、法院、组织和舆论界投诉；第四种方式是可能采取各种抵制活动，如不再购买，甚至带动他人拒买等。

延伸阅读：电子商务环境中的客户与商家

在电子商务环境中，客户直接接触的是计算机屏幕，客户对商品的选择范围也不再受到地域和时间的限制，所以客户的产品选择更加广泛，不会纠结于没完没了的讨价还价，而会借助互联网对商品进行横向比较，最后决定是否购买。对购买量较大的采购人员来说，其会通过预先设计好的计算程序对货物的价格、运费、折扣、运输时间等进行综合比较，从而选择最有利的进货渠道，做出更加理智的购买决策。

另外，在电子商务环境中，客户会根据自己的需要主动在网络上寻找合适的商品。如果自己无法找到，则可以通过互联网向商家或厂家直接表达自己对某种商品的需求，从而直接影响甚至参与到商品的经营活动中。

在电子商务环境中，商家可以准确地掌握客户通过何种网络通道在什么时间、通过什么方式、购买什么产品，以及客户的访问路径、页面停留时间和跳失率等。这些数据可以帮助商家还原客户的购买过程，了解客户体验设计中的不足，然后对其进行优化。又因为有了海量的数据，商家对客户的画像及行为分析变得更加简单。

另外，传统线下的营销与服务都基于导购过程，主要依靠导购人员与客户之间面对面的交流。导购人员的语言、动作和表情等都会影响与客户的沟通效果，因此传统企业很注重服务人员的形象。而在电子商务中，与客户的沟通都是在线上进行的，客户通过与客服聊天感受商家的服务，客服也能获取客户的画像。企业通过客户评价可以了解客户的真实使用场景，通过与客户在 QQ、微博、微信上的互动，可以了解客户对营销活动的偏好。

第三节　影响客户购买行为的因素

客户的购买行为作为一种有目的的活动，往往受性别因素、年龄因素、心理因素、背景因素、环境因素、营销因素、情境因素的影响。营销因素的影响将在第四章介绍。

一、性别因素

客户的购买行为与其性别、年龄等生理因素紧密相关，不同性别、不同年龄的客户有着截然不同的消费心理和购买行为。性别因素是影响客户购买行为的重要因素，在大多数情况下，女性与男性有着截然不同的购买行为。

（一）女性购买行为的特点

1. 有专属的消费品及服务

女性的生理特点注定了其与男性购买不同的消费品及服务，如生理期用品，女性特征鲜明的化妆品、胸衣、裙子、旗袍、高跟鞋、手包、首饰等用品，还有分娩服务、月子服务等。

2. 大多数购买活动的行为主体

据统计，中国社会购买力 70% 以上掌握在女性手中，在庞大的消费市场中 80% 的购买决策通常由女性做出，尤其随着电子商务的兴起，女性作为消费主力军的地位更加突出：有网络购物行为的女性客户不但在数量上多于男性，而且进行网络购物的频率也更高。女性客户在购买活动中也起着特殊的作用，她们不但为自己购买所需产品，而且由于在家庭中承担了母亲、妻子、女儿等多种角色，因此也是大多数儿童用品、男性用品、老人用品的主要购买者。

3. 追求美观时髦

俗话说："爱美之心，人皆有之。"不论是青年女性，还是中老年女性，她们都愿意将自己打扮得美丽一些，充分展现自己的魅力。女性客户还非常注重产品的外观，将外观与产品的质量、价格当成同样重要的因素来看待，因此在挑选产品时，她们会非常注重产品的色彩、式样，往往喜欢造型别致新颖、包装华丽、气味好闻的产品。越来越多的女性在消费时更加注重对时尚的追求，购买服装、珠宝、箱包等产品时喜欢追逐潮流和时髦感。

4. 情绪化消费比较多

女性客户需求比较广泛，购买欲、表现欲强，购买决策偏于感性和冲动，通常有更多的计划外购物，购买行为容易受到情感的驱动。同时，女性客户的购买行为也极容易受到外界刺激的影响。例如，促销、打折、赠送礼物、赚取积分等活动，经常导致女性购买一些没有很大用处的产品。从电子商务平台统计的高退货率可以看出，女性客户容易因一时冲动购买产品，情绪化消费比较多。

5. 精打细算

一般来说，女性客户不但对时尚的敏感程度高于男性客户，而且对价格的敏感程度也远远高于男性客户，在购买过程中比较细心、谨慎，关注细节，常常货比三家，精打细算，力求买得划算——付出较少金钱买到称心的产品。

6. 更乐于分享

近些年来出现的社交平台的分享功能契合了女性用户的分享心理。知乎、小红书、淘宝等平台，都对女性穿搭推荐、居家消费分享等内容有所涉及，并支持图文、视频等分享方式，这些平台普遍受到女性客户的喜爱。

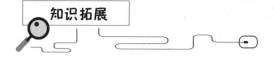

"她经济"

"她经济"是指围绕女性理财、消费所形成的特有的经济圈和经济现象。随着现代女性的收入和社会地位的提高，女性坚持"追求更好的生活品质"，于是女性成为重要的消费群体，为企业带来了机遇。

女性消费群体不但在线下消费数量增多，而且在网上也占据着越来越大的比例，每一个使用互联网的女性，几乎都会网上购物，尤其是年轻女性，还会把网上购物作为一种享受。每逢重大节日，各大电商企业一般都会对女性用品加大推送力度和折扣力度，女性化妆品、女装、珠宝配饰、母婴等产品交易额在活动期间增加明显。

鉴于女性经济市场的可观潜力，洞悉并掌握"她经济"大潮下的女性消费偏好与趋势，已经成为商家的要务。

（二）男性购买行为的特点

1. 有专属的消费品及服务

男性的生理特点决定了其与女性购买不同的消费品及服务，典型的消费品有剃须刀等。

2. 理性化消费较多

一般来说，男性客户善于控制自己的情绪，处理问题时能够冷静地权衡各种利弊因素，能够从大局着想，购物目的明确，决策比较理性，重视产品的性能和品质，购买决定较为迅速。

3. 习惯性购买较多

男性客户购买产品时较少挑剔，只是询问大概情况，对某些细节不予追究，即使买到稍有毛病的产品，只要无关大局，也不愿"斤斤计较"。男性客户追求快捷、简单的购物过程，习惯性购买比较多，挑剔少，也不喜欢花较多的时间在同类产品之间反复比较和权衡，因此他们选购产品的范围较窄。

"他经济"

随着互联网的发展和电商的迅速普及，以及快递到家、移动支付的便捷性，男性客户追求效率和便捷性的购物需求得到很大程度的满足，这唤起了男性的购物欲望，促使男性客户在线上消费市场占据强势地位。

根据波士顿咨询公司发布的研究报告，男性消费的种类和额度都在增加，而在线上消费方面，男性每年的平均开支超越了女性。虽然男性消费频次低，但他们的消费项目的单价却不菲。一般来说，在网络奢侈品消费中，女性占比略高于男性，但男性的客单价比女性高6%，且奢侈品消费频次在3次及以上的男性比例也比女性高。

同时，蚂蚁花呗、苏宁金融任性付等互联网金融产品获得了男性客户的青睐，其原因除了互联网金融产品能快速、便捷地满足客户资金需求，还在于男性客户胆子更大，更具冒险心理，更容易接受借款消费、超前消费的理念。

二、年龄因素

年龄对客户购买行为会产生明显的影响。不同年龄阶段的客户有不同的需求和偏好，一般来说，每个人的衣食住行及娱乐等各方面的需求都会随年龄的变化而变化。

（一）儿童、少年（6～17岁）购买行为的特点

这个年龄段的消费群体除了衣食住行及娱乐需求以外，还有教育需求。他们绝大部分都是在学校接受教育，经历小学、初中、高中，很多人还会考上大学。他们的性格还没有完全定型，一般活泼好动，对周围的事物都充满新鲜感。例如，在餐饮方面，他们因为缺乏经验和一定的知识储备，容易被食物的外观和气味所吸引从而进行消费。但是，因为儿童、少年还没有独立、足够的购买能力，所以他们在消费时会受到家长决策的影响，对家长产生依赖性和模仿性。其中，虽然12～17岁的少年一般都有零用钱，但是零用钱的金额不同、来源不同、自由支配的程度不同，用途也不同。家庭条件好的少年零用钱来源稳定、数量可观，所以他们在消费时不过多考虑价格，追求个性，享受生活。

这个年龄段的消费群体自身虽然没有经济能力，但是由于其特殊的地位，在家中往往成为消费的中心，他们对家庭购买点心、玩具、文体用品等产品有较大影响。在我

国传统思想的影响下，特别是在经济条件允许下，许多家庭在子女教育上的花费逐年增加。父母都希望孩子能够接受良好的教育，会为自己的孩子寻找能够提供良好教育的学校，同时也会为自己的孩子寻求学习某些技能的机会，如学习钢琴、画画或是一些体育项目等。

（二）青年人（18～36岁）购买行为的特点

1. 受家庭影响大，可塑性强

一方面，青年人从小观察长辈们的消费情况，长辈们选择什么、为何选择、是否与他人商量、问题如何处置等都直接影响着青年人的消费理念和购买行为，并在相当程度上造就了他们属于某类消费群体的特性。另一方面，青年人正处于认识社会、把握规律的学习阶段，对新生事物接受得很快，消费心态具有较强的可塑性，社会上的消费潮流、理念等很容易对他们产生影响，甚至形成习惯。

2. 既要合群又要表现自我

一方面，青年人合群意识很强，非常喜欢交友，消费认同是青年与同伴交流的重要特点。例如，与伙伴们一起吃同样的食品、穿同一品牌的服装、使用同样档次的化妆品等，是青年人特有的群体共性，同伴对青年人的影响甚至可能远远超过其家庭的影响。另一方面，青年人自我意识、独立意识强，追求独立自主，在做事情时力图表现出自我个性，这一心理特征反映在购买行为上，便是喜欢购买一些具有特色的产品，而且最好是能体现自己个性特征的产品。

3. 容易冲动，注重情感

由于人生阅历并不丰富，青年人对事物的分析判断能力还没有完全成熟，他们的思想感情、兴趣爱好、个性特征还不完全稳定，因此在处理事情时，往往容易感情用事，甚至产生冲动行为，属于感性客户。这种心理特征表现在购买行为上，就是在选择产品时，感情因素占据主导地位，往往以能否满足自己的情感愿望来决定对产品的好恶。在许多时候，产品的款式、颜色、形状、广告、包装等外在因素往往是决定青年人是否购买该产品的第一要素。

4. 追求时尚和新颖

青年人的特点是热情奔放、思维活跃、富于幻想、喜欢冒险，这些特点反映在购买行为上，就是对新生事物容易接受，赶时髦。因此他们往往是新产品的拥护者，喜欢追求新颖、奇特、时尚，乐于尝试新产品和新的生活。

5. 购买行为变化多端，不易掌握

青年人可能是最"不忠诚"的客户。他们喜欢追求新鲜、刺激，一会儿喜欢这种产品，一会儿喜欢那种产品。虽然青年人能力、资源有限，但他们富于幻想，他们崇拜、追逐自己的偶像。在这种思想的驱动下，青年人很容易产生"爱屋及乌"的冲动，经常模仿偶像的消费方式和购买行为，这也是许多品牌都喜欢聘请名人做广告代言人的原因。

6. 以享受消费为主

调研发现，青年人消费不再像长辈那样一味追求节俭，而是往往以享受为主。他们认为："赚钱的目的就是改善自己的生活质量、提高生活水平，没有必要为攒钱而把自己的现实生活水平降低。"他们还认为，超前消费是合理的、可接受的。他们具有很强的购买欲望，追求流行，消费取向前卫。

7. 网络成为消费的主渠道

互联网的高速发展对青年人的影响已然达到了深刻的程度。调研发现，青年人的主要消费渠道已经网络化。另外，随着互联网、手机等的迅速普及，青年人消费的支付方式已不再以现金为主，而是呈现出多元共存、以便捷为主的格局。

（三）中年人（37～59岁）购买行为的特点

1. 理智胜于冲动

中年人经验丰富，情绪比较稳定，理性消费远超过冲动消费，有很强的自我意识和自我控制能力。在选购产品时，他们很少受产品的外观因素影响，而比较注重产品的内在质量和性能，往往经过分析、比较以后才做出购买决定，尽量使自己的购买行为合理、正确、可行，很少有冲动消费，喜欢买大众化的产品，尽量不使他人感到自己不够稳重。

2. 计划多于盲目

中年人大多是家庭经济开支的主要承担者，由于他们上要赡养父母，下要养育子女，肩上的担子非常沉重，所以购买行为中讲求实惠、理性、精心挑选的特征十分突出，购买的时候会详细思考和权衡，购买比较有计划性。多数中年人懂得量入为出的消费原则，很少像青年人那样盲目购买。在购买产品前，他们常常对产品的品牌、价位、性能乃至购买的时间、地点都妥善安排，一般不购买不需要和不合适的产品，很少有计划外开支和即兴购买。

3. 有主见，很少受外界影响

中年人的购买行为具有理智性和计划性的特征，使他们在购买时大多很有主见。中年人大多愿意挑选自己所喜欢的产品，对别人推荐与介绍的产品有一定的判断和分析能力，对广告一类的宣传也有很强的评判能力，受广告宣传的影响较小。

4. 追求实用耐用与省时省力

中年人不像青年人那样追求时尚，他们更注重实际。因此，中年人对新产品缺乏足够的热情，更多关注产品的结构是否合理、使用是否方便、是否实用耐用。此外，由于中年人负担较重，从而希望减轻家务负担，因此青睐使用便利、省时省力的产品，倾向于购买能节省家务劳动时间或提高工作效率的产品，如减少劳务的自动化耐用消费品、半成品、现成品等。

5. 个人形象消费、社交应酬消费多

中年人是社会的栋梁、家庭的支柱，生活上、事业上都需要他们积极参与较多的社会活动，因此，用于提升个人形象、社交应酬的消费比较多。

（四）老年人（60岁及以上）购买行为的特点

1. 购买习惯稳定，品牌忠诚度高

在长期的生活过程中，老年人已经形成了一定的生活习惯，而且一般不会做较大的改变。他们对曾经使用过的产品及其品牌比较信任，习惯购买熟悉的产品，往往是企业的忠诚客户。

2. 成熟保守，坚持己见

受年龄和心理因素影响，与中青年人相比，老年人的消费观较为成熟，也比较保守，

购买行为理智，冲动消费和计划外消费少。老年人在消费时，大多有主见，而且相信自己的经验和智慧，即使听到企业的广告宣传和别人介绍，也会先进行一番分析，以判断自己是否需要购买这种产品。

3. 节俭消费，注重实用性

老年人一般很节俭，他们做购买决策时考虑的首要因素是产品实用性，将产品的品牌、款式、颜色、包装放在第二位。价格便宜对老年人选择产品有吸引力。但是随着收入水平的提高，老年人在购买产品时也并非一味追求低价格，品质和实用性也是他们考虑的主要因素。

4. 抱有补偿性的消费动机

在子女独立、经济负担减轻之后，部分老年人产生了强烈的补偿心理，试图补偿过去因条件限制未能实现的消费愿望。此时的他们同青年人一样对美容美发、穿着打扮、营养食品、健身娱乐、旅游观光等有着强烈的消费兴趣。同时，由于需求结构的变化，老年人对满足兴趣爱好的产品的购买支出明显增加。随着现代消费观念的逐步确立，老年人迫切希望自己的晚年生活能够丰富多彩，因而在文化娱乐方面也舍得花钱。例如，他们会去老年大学学习，或集体外出旅游。

5. 需求结构侧重保健

随着生理机能的衰退，老年人对保健食品和用品的需求大大增加。老年人由于各方面的原因，身体会出现各种各样的问题，如行动不便、患有一些慢性疾病等。因此，老年人的消费更多围绕健康问题，无论是保健品、药品，还是家用医疗仪器等产品都具有巨大的市场空间。例如，老年人由于身体原因，味觉、嗅觉和消化功能等方面都有所退化，他们普遍喜欢食用松软易消化又富有营养的食物。此外，养老院、社区中的家庭病床、为老年人提供健康咨询和定期体检的保健站、专为老年人提供交流与娱乐场所的活动站等的需求也有所增加。

三、心理因素

客户的心理因素支配着客户的购买行为。影响客户行为的心理因素主要有需要、动机、知觉、学习、记忆、态度、个性、生活方式等。

（一）需要

需要是指客户生理和心理上的匮乏状态，即感到缺少些什么，从而想获得它们的状态，是人对某种目标的渴求或欲望，是人的行为的动力基础和源泉。心理学家也把促成客户各种行为动机的欲望称为需要。需要是客户一切行为活动的基础和原动力，也是客户购买与否的决定性因素。客户的购买行为，是满足客户需要的行为。只有满足客户特定需要的产品，才能吸引客户购买。当然，不同客户的需要内容、需要程度千差万别，购买行为自然也各不相同。

（二）动机

一般认为，动机是激发和维持个体进行活动并导致该活动朝向某一目标的心理倾向或动力，是促使个体采取行动的力量，具有一定的指向性。动机在消费上的体现就是消费动机。消费动机是直接驱使客户从事某种购买活动的内在动力。客户购买某种产品，对企业的营销刺激有怎样的反应，在很大程度上和客户的消费动机有关。

（三）知觉

知觉是各种感觉在头脑中的综合反映，对客户行为有着较大的影响。所谓感觉，就是客户通过感官对外界的刺激物或情境的反应或印象。随着感觉的深入，各种感觉到的信息在头脑中被联系起来进行初步的分析综合，形成对刺激物或情境的整体反映，这就是知觉。

客户知觉是一个有选择的心理过程。例如，客户听到一个广告，或与朋友交流，或触摸到一种产品的时候，虽然获得了大量的零碎信息，但是客户往往无法在同一时刻注意到所有的信息，而会在选择一些信息的同时放弃其他信息，那些被注意到的信息才能够成为知觉。假如客户接触的信息能满足其眼前的需要，就可能被客户注意到并且保留下来，也就是说被客户所知觉甚至上升为意识——知觉的高级阶段，就可能产生相应的购买行为。另外，信息输入强度的急剧变化也会影响知觉或意识的形成，从而影响客户行为。

（四）学习

客户学习，是客户在购买和使用产品的实践中，逐步获得和积累经验，并根据经验调整自己购买行为的过程，是通过驱策力、刺激物、提示物、反应和强化的相互影响、相互作用而进行的。

驱策力是诱发客户行动的内在刺激力量。例如，某客户重视身份地位，尊重需要就是一种驱策力，这种驱策力被引向某种"刺激物"如高级名牌领带时，驱策力就变为动机。在动机的支配下，购买行为的发生往往取决于周围"提示物"的刺激，如看了相关电视广告、产品陈列，该客户就会完成购买行为。如果客户对该高级品牌领带很满意，他对这一品牌领带的"反应"就会加强，以后如果再遇到相同诱因，就会产生相同的反应，即再次购买。如果反应被反复"强化"，久而久之，购买这一品牌的领带就成为购买习惯。这就是客户的学习过程。

为此，企业在营销时要注重客户购买行为中"学习"这一因素的作用，通过各种途径给客户提供信息，如重复广告，目的是达到加强诱因，激发驱策力。同时，企业的产品或提供的服务要始终保持优质，如此客户才有可能通过学习建立起对企业品牌的偏爱，形成购买该企业产品的习惯。

（五）记忆

记忆是人脑对经历过的事物的反映，过去感知过的事物、思考过的问题、体验过的情感等，都能以经验的形式在人脑中保存下来，并在一定条件下重现。正是有了记忆，客户才能把过去的经验作为表象保存起来，经验的逐渐积累推动了客户心理的发展和行为的复杂化。反之，客户离开记忆则无法积累和形成经验，也不可能有消费心理活动的高度发展，甚至连最简单的购买行为也难以重复。例如，如果丧失了对产品外观、用途或功效的记忆，客户再次购买同一种产品时，将无法辨认并做出正确的选择。

（六）态度

客户的态度是指客户在购买活动中，对所涉及的人、物、群体、观念等方面所持有的认知、情感和行为倾向。客户态度既影响客户对产品、品牌的判断和评价，也影响客户的学习兴趣和效果，还影响客户的消费意向和购买行为。

客户的态度对客户行为的影响重大，当客户对企业及其产品或服务持肯定态度时，他们会自觉成为企业的客户甚至忠诚的客户，也会影响他人成为企业的客户；而当客户对企业及其产品或服务持否定的态度时，他们不仅会自己停止使用，还会要求亲戚和朋友也停止使用。因此，企业应该重视客户的态度，要让客户充分地了解企业、产品或服务，帮助客户建立对企业及其产品或服务的正确认知，培养客户对企业及其产品或服务的情感，从而让企业及其产品或服务尽可能适应客户的购买倾向。

（七）个性

个性是个体对待社会、他人和自己的心理活动，它以一定的形式表现在自身行为活动中，构成了个人所特有的行为方式，在社会评价上有好坏之分。研究表明，客户越来越倾向于购买不同风格的产品以展示自己的个性。此外，客户的个性还直接影响客户对产品的接受程度与速度。

（八）生活方式

生活方式是个体在成长过程中，在与社会诸多因素交互作用下表现出来的活动、兴趣和态度模式，是客户生活、花费时间和金钱的方式的统称。客户追求的生活方式往往各不相同：有的追求新潮时髦；有的追求平静、简朴；有的追求刺激、冒险；有的追求稳定、安逸。不同的生活方式对应着不同的购买需求、不同的购买行为。

四、背景因素

影响客户购买行为的因素，除了性别因素、年龄因素、心理因素，还有背景因素，如家庭及亲朋好友、身份、经济状况，以及时间、知识与能力等。

（一）家庭及亲朋好友

家庭是指建立在婚姻关系、血缘关系或继承、收养关系基础上，由夫妻和一定范围亲属组成的一种社会生活组织单位。

家庭是社会的基本单位，又是现代社会生活的细胞。人一生中大多数时间是在家庭中度过的，客户在其一生中一般要经历两个家庭。第一个是父母的家庭，在父母的养育下逐渐长大成人，然后又组成自己的家庭，即第二个家庭。客户购买行为必然会受到这两个家庭的影响。

家庭是客户社会化过程中的第一个社会环境，家庭成员成为客户最重要的社会群体。家庭成员包括客户的血缘家庭和婚姻家庭的成员，其个性、价值观及成员之间的相互影响，形成了一个家庭的整体风格、价值观和生活方式，从而对客户购买行为产生直接的影响。

由于家庭成员之间具有血缘关系，家庭成员之间互动频繁，因而家庭对客户的影响持久且深刻，它强烈地影响着客户的价值观、人生态度和购买行为。年幼的客户作为一个家庭成员，深受父母的种种倾向性影响，因而形成了所谓的"代际效应"，即客户成年后用的品牌通常也是其父母用过的品牌，日用消费品会更多地反映出这一规律。同样，子女的思想、行为也会影响到其父母对某种产品或品牌的态度及偏好。例如，老年人接受网购等新鲜事物，常是由于受到子女的影响。

一般来说，家庭经济状况决定家庭成员的购买能力。此外，家庭规模小型化的趋势对客户购买行为的影响表现在：家庭的消费数量下降但消费质量提高，适合小型家庭需要的小包装食品及包装精美的礼品流行起来；对住宅的功能性要求增加，对厨房、卫生间面积及配套设施的要求提高；对半成品、熟食制品、快餐食品等的需求大量增加。

此外，与客户相关的群体，如好友也是影响客户购买行为的主要社会群体。在某些情况下，由于具有共同的圈子、价值取向，好友的看法很具说服力。另外，客户的邻居、同乡等的消费倾向、消费评价、消费标准等，往往也会成为客户购买时的重要参考依据。由于长时间共同学习或在同一个组织机构中共事，或者年龄相仿，因此，同学、同事、同龄人也会对客户购买行为产生影响。

（二）身份

每个人都在一定的群体、组织、团体中占有一定的位置，和每个位置相联系的就是身份，即个体被社会或群体所认定的角色。不同身份的客户，承担并履行着不同的责任和义务，对产品的需求和兴趣也各不相同，客户往往结合自身的身份、地位做出购买选择。因此，许多产品、服务、品牌由此成为一种身份和地位的标志。

职业也反映一种社会身份，也是一个影响客户购买行为的因素，并且它的重要性会在客户的购买行为中表现出来。特定职业的客户可能具有接受某种相应产品或服务的可能性，如客户在购物时，会倾向于选择与其职业相对应的产品，客户在消费时，也会去与他们职业相称的场所，而这些产品或场所又在一定程度上体现出客户的职业特征。

（三）经济状况

收入作为购买力的主要来源无疑是决定客户购买行为的关键因素。在其他条件不变的情况下，消费与收入呈现同方向的变动：收入增加，消费增加；收入减少，消费减少。对一般的客户而言，收入决定其能否发生购买行为及发生何种规模的购买行为，决定购买产品的种类、数量、频率和档次。另外，收入的多少还影响着客户的支出模式，如是现金消费还是按揭消费，也影响着客户的消费结构。

财产既包括房屋、土地等不动产，也包括股票、债券、银行存款、汽车、古董及其他收藏品。财产是反映一个人富裕程度的重要指标。拥有较多财产的富裕家庭相较于拥有较少或很少财产的家庭，会把更多的钱用在接受服务、旅游和投资上；富裕家庭一般特别珍惜时间，他们对产品的可获得性、购买的方便性、产品的无故障性和售后服务等有很高的要求，并且愿意为此付费；富裕家庭的成员对仪表和健康十分关注，因此，他们是高档化妆品、护理产品、健康食品、保健品、美容美发服务、健身器材、减肥书籍和减肥服务项目的主要购买者；富裕家庭为了保证生命和财产的安全，还大量购买家庭安防系统、各种保险、防火与防盗器材、空气净化器等产品。

支出包括衣、食、住、行等日常开支，以及医疗保健、子女教育、意外事故等开支。显然，支出大、负担重，就可能影响消费的数量、频率和档次。当客户未来支出的不确定性上升时，客户会捂紧自己的钱袋子。即使当前的收入并未减少甚至还在增长，但客户只要认为未来住房、医疗、教育、养老等存在种种不确定的巨额消费支出，就会引起消费信心不足，于是会压缩不必要的消费而增加储蓄，而这一过程往往最先抑制的就是对奢侈品和服务的消费。在一定时期内收入水平不变的情况下，如果储蓄增加，购买力和消费支出便减少；如果储蓄减少，购买力和消费支出便增加。

（四）时间

消费需要时间，时间像收入一样制约着客户对产品或服务的购买。很多消费，如看电影、溜冰、钓鱼、打网球、健身、旅游等均需要时间。客户是否购买这些产品或服务，在很大程度上取决于他们是否拥有可自由支配的时间。一般来说，越忙碌的客户对节约时间的产品或服务越感兴趣，越愿意为此付费，乐于花钱买时间，以获得自由享乐。

（五）知识与能力

消费知识则是指与履行客户功能相关的信息，包括产品知识、购买知识、使用知识等。客户只有对某种产品的性能、用途、特点有了基本了解之后，确信购买产品能够为自己带来利益，才会产生购买欲望，进而实施购买行为。但是，消费知识并不必然与客户所接受的教育成正比。

消费能力包括：客户从事各种消费活动所需要的基本能力、从事特殊消费活动所需要的特殊能力、客户对自身权益的保护能力等，这三项能力都会对客户购买行为产生影响。

五、环境因素

客户购买行为也受环境因素的影响，环境包括政策与法律环境、经济与文化环境、自然与技术环境、社会环境等。

（一）政策与法律环境

一个国家的政策，如宏观调控政策、财政政策、税收政策、人口政策、社会保障政策、就业政策等都会对客户的购买行为产生影响。例如，税收政策对刺激消费或抑制消费有重要的影响。又如，社会保障是一种预期性收入，客户在得到社会保障后一般会增加当期消费，而减少当期储蓄。因此，完善社会保障的政策，保障劳动者在年老、失业、患病、工伤、生育时的基本生活不受影响，会使客户提高消费水平。此外，提高养老保险水平，保证无收入、低收入及遭受各种意外灾害的公民能够生活等的政策也会推动消费。同时，政府积极创造就业条件与岗位，增加就业机会，关注就业质量，提供职业培训机会，提高客户工作能力，使客户对未来收入有一个乐观、积极的预期，这些都可以提升客户的消费信心，有效促进消费。

此外，客户作为社会的一员，对自由选择产品或服务、获得安全的产品、获得正确的信息等有一系列诉求，但伴随着经济的发展，各种损害客户权益的商业行为渐渐增多，保护客户权益正成为全社会关注的焦点，而法律的健全和完善有利于禁止欺诈、垄断、不守信用等损害客户权益行为，保障客户权益，从而使客户放心消费、增加消费。例如，1994年1月1日起生效的《中华人民共和国消费者权益保护法》，对保护客户的权益、规范经营者的行为、刺激消费、维护社会经济秩序，都具有十分重要的意义。

（二）经济与文化环境

一般来说，经济环境好，客户就业有保障，收入稳定甚至不断提高，有利于促进消费。通货膨胀会造成货币的购买力下降，当客户预感到通货膨胀即将来临时，一般会减少非必需品的支出，增加生活必需品的支出。另外，通货膨胀使客户的消费观念趋于保守，且将在未来相当长的时间内对其购买行为产生深刻影响。通货膨胀率越高，其带来的影响越大。

另外，文化渗透于社会成员的意识之中，左右着客户对事物和活动的态度，从不同方面影响着客户对事物的认识与判断，影响社会成员的行为模式，使生活在同一文化背景下的社会成员的购买行为具有相同的倾向。文化对客户的影响是根深蒂固的，它会影响客户的消费观念、消费内容和消费方式。客户因风俗习惯、价值观、审美观等的不同而具有不同的生活习惯、生活方式、价值取向和禁忌，这些因素都会对他们的购买行为产生影响。

（三）自然与技术环境

自然环境直接构成了客户的生存空间，在很大程度上促进或抑制了某些消费活动。首先，不同的地理条件会影响客户的消费习惯、消费内容等。例如，我国幅员辽阔，不同地区有着不同的消费方式。其次，自然资源是人类赖以生存的物质基础，为客户提供了最基本的生活条件，如大气、淡水等。缺乏这些条件，人类很难生存，更谈不上消费需要了，而新鲜的空气、纯净的淡水，能使人身心健康、精神舒爽。最后，不同气候地区的客户呈现诸多消费活动的差异。例如，炎热多雨的热带地区与寒冷干燥的寒带地区相比，客户在衣、食方面的消费明显不同，如热带地区的客户喜欢清爽解暑型饮料，寒带地区的客户则偏爱能御寒的饮品。

技术是决定生产力的重要因素，它影响着人类的历史进程和社会生活的方方面面，当然也影响着客户的行为。这是因为客户的消费总是在一定的技术条件下进行的，技术发展到某个阶段催生了某种产品或服务后，客户才有可能进行相应的消费。例如，客户在不同的年代、不同的技术环境下，先后消费过留声机、录像机、VCD（影音光碟）、DVD（数字通用光盘）、传呼机、大哥大等，伴随着技术的进步，如今它们早已淡出客户的视野。技术创新对消费需求的推动作用体现在，技术创新提供了新产品、新服务，从而创造消费动力，不断开创消费新领域。如今，互联网、虚拟现实、人工智能、移动支付技术等给客户带来了更多、更好的消费体验。

（四）社会环境

客户不是孤立存在的，而是生活在社会中，因而客户购买行为难免会受到社会群体、流行及口碑传播的影响。

作为社会成员，社会群体确实能够影响客户的价值观念，并影响其对产品或服务的看法及其购买行为。客户尤其注重参照包括名人专家在内对其有重要影响的社会群体的行为。

流行是指在一个时期内社会上流传很广、盛行一时的现象和行为。流行在一般情况下，体现为在某一特定时期人们做出一种趋同的行为——相当数量的人对特定观点、行为、言语、生活方式等产生了共同的崇尚与追求，并使之在短时间内成为整个社会到处可见的现象。流行促进了客户在购买上的从众行为，在一定程度上促进了客户在某些产品的消费上与其他客户有共同偏好。

口碑传播是客户对厂商、品牌、产品、服务的认知、态度和评价，及其在群体间非正式的相互传播，其中包括正面的和负面的内容。与其他传播方式相比，口碑传播的来源更可信。这是因为，客户的亲朋好友在介绍、推荐、评论产品时，一般不涉及利益关系和商业意图，从一定意义上来讲，他们的意见与建议比较客观、可靠，值得信赖。研究表明，口碑传播的有效性是广播、广告有效性的3倍，是人员推销的4倍，是报纸和杂志广告的7倍。因此，在天猫、淘宝、京东商城、苏宁易购等平台开店的商家，都非常重视口碑传播，把它视为对客户最具影响力的信息源。

随着互联网的发展，口碑传播不再只局限于人与人之间面对面的交流，而是将意见、经验与评论等通过讨论区、聊天室、留言板等网络空间来发布和传播，形成新形态的网络口碑传播。网络口碑传播，是指互联网用户借助互联网各种同步或异步网络沟通渠道发布、传播关于组织、品牌、产品或服务的信息，表现为文字、图片、符号、视频等或它们的组合。显然，客户对产品的态度会受到网络口碑的影响，当好的网络口碑不断出现时，客户的消费欲望会不断地被强化；而当差的网络口碑不断出现时，客户的消费欲望就会减弱。

六、情境因素

情境是指消费或购买活动发生时，客户所面临的短暂的环境因素，它由一些暂时性的事件和状态所构成，如购物时的天气、购物场所的拥挤程度等。贝克（Beck）认为，情境由 5 个变量或因素构成，它们是物质环境、人际环境、时间环境、任务环境和先行状态。

（一）物质环境

物质环境是指构成消费情境的物质因素，如消费场所的地理位置及外观、装饰布局与陈列、色彩、气味、声音、灯光、温度、湿度等，它们都对客户的情绪、行为具有重要影响。调查表明，客户的购买行为 70% 以上都是在物质环境中做出的，并且冲动消费占了很大的一部分。物质环境对客户的感觉器官有着较强的刺激力，舒适、和谐的氛围能吸引客户进店，能令人长时间保持兴奋的情绪。相反，如果消费环境恶劣则很难吸引客户进店，即使客户进店了也会顿生离开之念。

（二）人际环境

客户的消费情境总是处在一定的社会环境当中，在消费过程中客户会与服务人员打交道，会与其他客户相逢。客户在消费环境中所面临的关系，包含服务者与自己之间的关系、自己与其他客户之间的关系。显然，不同的人际环境会使客户产生不同的购买行为，好的人际关系能够使客户感到愉悦并且增强消费欲望。

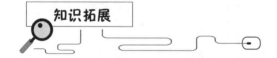

知识拓展

影响在线购物体验的主要因素

影响在线购物体验的主要因素包括网站互动性、生动性、易用性、流畅性，网站的背景音乐、图形互动技术和隐私信息安全，等等。客户在购物平台浏览商品时，如果购物平台提供的商品信息翔实、分类目录明确、价格实惠，那么他对购物平台的好感度就会增加，选择该购物平台的欲望就会增强。另外，如果购物网站页面美观且操作便捷，同时能够使用声音（如商品展示音乐、特征展示音乐、背景音乐）来介绍商品，那么也会在一定程度上吸引客户在该网站上购物。此外，售后阶段的物流派送、售后服务、争议处理及主动要求客户给予好评的行为等也会影响客户在线购物体验。

（三）时间环境

这里的时间是指情境发生时客户可支配时间的充裕程度，也可以指消费活动发生的时机，如一天、一周或一月当中的某个时点等，还可以指客户消费前需要等待的时间长短。时间是构成情境很重要的内容。不同的时间环境会对客户的行为产生不同的影响。例如，很多产品的消费具有季节性和节日性的特点，如六一儿童节前是儿童玩具和儿童服装的消费高峰，中秋节前一个月是月饼销售的黄金时段。在这些节点前客户的消费欲望比较强烈，而过了这些节点客户的消费欲望则会减弱很多，甚至为零。

（四）任务环境

这里的任务是指客户购物的目的和理由。对同一种产品，购买的具体目的可以是多种多样的，在不同的购物目的和理由的支配下，客户在消费何种档次和价位、何种品牌的产品上会存在差异。例如，购买的葡萄酒可以自己喝，也可以与朋友聚会时一起喝，还可以作为礼品送人。在不同购物目的的支配下，客户在购买何种档次和价位、何种品牌的葡萄酒上均会存在差异。此外，与购买任务密切联系的还有使用情境，即产品在何种场合使用。不同的使用情境会使客户的行为有所不同，例如，同是作为礼物，生日礼物的购买和婚礼礼物的购买就会有较大的差别。

（五）先行状态

先行状态是指客户带入消费情境中的暂时性的情绪（如焦虑、高兴、兴奋等）或状态（如疲倦、饥饿、生病等）。客户的情绪或状态会影响客户的决策过程及对不同产品的购买行为，也就是说，客户当前的情绪或状态会对客户的行为产生影响。正面、积极的情绪与积极性购买、冲动消费相联系，而负面的情绪则会减弱客户的消费欲望。

除上述性别因素、年龄因素、心理因素、背景因素、环境因素、情境因素会对客户的购买行为产生影响外，企业的营销因素也会影响客户的购买行为。客户购买过程及影响因素如图 2-2 所示。

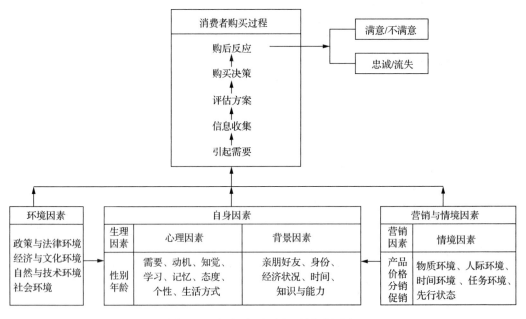

图 2-2　客户购买过程及影响因素

 **本章练习**

一、不定项选择题

1. 受过高等教育、勇于冒险、经济宽裕且社会地位较高的人，在接受新产品过程中通常属于（　　）。

    A. 意见领先者　　B. 意见跟随者　　C. 意见落后者　　D. 意见保守者

2. 女性购买行为的特点有（　　）。

    A. 追求美观时髦　　　　　　　　B. 情绪化消费比较多

    C. 自尊心强   D. 更乐于分享

3. 男性购买行为的特点有（   ）。

    A. 理性消费   B. 情绪化消费

    C. 少挑剔   D. 习惯性购买多

4. 青年人购买行为的特点有（   ）。

    A. 容易冲动   B. 追求时尚和新颖

    C. 享受消费多   D. 网络成为消费的主渠道

5. 中年人购买行为的特点有（   ）。

    A. 理智胜于冲动   B. 计划多于盲目

    C. 少受外界影响   D. 追求实用耐用

二、判断题

1. 随着时代的变迁、科技的进步、收入的提高，客户的购买行为一般会经历一种由低级到高级、由简单到复杂、由粗到精的变化发展过程。   （   ）

2. 购后评价会对客户以后的态度和购买行为产生影响，还会通过口碑传播扩散至其他客户，影响他们的态度和行为。   （   ）

3. 企业可以通过提供合适的产品来激发客户的需求，使之产生购买欲望，甚至影响他们的消费购买行为，改变他们的消费习惯，更新他们的消费观念。   （   ）

4. 需求的波动性体现为有规律的需求波动和无规律的需求波动。   （   ）

5. 购买产品的客户大多缺乏相应的产品知识和市场信息，其购买行为属于非专业性购买。   （   ）

三、名词解释

心理账户   消费动机   先行状态

四、问答题

1. 客户购买行为有哪些特点？

2. 根据客户的购买频率可将客户购买行为划分为哪几种类型？

3. 根据客户的购买态度与要求可将客户购买行为划分为哪几种类型？

4. 客户的购买过程包含了哪几个阶段？

5. 影响客户购买行为的因素有哪些？

 本章实训：介绍自己的网络购买行为

实训任务

介绍自己的网络购买过程是怎样的，哪些因素会影响自己的购买行为。

实训组织

（1）教师布置实训任务，指出实训要点和注意事项。

（2）全班分为若干个小组，各组确定本组的实训内容。

（3）收集相关资料和数据时可以通过实地调查，也可以采用二手资料。

（4）小组内部充分讨论，认真研究，形成分析报告。

（5）小组需制作一份能够在 3 ～ 5 分钟演示完毕的 PPT，在课堂上进行汇报，之后其他小组可质询，台上台下进行互动。

（6）教师对每组分析报告和课堂讨论情况即时进行点评和总结。

第二篇
电商客户关系的建立

建立客户关系就是让目标客户和潜在客户成为现实客户的过程。电商客户关系的建立包含两个根本问题，一个问题是电商企业跟谁建立关系，另一个问题是电商企业怎样才能与之建立关系。

第三章
电商对客户的选择

3-1 电商对客户的选择

电商对客户的选择是指电商企业对服务对象的选择，即究竟选择与什么样的客户建立关系。

第一节　为什么要选择客户

在买方占主导地位的市场条件下，一般来说，客户可以自由选择电商企业，而电商企业是难以选择客户的，大多数时候电商企业只能想方设法吸引客户。但是，从另外一个角度来看，即使处于买方市场，作为卖方的电商企业还是应当主动去选择自己的客户，原因如下。

一、不是所有的购买者都是电商企业的客户

一方面，每个客户都有不同的需求，需求的个性化决定了不同的客户会向不同的电商企业购买产品。另一方面，电商企业的资源是有限的，无论是人力、财力、物力，还是服务能力、时间，都决定了电商企业不可能什么都做。没有哪家电商企业能提供市场上需要的所有产品或者服务。此外，竞争者的客观存在，也决定了任何一家电商企业，都不可能为所有的购买者提供产品或服务。

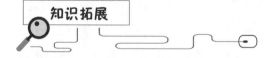

知识拓展

客户的状态

按照客户的状态，客户可划分为：潜在客户、目标客户、现实客户、流失客户。

1. 潜在客户

潜在客户是指对企业的产品或服务有需求和购买动机，有可能购买但还没有购买的人群。例如，已经怀孕的女性很可能就是婴幼儿产品的潜在客户。

2. 目标客户

目标客户是企业经过挑选后确定的力图开发为现实客户的人群。例如，劳斯莱斯就把具有很高地位的人士或取得巨大成就的人士作为自己的目标客户。潜在客户与目标客户的区别在于，潜在客户是指有可能购买但还没有购买的客户，目标客户则是企业主动瞄准的尚未有购买行动的客户。当然，潜在客户和目标客户是可以重叠或者部分重叠的。

3. 现实客户

现实客户是指已经购买了企业的产品或服务的人。

按照客户与企业之间关系的疏密，现实客户又分为初次购买客户（新客户）、重复购买客户和忠诚客户三类。

（1）初次购买客户是对企业的产品或服务进行第一次尝试性购买的客户。

（2）重复购买客户是对企业的产品或服务进行了二次及二次以上购买的客户。

（3）忠诚客户是对企业的产品或服务持续购买的客户。忠诚客户是企业值得信赖的客户，他们是企业的产品或服务的长期、持续、重复的购买者，他们的忠诚也表明企业现有的产品和服务对他们是有价值的。

4．流失客户

流失客户是指曾经是企业的客户，但现在不再购买企业的产品或服务的客户。

以上4种客户是可以相互转化的。比如，潜在客户或目标客户一旦采取购买行为，就变成企业的初次购买客户，初次购买客户如果再次购买同一企业的产品或服务，就发展成为该企业的重复购买客户，并可能成为忠诚客户；但是，初次购买客户、重复购买客户、忠诚客户也会因其他企业更有诱惑力的条件或因为对企业不满而成为流失客户；而流失客户如果被成功挽回，则可以直接成为现实客户。

客户的状态如图3-1所示。

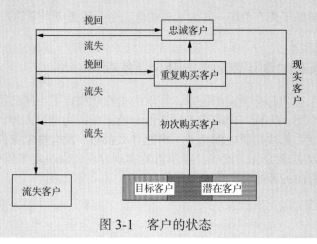

图3-1 客户的状态

总之，由于需求的差异性、电商企业资源的有限性及竞争者的客观存在，每家电商企业能够有效地服务客户的类别和数量是有限的，市场中只有一部分购买者能成为购买本电商企业产品或者服务的实际客户，其余则是非客户。电商企业如果能准确选择属于自己的客户，就可以避免在非客户身上花费成本，从而减少电商企业资源的浪费。

▶ **案例**

马蜂窝专注于为旅游爱好者提供服务

马蜂窝是一个旅游社区网站，其创办宗旨就是为所有旅游爱好者提供信息交流的平台。在马蜂窝，旅游爱好者可以交换资讯，交流攻略、美食、摄影作品，分享旅行中的喜悦和感动。马蜂窝上每一个发起的话题都会出现在"我的马蜂窝"里，每一个成员都是马蜂窝的主人，马蜂窝的一切都由成员共同产生和决定。

马蜂窝的创始人是两个自由行爱好者，马蜂窝创办之初并不是商业项目，而纯粹是出于喜好建立起来的业余平台。从2006年开始，这个简单的旅游社区网站并没有进行特意宣传推广，仅仅依靠口碑就积累了最初的用户。

马蜂窝的核心产品是旅游攻略，旅游攻略中的信息和感受都来自真实旅行用户的反馈和评价。马蜂窝的旅游攻略覆盖了中国游客可能出行的全球 90% 以上的目的地，旅游攻略的内容涵盖了旅行中的吃、住、行等重要信息，还有旅行中的真实体验和评价。马蜂窝的优势在于其对旅游市场进行细分，专注于开发旅游攻略市场和服务于追求个性化旅游的需求群体。由于定位准确，马蜂窝在旅游攻略市场站稳了脚跟。

二、不是所有的客户都能够给电商企业带来收益

有一种流行的观点认为"客户是上帝""客户总是对的""客户越多越好"。在特定的条件下，在强调客户的重要性时可以这么说，但是不等于所有客户都能带来价值，因为有些客户不仅没有带来收益，还可能会给电商企业带来损失。

事实上，客户天生就存在差异，不是每个客户都能够带来同样的收益，都能给电商企业带来正价值；有的客户还可能是麻烦的制造者，不管电商企业付出多大的努力，都不能令他们满意。甚至，有的客户还会给电商企业带来负面的风险，如信用风险、资金风险、违约风险等，并且有时候这些风险可能超过其为电商企业带来的价值。

美国人威廉·谢登提出了"80/20/30"法则，他认为：在顶部的 20% 的客户创造了企业 80% 的利润，但其中一半的利润被底部 30% 不能带来赢利的客户消耗掉了。也就是说，一些优质客户给电商企业带来的超额价值，通常被许多"坏"客户消耗掉了。他们不仅花费企业高额的服务费用，还可能会形成呆账、坏账，使企业"赔了夫人又折兵"——不但得不到利润，还要赔钱。可见，回避这样的客户对电商企业来说是好事，电商企业应将其找出来，并且一开始就将这些客户剔除。总之，客户数量不是衡量电商企业获利能力的唯一指标，客户质量的重要性已经在一定程度上高过了客户数量的重要性，客户质量在很大程度上决定着电商企业赢利的多少。因此，电商企业应当放弃"任何客户对电商企业都是有价值的"想法，而注意去选择真正有价值的客户。

三、不选择客户可能造成电商企业定位的模糊

假如电商企业不选择客户，那么形形色色的客户共存于同一家电商企业，可能造成电商企业定位的模糊，导致客户对电商企业的印象比较混乱。相反，如果电商企业主动选择特定的客户，明确客户定位，就能够树立鲜明的电商企业形象。

案例

Keep 的目标客户

Keep 于 2015 年 2 月 4 日上线，致力于提供健身教学、跑步、骑行、交友及健身饮食指导、装备购买等一站式运动解决方案。Keep 的目标客户群是年轻的女性，特别是年轻的上班族和大学生群体，她们往往接受过高等教育，有经济基础，在压力大的城市中生活，健身意识觉醒较早，而且对健身的需求更大，愿意为健身付费。

四、选择正确的客户是成功开发客户及实现客户忠诚的前提

我们知道，饥不择食可能会消化不良，还可能会中毒，甚至可能会出现更严重的后

果。我们还知道，要做成一件事，首先要选择做正确的事，然后再想办法去把它做成，否则就会越做越糟。

同样的道理，电商企业如果选错了客户，那么建立客户关系的难度可能就比较大、成本也可能比较高，而且在建立客户关系之后，维护客户关系的难度也比较大、成本也比较高。一方面，电商企业会感到力不从心；另一方面，客户也不领情，不乐意为电商企业买单。

例如，一些小电商企业忽视了对自身的分析与定位，没有采取更适合自身发展的战略，如市场补缺者战略等，而盲目采取进攻战略，与大电商企业争夺大客户，最终陷入两难境地——既失去了小客户，又没有能力为大客户提供相应的服务。其结果是两手空空。

相反，电商企业如果经过认真选择，选对了目标客户，那么成功建立客户关系、维护客户关系的可能性就很大，成本也会很低。实践证明，客户忠诚度高的电商企业往往更重视选择客户，它们非常清楚自己的目标客户是谁，在最初决定是否要开发一类客户时不是考虑一时一事的利益，而是从双方长远合作的角度去考虑，挑选自己称心如意的经营对象、合作伙伴。所以说，选择正确的客户是成功开发客户及实现客户忠诚的前提。

总而言之，企业好比船，客户好比水，水能载舟，也能覆舟。客户可以给企业带来利润，使企业兴旺发达，也可能使企业破产倒闭。从某种意义上来说，选择客户就是选择赛道——选对了，海阔凭鱼跃，天高任鸟飞；选错了，则可能龙困浅滩。

因此，电商企业应当在茫茫人海中选择属于自己的客户，而不应当以服务所有客户为己任。对电商企业来说，所有好高骛远的想法、做法都应当尽快抛弃和停止。有所"舍"，才能够有所"得"，盲目求多求全，结果可能是失去所有的客户。选择客户是一种化被动为主动的思维方式，是电商企业在处理客户关系上争取主动的一种策略，既体现了电商企业的个性，也体现了电商企业的智慧，更决定了电商企业的命运。

通过一系列的限制条件或门槛（如规模、资金、信誉、管理水平、技术实力）筛选入围的客户会珍惜与电商企业合作的机会。假如电商企业能够为这些有价值的客户提供满意的产品或服务，并且不断地满足这些客户的特定需求，那么电商企业就将得到长期、稳定、高额的回报，电商企业的业绩将稳步提高。

第二节　好客户与坏客户

电商企业当然要尽量选择好的客户。那么，什么样的客户是好客户呢？

一、好客户与坏客户的区分

（一）什么样的客户是好客户

一般来说，好客户通常要满足以下几个方面的要求。

1. 具有良好的信誉

好客户付款及时，有良好的信誉。信誉是合作的基础，不讲信誉的客户，条件再好也不能合作。

2. 服务成本较低

好客户不需要多少服务或对服务的要求低。这里的服务成本是相对而言的，而不是绝对数据上的比较。例如，一个大客户的服务成本是 200 元，银行净收益是 10 万元，那这 200 元的服务成本就显得微不足道；而一个小客户的服务成本是 10 元，但银行的净收益只有 20 元，虽然 10 元的服务成本在绝对数值上比 200 元低了很多，但相对服务成本却高了很多。

3. 经营风险小，有良好的发展前景

客户的经营现状是否正常、是否具有成长性、是否具有核心竞争力、经营手段是否灵活、管理是否有章法、资金实力是否足够、分销能力是否强大、与下家的合作关系是否良好，以及国家的支持状况、法律条文的限制情况等都对客户的经营风险有很大的影响。电商企业只有对客户的发展前景进行全面、客观、远景性的分析，才能对客户有一个准确的判断。

4. 愿意与电商企业建立长期的伙伴关系

好客户能够正确处理与电商企业的关系，合作意愿高，忠诚度高，让电商企业做擅长的事，通过提出新的要求友善地引导电商企业生产和提供更好的产品或服务，从而提高电商企业的服务水平。

5. 有较高的市场影响力、知名度

还有一类好客户，虽然他们的订单量相对来说并不是很多，但由于他们有较高的市场影响力、知名度，能帮助电商企业树立非常好的市场形象，能提高电商企业的美誉度，毫无疑问，这样的客户也是好客户，因为他们是极具战略价值的客户。

（二）什么样的客户是坏客户

相对来说，坏客户就是只向电商企业购买很少一部分产品或服务，但要求却很多，花费了电商企业高额的服务费用，使电商企业为其消耗的成本远远超过他们给电商企业带来的收益；不讲信誉，给电商企业带来呆账、坏账及诉讼等，给电商企业带来负效益，时时刻刻消耗电商企业的资产，甚至会让电商企业倒闭破产；让电商企业做不擅长或做不了的事，分散电商企业的注意力，使电商企业改变战略方向，与计划相脱离。

应当注意的是，好客户与坏客户是相对而言的，只要具备一定的条件，他们之间是有可能相互转化的，好客户可能会变成坏客户，坏客户也可能会变成好客户。因此，不要认为客户一时好就会永远好，电商企业要用动态的眼光来评价客户的好与坏。电商企业如果不注意及时、全面地掌握、了解与追踪客户的动态，如客户的资金周转情况、资产负债情况、利润分配情况，等好客户变为坏客户时，将追悔莫及！

二、大客户不等于好客户

通常，购买量大的客户被称为大客户，购买量小的客户则被称为小客户，显然，大客户往往是电商企业关注的重点。但是，如果认为所有的大客户都是好客户，而不惜一切代价去吸引和维系大客户，电商企业就要为之承担风险了。这是因为许多大客户可能带来以下风险。

（一）财务风险

大客户在付款方式上通常要求赊销，这就可能会给电商企业的经营带来财务风险，因而大客户往往也容易成为欠款大户，甚至使电商企业承担呆账、坏账的风险。

（二）利润风险

某些大客户会凭借其强大的买方优势和砍价实力，或利用自身的特殊影响力与电商企业讨价还价，向电商企业提出诸如减价、价格折扣、提供超值服务甚至无偿占用资金等方面的额外要求。因此，这些大客户可能不仅没有给电商企业带来大的价值和预期的赢利，反而减少了电商企业的获利，使电商企业陷入被动局面。

（三）管理风险

大客户往往容易滥用其强大的市场运作能力，扰乱市场秩序，如窜货、私自提价或降价等，给电商企业的正常管理造成负面影响，尤其是对小客户的生存构成威胁。

（四）流失风险

激烈的市场竞争往往使大客户成为众多电商企业尽力争夺的对象，大客户因而可能容易被利诱而流失。

（五）竞争风险

大客户往往拥有强大的实力，容易采取纵向一体化战略，另起炉灶，经营与电商企业相同的产品，从昔日的合作伙伴变为竞争对手。

三、小客户可能是好客户

要衡量什么样的客户是好客户，要以客户的终生价值为标准。然而，许多电商企业缺乏战略思维，只追求短期利益和眼前利益，而不顾长远利益，对客户的认识只着眼于短期能够给电商企业带来多少利润，很少去考虑客户在未来可能带来多少利润。因此，电商企业对一些暂时不能带来利润甚至造成亏损，但长远来说很有发展潜力的小客户没有给予足够的重视，更不要说进行扶持了。

事实上，小客户不等于劣质客户，有些小客户能够给电商企业带来较多的利润、做出较大的贡献，而占用电商企业的资源却较少，给电商企业带来的风险也较小。因此，电商企业过分强调当前客户带来的利润，很可能会错失未来的好客户。

可见，小客户有可能是好客户。对客户的评判要科学，不能只看眼前的表象，不能只根据某一时点的表现就轻易否定、盲目抛弃，而要用动态的眼光，看趋势，看潜力。

第三节　电商企业选择目标客户的指导思想

电商企业要在对客户进行细分的基础上，对各细分客户群的赢利水平、需求潜力及趋势等情况进行分析、预测，最后根据自身情况、竞争状况，选择和确定一个或几个细分客户群作为自己的服务对象。一般来说，电商企业选择目标客户应遵循以下指导思想。

一、选择与电商企业定位一致的客户

电商企业要从实际出发，根据自身的定位，如经营项目、经营目标来选择服务对象，选择与电商企业定位一致的客户。

例如，拼多多致力于将社交元素融入电商运营，主打低价促销方式，从客户日常高频消费场景入手，采用"分享＋拼单"的方式开展病毒式营销，利用很低的成本获得很高的商品曝光率。拼多多通过"社交＋电商"的模式——用户发起和朋友、家人、邻居等拼单活动，机器算法进行精准推荐与匹配——让更多的用户乐于分享实惠，享受全新

的共享式购物体验。为此，拼多多选择的目标客户是三、四线城市人群，是长尾效应后80%的人群，其特点是对商品要求不高但对价格很敏感，愿意为了优惠而参与分享活动，喜爱购买高性价比、折扣类商品，这与其品牌定位一致。

叮咚买菜的目标客户

叮咚买菜的目标客户以25～45岁的城市白领为主。这个客户群有以下几个特点：时间稀缺，更加看重便利性，更加看重产品品质的稳定性，一旦形成购买习惯很容易复购；这些人中的大多数比起他们的父辈，缺少生活经验，不太会挑菜，也缺少与小商贩讨价还价的能力。

客户既可以通过下载叮咚买菜App进行下单，也可以通过微信绑定账号后在微信小程序平台下单，十分方便。在叮咚买菜App上，产品种类丰富，有蔬菜、豆制品、水果、肉禽蛋、海鲜水产，还有调味品、零食干货、生活用品等非高频产品。在价格方面，叮咚买菜与周边菜场、超市持平，相对亲民，适合经常做饭的家庭使用。在不考虑补贴、满减等优惠活动的情况下，叮咚买菜的产品价格整体低于盒马鲜生，高于大润发和永辉生活。此外，0元送菜，0配送费，消除了客户对配送成本的顾虑。

二、选择好客户

既然我们已经知道客户有"好坏"之分，那么电商企业应当选择好客户来经营，这样才能提高赢利水平。

小红书对客户的选择

小红书是年轻人的生活方式分享平台及自营保税仓直邮电商平台，定位为海外购物笔记分享社区，也是支持分享文字、图片、视频笔记的平台，提供美妆、美食、旅行等各种类型话题专题讨论，满足用户获得关注的社交需求。小红书选择的客户群体是"种草小姐姐"，她们的年龄集中在20～35岁，该年龄段女性处于学业、事业稳定期，有良好的收入基础，追求生活品质，也更加乐意分享。

为什么选择"种草小姐姐"？

一方面，她们与小红书的定位一致。首先，小红书是海外购物笔记的分享社区和自营保税仓直邮电商平台，而"种草小姐姐"对海外潮流消费品表现出较高的认知度，想要购买海外产品，但是缺少时间出国购物。其次，小红书是一个支持分享文字、图片、视频笔记的平台，而"种草小姐姐"喜欢旅行，喜欢拍照，在准备出国旅游前，喜欢查询目的地的精选购物笔记，找到心仪的海外商品，列成清单。再次，小红书能够提供美妆、美食等各种类型话题的专题讨论，满足用户的社交需求，而"种草小姐姐"喜欢分享生活，彰显个性，对于购买到的产品或体验到的服务，会积极分享到社交平台，希望获得关注。另一方面，由于"种草小姐姐"愿意通过福利社购买商品或其他海外旗舰店产品，购买后在社区分享自己的使用心得，进而吸引其他目标群体购买，从而形成"购买＋分享"的业务闭环，这无形中给小红书带来较大的利润。所以说，"种草小姐姐"是小红书的好客户。

三、选择有潜力的客户

电商企业选择客户不应局限于客户当前对电商企业的贡献，而要考虑客户的成长性及未来对电商企业的贡献。对于当前利润贡献低但是有潜力的小客户，电商企业要积极提供支持。尽管满足这些小客户的需求可能会降低电商企业的当前利润，甚至可能会带来损失，但是电商企业应该而且必须接受眼前的暂时亏损。

支持客户在很大程度上是支持自己。客户只有发展了，才可能对电商企业的产品或服务产生越来越多的需求。所以，电商企业一旦发现了有潜力的客户，就应该重点支持和培养，甚至可以考虑与管理咨询公司合作，帮助有潜力的小客户。这样，有潜力的客户在电商企业的关照下成长壮大后，其对电商企业的产品或者服务的需求也将随之增多，而且会有更高的忠诚度。在优质客户被各大电商企业瓜分的今天，这显然是培养优质客户的好途径。

美柚对客户的选择

美柚是一家移动互联网行业的高新科技企业，美柚的理念为"让女性更美更健康"。美柚自成立以来始终专注于为女性提供线上智能服务，全方位服务于经期、备孕期、孕期和哺乳期的女性。美柚选择的客户群体是 15～45 岁互联网用户中具有中高收入水平的、关注自身生理健康的女性。这是因为，相较于更年长或是更年轻的群体，15～45 岁群体是更愿意尝试用手机 App 的形式来记录自身健康的，她们相较于其他的年龄层，更希望和同性群体进行交流。美柚的"她她圈"还为她们提供了一个互相交流的平台。

美柚打造的记录女性经期的功能，为懵懂的青春期女性提供了专业的检测服务，让其更好地观测自身健康。她们需要的是美柚能够提供的，美柚提供的也是她们想要的。这些比较年轻的女性，由于美柚所提供的经期记录服务从而产生了对美柚的黏性。当她们以后怀孕或者处于哺乳期时，就会偏向于在一直陪伴她们的美柚上购买产品。

四、选择旗鼓相当的客户

（一）企业与客户不对等可能产生的问题

对"低级别"的电商企业来说，"高级别"的客户尽管很好，但是可能不属于电商企业，原因是双方的实力悬殊，电商企业对其服务的能力不够，这样的客户不容易开发；即使最终开发成功，勉强建立了关系，电商企业也会出力不讨好，因为以后的服务成本会较高，维持关系的难度也较大。

当然，也有些"高级别"电商企业可能瞄上"低级别"客户，但往往由于双方关注点错位，双方不同步、不协调、不融洽，结果可能是不欢而散。

事实上，每个客户都有自己的价值判断，从而决定自己与哪家电商企业建立紧密的联系。然而，许多电商企业没有意识到这一点，总是把自己的意愿强加于客户，最终陷入尴尬的境地，没有获得一个好的结果。

总之，客户并非越大越好，也不是越小越好，旗鼓相当十分重要——双方在各自的领域都有吸引对方的优势和魅力，实力相当，具有平等合作、互利互惠的基础。

（二）企业如何寻找旗鼓相当的客户

电商企业要想找到旗鼓相当的客户，就要结合客户的综合价值与电商企业对其服务的综合能力进行分析，然后找到两者的交叉点。具体步骤如下。

1. 评价目标客户的价值

电商企业要判断目标客户是否有足够的吸引力、是否有较高的综合价值、是否能为电商企业带来收益，可以从以下几个方面进行分析。

（1）客户向电商企业购买产品或者服务的总金额。

（2）客户扩大需求而产生的增量购买和交叉购买等。

（3）客户的无形价值，包括规模效应价值、口碑价值和信息价值等。

（4）客户为电商企业带来的风险，如信用风险、资金风险、违约风险等。

（5）电商企业为客户提供产品或者服务需要耗费的总成本。

2. 评价电商企业自身的能力

电商企业必须衡量一下自己是否有足够的能力去开发目标客户、满足目标客户的需求。如果企业开发目标客户很困难，或者为目标客户提供令其满意的服务相当吃力，那么说明企业不具备为目标客户提供服务的能力。

3. 价值－能力分析

电商企业应寻找客户的综合价值与企业自身综合能力两者的交叉点。也就是说，要将价值足够大、值得电商企业去开发和维护，同时电商企业也有能力去开发和维护的客户，作为电商企业的目标客户。

价值－能力分析矩阵如图 3-2 所示，A 区域客户是电商企业应该重点选择的目标客户。这类客户的综合价值较高，是优质的客户，此外电商企业对其服务的综合能力也较高，也就是说，电商企业凭综合能力足以赢得和维系这类客户。因此，这类客户值得电商企业花费大量的资源去争取和维护。

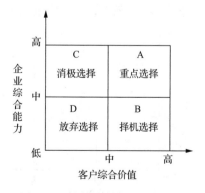

图 3-2　价值－能力分析矩阵

　　B区域客户是电商企业应该择机选择的目标客户。因为这类客户的综合价值高，具有非常高的开发与维护价值，但遗憾的是，电商企业对这类客户的综合服务能力实在有限，很难为客户提供满意的产品或服务。电商企业在开发这类客户时，将会面临很大的困难；即使开发成功了，如果电商企业对其服务的综合能力没有提高，最终也很难长期留住这类客户。因此，这类客户属于电商企业在适当的时机（当服务能力提高时）可以选择的客户。

　　C区域客户是电商企业应该消极选择的客户。尽管电商企业对其服务的综合能力较强，但是这类客户的价值实在有限，电商企业很可能在这类客户身上得不到多少利润，甚至还有可能消耗一部分利润。因此，这类客户属于电商企业应当消极选择的客户。

　　D区域客户是电商企业应该放弃选择的客户。一方面，这类客户的综合价值较低，很难给电商企业带来利润，电商企业若将过多的资源用于开发和维护这类客户，是得不偿失的，甚至有时候这类客户还会吞噬电商企业的利润。另一方面，电商企业也很难为这类客户提供长期的具有较高让渡价值的产品或服务。因此，这类客户属于电商企业应该放弃选择的客户。

本章练习

一、不定项选择题

1. 电商企业必须选择客户是因为（　　　）。
    A. 不是所有的购买者都会是企业的客户
    B. 不是所有的客户都能够给企业带来收益
    C. 不选择客户可能造成企业定位模糊不清
    D. 选择正确的客户是成功开发客户及实现客户忠诚的前提

2.（　　　）至少从长期来看给企业带来的收入要比企业为其提供产品或者服务所花费的成本高。
    A. 好客户　　　　　B. 坏客户　　　　　C. 大客户　　　　　D. 小客户

3. 大客户的风险表现在（　　　）。
    A. 财务风险大　　B. 利润风险大　　C. 管理风险大
    D. 流失风险大　　E. 竞争风险大

4. 选择客户的指导思想有（　　　）。
    A. 选择与企业定位一致的客户　　　　B. 选择"好客户"
    C. 选择有潜力的客户　　　　　　　　D. 选择"旗鼓相当"的客户

5. 从下图即价值－能力分析矩阵图来看，企业应重点选择（　　　）区。

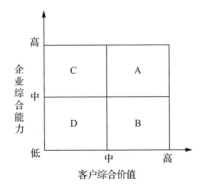

二、判断题

1. 客户有优劣之分。 （　　）
2. 企业主动选择特定的客户有利于树立鲜明的企业形象。 （　　）
3. 企业可把所有的购买者都视为自己的客户。 （　　）
4. "好客户"与"坏客户"之间是有可能相互转化的。 （　　）
5. 每个企业能够有效地服务客户的类别和数量是有限的。 （　　）

三、名词解释

目标客户　潜在客户　现实客户　流失客户

四、问答题

1. 为什么说选择正确的客户是成功开发客户及实现客户忠诚的前提？
2. 什么样的客户是"好客户"？什么样的客户是"坏客户"？
3. 为什么说小客户可能是"好客户"？
4. 为什么要选择旗鼓相当的客户？如何选择旗鼓相当的客户？

 本章实训：电商对客户的选择

实训任务

介绍、分析 ×× 电商选择了什么样的目标客户，为什么选择这类客户为目标客户。

实训组织

（1）教师布置实训任务，指出实训要点和注意事项。

（2）全班分为若干个小组，各组确定本组的实训内容。

（3）收集相关资料和数据时可以通过实地调查，也可以采用二手资料。

（4）小组内部充分讨论，认真研究，形成分析报告。

（5）小组需制作一份能够在 3～5 分钟演示完毕的 PPT，在课堂上进行汇报，之后其他小组可质询，台上台下进行互动。

（6）教师对每组分析报告和课堂讨论情况即时进行点评和总结。

4-1 电商对客户
的开发

第四章
电商对客户的开发

对新创办的电商企业来说，首要的任务就是吸引和开发客户。对有一定经营基础的电商企业来说，其也需要源源不断地吸引和开发新客户。因为根据一般经验，企业每年的客户流失率为10%～30%，所以，电商企业在努力提高客户忠诚度的同时，还要不断寻求机会开发新客户，尤其是开发优质客户。这样，一方面可以弥补客户流失的缺口，另一方面可以壮大电商企业的客户队伍，提高电商企业的综合竞争力，增强电商企业的赢利能力，实现电商企业的可持续发展。

电商企业对客户的开发，就是电商企业通过有吸引力的产品策略、价格策略、分销策略和促销策略，吸引目标客户和潜在客户采取购买行动的过程。

 延伸阅读：别人为什么愿意跟你相处

第一，可能因为你有德，对人真诚，为人厚道，心地善良，有规矩，有礼貌，有爱心，别人与你相处会感到温暖、放心。

第二，可能因为你有用，能带给别人实用的价值。

第三，可能因为你有料，别人跟你相处能打开眼界、放大格局。

第四，可能因为你有量，能倾听别人的想法并发表有价值的见解，为人慷慨、包容。

第五，可能因为你有趣，别人和你在一起会快乐。

第一节　有吸引力的产品策略

电商企业的产品就是电商企业满足客户需求的解决方案，是客户可以从电商企业处获得的利益。例如，阿里巴巴集团在不断满足客户需求的同时，挖掘和引导客户需求，以极强的创新、服务和扩张能力，打造强大的互联网商业生态圈，提供电子商务综合解决方案。

电商企业的产品策略就是为客户提供有吸引力的服务项目、服务特色和服务展示，从而开发客户。

一、有吸引力的服务项目

（一）服务项目的内涵

服务项目是指电商企业提供给客户的服务内容与服务功能。通俗地说，服务项目表明该电商企业主要是干什么的，能够为客户做什么。

例如，喜马拉雅作为专业的移动音频综合平台，汇集了有声小说、有声读物、有声书、儿童睡前故事、相声小品等品类数亿条音频。它不但能够满足客户学习成长的需求，而且能够满足其休闲娱乐的需求。喜马拉雅的付费内容涵盖了商业、人文、外语、音乐等16个类目。目前喜马拉雅付费知识产品包括系列课程、书籍解读等，平台大多采取邀约制邀请优质内容生产者入驻，并全面参与其付费知识产品的生产。此外，喜马拉雅还将直播、社群、问答等与课程体系相结合，完善了知识服务的体系化运营。

案例

货拉拉的服务

货拉拉提供拉货和搬家服务。用户一键下单拉货或搬家服务，系统即可根据物体重量、体积及运输距离，选择车型（中小型面包车、小型厢式货车、小型平板车、中型货车等）、预估价格，提供拆装保护、全程搬运、便捷运输、专属客服等一系列专业服务，完成运输。

货拉拉的用户可通过微信公众号及货拉拉 App 下单。首先，用户进入货拉拉的主界面后，可先选择"搬家""货运"或"企业用车"。以"货运"为例，货拉拉提供多种车型，不同的车型起步价是不同的，用户可根据需要搬运的货物的大小来决定自己想使用的车型。接着，用户输入发货地址和收货地址，系统将自动测算出价格。如果用户需要马上用车可以点击"现在用车"，如果用户不需要马上用车则可以点击"预约"，选择预约发车时间，完成后跳转页面进行付款。用户可以根据个人情况选择是否需要"搬运服务"，该服务明码标价，帮助客户省时省力又省心。搬运服务包括人工搬货、卸载、拆装及上下楼、出入库等服务，形成完整的拉货—搬家服务链。用户下单后一般两三分钟就会有司机接单，货拉拉司机在抢单成功后一分钟之内就会联系客户，跟客户确定地点及货物类型、体积和数量并咨询是否需要跟车，同时告知用户多久到达约定起点。司机提前大概10分钟到达约定起点后会致电用户，告知用户车子的特征以方便用户寻找，完成订单后司机会主动与用户道别，感谢用户使用货拉拉，给予用户相对愉悦的服务体验。

货拉拉还与保险公司进行深度合作，全新推出特别针对"互联网＋"货运的定制化保险产品，如出现货损可迅速理赔，目前用户单票最高可获赔4万元。该保险业务切实保障了用户的货物安全，真正做到了"安全拉货，放心运输"。

服务项目还体现为可供客户挑选的服务内容与服务功能的多与少。

案例

携程网的服务项目

携程网是大型旅游电子商务网站、商务及度假旅行服务公司，提供酒店、机票、度假产品的预订服务，以及国内外旅游实用信息的查询服务。

随着旅游者出游频率的逐年提高，旅游者的旅游经验日趋丰富，旅游需求也在不断升级，传统旅行社组团在个性化、自由度方面已无法满足现代游客的出游需求。在此背景下，以"机票＋酒店"套餐为主的自助游产品应运而生，即旅游网站等给旅游者提供机票和酒店等旅游产品，由旅游者自行安排行程。自由行的出游模式已逐渐成为人们出行的一个热门选择。面对旅游市场这一新的变化，许多旅游电商企业开始了新一轮排兵布阵，携程网也推出全新360°度假超市，超市产品涵盖境内外各大旅游风景点，旅游者可以根据自己的出游喜好自由选择搭配酒店、航班等。

携程网依托与酒店、航空公司及新加坡、马来西亚等当地旅游局的合作伙伴关系，凭借强大的技术力量搭建了集度假产品查询、预订于一体的度假超市。整个超市包括普吉岛、巴厘岛等几十个自由行的精品店，每个精品店内拥有不同产品组合线路至少5条。另外，度假超市还为旅游者提供了景点门票等增值服务及众多的可选服务，旅游者可以根据时间、兴趣和经济情况自由选择希望游览的景点、入住的酒店及出行的日期。目前携程网已把酒店、机票预订拓展到境外，可预订的境外酒店超过600家。携程网以高科技的运作手段、精细化的管理模式和先进的服务理念为旅游电商企业的超常规发展拓展了新路子。

显然，企业能够提供的服务项目越多，客户的选择余地就越大。

例如，从服务功能上看，京东健康的业务全面，包括挂号预约、线上问诊、药品零售、医药供应链、O2O送药、家庭医生、消费医疗、互联网医院等。京东健康从医药电商起家，如今已经形成了相对完善的"互联网＋医疗健康"生态体系。

Keep 的服务项目

Keep 于 2015 年 2 月 4 日上线，致力于提供健身教学服务、健身饮食指导服务、社交服务、装备购买服务等一站式运动解决方案。

目前 Keep 为用户提供的健身教学服务主要是健身技能培训和真人视频指导。对已有健身计划的用户而言，Keep 提供的是健身技能的培训，如针对跑步有跑步减脂、距离增加、速度提升三类目标的不同等级指导，对跑前热身及跑后拉伸等必要项目也有所指导。Keep 有单独的动作库，针对锻炼的不同部位有专门动作的文字及视频指导，以此保证用户在运动健身过程中的动作标准性，让健身给用户带来的益处最大化。不同层次、不同需求的用户在 Keep 中都能找到符合自己需求的视频课程，视频中的运动者与其说是教练，更像是一个陪练者，适时给予鼓励，加上背景音乐，很容易让用户产生好感。

Keep 在综艺节目和线下场景中都进行了大规模品牌推广，"自律给我自由"文案击中了许多立志于健身的用户的心。在社交媒体上，Keep 由艺人打造话题热度，并联合 KOL（Key Opinion Leader，关键意见领袖）接力挑战，投放大量原创优质内容，引导用户使用 Keep。

对于新注册的用户，Keep 会推荐其使用科学、客观的运动能力测试功能，全面了解自己的运动水平，然后通过算法推荐相应的训练计划及课程，减轻用户初次接触运动时的无措与茫然。Keep 会根据用户的运动历史、训练偏好及输入的身体数据，结合专业的教练建议，每日向用户推荐个性化的运动方案，包含运动建议、精选日报、饮食建议。

当然，服务项目越多，企业的服务成本与管理成本自然也会越多。

支付宝的服务项目

支付宝是国内领先的独立第三方支付平台，由阿里巴巴集团创办。支付宝提出"生活因支付宝而简单"的口号，其提供的服务可分为支付宝提供的服务和支付宝合作伙伴提供的服务。

支付宝提供的服务有：信用卡还款、手机充值、爱心捐赠、转账到银行卡、转账付款、水电燃气缴费、收缴房租、教育缴费、固话宽带、校园一卡通、AA收款、买彩票、物业缴费、有线电视缴费等。

支付宝合作伙伴提供的服务有：我要寄快递、医院挂号、游戏点卡、订酒店、淘宝网、买汽车票、网上营业厅、加油卡充值、买机票、买电影票、淘宝贷款、淘宝贷款还款等。

从支付宝提供的服务可以看出，它确实涉及客户生活的方方面面，给客户带来了一站式的服务。客户只要通过"单击""输入""确认"这三个操作便能在计算机上完成自己想要完成的交易项目，支付宝实现了"简单、安全、快速"的支付。

（二）服务项目的分类

服务项目可具体分为核心服务、便利服务、配套服务。

1. 核心服务

核心服务是客户能够从电商企业中获得的十分重要的服务，它体现了电商企业基本的功能。

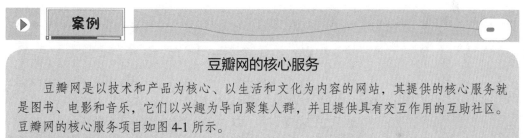

豆瓣网的核心服务

豆瓣网是以技术和产品为核心、以生活和文化为内容的网站，其提供的核心服务就是图书、电影和音乐，它们以兴趣为导向聚集人群，并且提供具有交互作用的互助社区。豆瓣网的核心服务项目如图4-1所示。

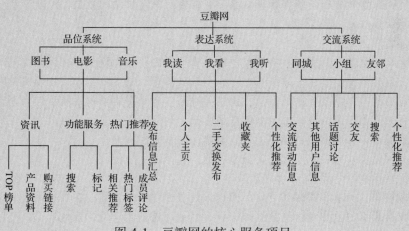

图4-1　豆瓣网的核心服务项目

2. 便利服务

便利服务是客户在消费核心服务时能够得到便利的服务，是电商企业为传递核心服务而提供的相关辅助服务。

便利服务不但使核心服务易于消费，而且能有效地降低客户的购买成本，为客户创造良好的服务体验，增加了核心服务的价值和吸引力。为此，电商企业应该尽最大努力去增加更多的便利服务，如增加服务网点、优化服务流程、提高服务效率、节约客户的时间和精力等。此外，电商企业应当精简界面，且使其具有易操作性；尽可能地简化选购、交易流程，提供多种登录方式和结算方式。

3. 配套服务

配套服务是指电商企业通过整合服务能力，提供整体解决方案，甚至是一条龙式的服务，从而使客户能够在同一家电商企业处得到尽可能多的服务。配套服务的作用在于强化服务组合的功能，增强竞争力。

例如，电商平台应选择综合实力强的物流公司进行合作，提高发货送货的速度。同时，为了方便客户在第一时间了解商品的物流动态，还需及时更新客户购买商品的物流信息。

配套服务可以具体体现在售前、售中、售后等环节，无论哪个环节都要保证客户的优质体验。例如，在售前，电商企业可以为客户提供信息服务、咨询服务等，提供专业性的知识解答服务；在售中，电商企业可以为客户提供订单的跟踪、物流信息的及时反馈服务；在售后，电商企业要建立完善的售后服务系统及快速的售后响应机制，如退换货运费保险、无理由退货、以换代修等。

▶ **案例**

马蜂窝的服务项目

马蜂窝是基于个性化旅游攻略信息构建的自由行交易平台，该网站提供了旅游攻略、游客游记、网上旅游路线预订等多种业务。马蜂窝的服务项目主要有：旅游攻略，提供包括酒店、机票、住宿等旅游信息的查询服务，以及可供移动端客户使用的手机App。

首先，旅游攻略是马蜂窝的核心服务。打开马蜂窝网站的主页，可以看到一篇篇个性化的游记及按照主题、地点等整理好的精美的旅游攻略。发表游记是旅游爱好者分享和交换旅游信息及心得的最方便的途径之一。每天、每时，甚至每一分钟都会出现大量更新的游记，每篇游记下面也会有其他旅游爱好者的跟帖和评价，可以说游记是最具时效性、分享性的旅游信息分享渠道之一。相较于游记，旅游攻略则是马蜂窝精心编排和整理的综合性与指导性更强的专业旅游指导手册。马蜂窝旅游攻略除了包含旅行中基本的吃、住、行等信息，还包括了如何办理签证、如何退税及当地民俗风情等信息。攻略中的所有信息都来自真实的客户的体验与总结。每天都有许多客户在马蜂窝分享旅行见闻，因此网站及攻略的信息也是实时更新的。马蜂窝的旅游攻略除了按目的地分类，还按不同的旅行主题进行分类，如美食攻略、亲子游攻略、郊区春游赏花攻略、音乐节攻略、啤酒节攻略等，为客户提供了方便的筛选方法与多种选择方式。在旅行之前，阅读旅游攻略可以帮助客户全方位、系统性地了解目的地，再辅之个性化强的游记，可以帮助客户在出游前建立起对目的地相对全面的认识。

其次，马蜂窝提供酒店、机票、签证办理等综合旅游信息查询服务。马蜂窝为了方便客户出行，也配套提供一系列旅游基本信息的查询业务。其中，旅游攻略、目的地、社区、酒店、机票和旅游服务位于首页，门票和线路隐藏在目的地中，保险、签证等则在旅游服务下拉栏中。马蜂窝与同程、携程、艺龙、途牛等网站都已开展了合作，它并不从事直接的在线交易，只是提供相应服务的链接和比价功能，如果旅行者需要订购产品，则会自动跳转到与马蜂窝开展合作的其他旅游网站页面。

最后，马蜂窝提供"旅行翻译官""旅游攻略""旅行家游记""旅游点评"等手机应用服务。"旅行翻译官"能够帮助出境旅游者解决语言障碍问题，该应用内含30多种真人发音语言，覆盖常用的语种，并且包含旅行中的应用场景，帮助旅行者轻松走遍世界。"旅游攻略"由马蜂窝原创打造，定期更新，覆盖国内外常见目的地，内有详细的吃、住、行、景点、线路及实用信息，还有网友分享的照片和感受。"旅行家游记"是从马蜂窝数十万篇精彩的游记中精选出来的，由旅行爱好者倾情分享，包括精美的旅行照片、在路上的旅行感受、翔实的旅行实用信息。"旅游点评"的点评范围包括目的地、景点、住宿地、餐厅等。

二、有吸引力的服务特色

服务特色指与同行比较，电商企业可以向客户提供的独特服务。

例如，传统电商主要采用以天猫为代表的平台模式和以京东为代表的自营模式。如今"新电商"形成了三大特色业态——以拼多多为代表的拼购模式；以云集、贝店、斑马会员、花生日记等为代表的会员制模式；以抖音、快手和淘宝为代表的直播电商模式。

如今，市场上同类同质的产品或服务越来越多，因此，电商企业要想在激烈的市场竞争中脱颖而出，必须有足够的特色。形成特色也是电商企业进行市场定位的有力工具，是赢得回头客的重要手段。

例如，小红书App是行吟信息科技（上海）有限公司于2013年6月推出的一个社区化的跨境电商平台，它由两个模块组成：购物经验分享模块和电商模块。它不仅是一个电商平台，还是一个供客户交流的社区空间，让客户可以自由地交流和分享跨境购物及旅游的体验，使客户分享与获取信息的需求得到满足。

案例

李子柒

李子柒凭借展示"乡村古风生活""传统美食""传统文化"成功，为大众所熟知。她在积聚了一定的流量之后，开创了自己的同名电商品牌——李子柒，主要运营的是符合其自身定位的美食产品。

随着人们对传统文化喜爱度的迅速提升，"国风"与"国货"成为热门新词。加之国货的质量水平在不断提高，促使了越来越多的国货品牌进入人们的视野。

李子柒受到大家的关注源于其制作桃花酒的视频，穿着汉服的李子柒在落满桃花的院子里酿桃花酒，这种古风田园美景，很快就获得了大家的关注。其后期制作的短视频关于中国的传统文化，借助短视频来传递自身的品牌文化，深受消费者的喜爱。在李子柒的短视频里，有朴实治愈的美食、静谧温暖的田园风光，有时还会重现中国古代的传统技艺，如酱油制作、活字印刷等，更有李子柒和她奶奶的温情互动。借助这些元素，李子柒讲好了国风故事。以传统饮食文化为背景，打造具有东方风情的新传统美食品牌，表达出了其想要将"传统文化时尚化，地方美食全球化"的奋斗愿景。

李子柒在淘宝上有官方旗舰店，旗舰店首页是中国风的画面。李子柒的店铺也运用了大量古风的语言来传递品牌文化，如"与卿相伴，共品清欢""人生大事不过吃喝二三事""一日三餐，食之有味"等，无一不传递出国风的魅力。此外，李子柒还在店铺装饰上添加了自己的动漫人物形象。该动漫人物身披黑色长发，穿着红色汉服，手拿葫芦酒，生动地展现了一位古代潇洒的女子形象。

2020年，人们尽可能减少出门及不必要的接触，无接触配送模式应运而生。京东、苏宁、阿里、美团买菜、每日优鲜等电商平台均开始提供无接触配送服务，以减少配送员与客户之间的接触。配送员在与客户电话联系后，会将货品放在双方约定的位置；如果客户有送货上门的需求，可以提前与配送员联络。

又如，"京东自营"是京东的一大特点，在自营模式下平台直接参与货源组织、物流仓储及买卖流程，有效地降低了供应链的成本，对商品售价具有控制权，在某些品类上更具价格优势。

一号店从创立之初，其定位就一直是"网上生活超市"，非常明确，由此吸引了大量年轻白领和家庭妇女。一号店不断开拓合作商家，同时开通"品牌直通车"，与全球消费品国际品牌达成合作，为客户提供更安全可信、更具价格优势的产品或服务。为杜绝物流速度慢和运输过程中的损件问题，一号店自建了物流配送体系，目前除了西部部分地区无法送货上门外，中东部大部分地区都能够及时送货上门。同时，一号店对网站内部的技术人员和服务人员要求很高，要求其不断完善、优化页面设计，提高业务水平。

案例

三家电商的特色

叮咚买菜是一个自营生鲜平台及提供配送服务的生活服务类App，以"品质确定、时间确定、品类确定"为核心原则，利用前置仓为用户提供新鲜、便捷的生鲜即时配送到家服务。叮咚买菜提供买菜送到家服务，围绕一日三餐的生活场景，以生鲜产品为主要品类，对标菜市场，致力于为一、二线城市中没有时间或者懒得去菜市场的年轻客户提供高品质的配送到家服务。

唯品会是一家做特卖的网站，网站所卖的产品大多数是按原价的70%左右售卖的。另外，唯品会通过与品牌合作方或者一级经销商直接合作，保证了产品的质量。唯品会的大多数产品是自营产品，这样既可以保证产品是正品，又可以让追求高品质生活的女性白领群体放心购物，同时还可以增加网站的复购率。唯品会还开创了"名牌折扣＋限时购买＋正品保障"的创新电商模式，并将其持续深化为"精选品牌＋大力度折扣＋限时购买"的正品特卖模式。

近几年，Z世代年轻人逐渐成为互联网消费的主力军，他们并不会一味选择大品牌，而是对新品牌、新产品、新体验更感兴趣，而且对价格也十分敏感，高性价比的产品更能满足他们的消费需求。

电商企业如果能够不断地提供竞争对手难以模仿的特色服务，就能形成不可替代的优势，成功地与竞争对手的服务相区分，从而有效地使自己的客户抵制竞争对手的诱惑。

案例

飞猪旅行与穷游网的服务特色

飞猪旅行是阿里巴巴旗下的旅行品牌,是一家主要提供特价机票、酒店预订、门票购买、签证办理等旅游服务的网络交易平台。飞猪旅行的定位是年轻人度假旅行的好帮手。此外,飞猪旅行采取各旅行社直接开店模式,使旅行社能够直接与消费群体接触,深入了解客户的需求和偏好,处理客户的问题和投诉。

穷游网是中国成立最早的以用户原创内容(User Generated Content,UGC)起家的网站之一,UGC和攻略板块用户的活跃程度高于一般的在线旅游网站。穷游网的服务项目主要有穷游锦囊、行程助手、旅游周边产品、穷游App。穷游锦囊是穷游网的用户基于自己在旅行中的经历撰写的出境旅行指南,具有极高的参考价值。行程助手是一款智能推荐引擎,它能够帮助旅行者查找他人的旅游心得,通过借鉴别人的经验,迅速制订自己的旅行计划,并且可以将其迅速导入移动设备中以方便随时查看。穷游网创建了"穷游生活实验室",使产品带上穷游印记,成为穷游周边产品。此外,穷游网还和许多旅游相关产品联名推出跨界产品,如耳机、运动服饰等。穷游App是将穷游网上的内容以精简的方式呈现在移动平台上的一个旅行类应用软件。穷游App里包含一些由穷游用户撰写的出境旅游指南、境外目的地等信息,并提供签证、保险办理,机票、酒店预订,以及租车等服务。

延伸阅读:网络购物体验管理

(1)感官体验。感官体验即给客户的视听体验,强调舒适性。例如,设计风格符合目标客户的审美习惯,并具有一定的引导性。网站在设计之前必须明确目标客户群体,并针对目标客户的审美喜好进行分析,从而确定网站的总体设计风格;网站标志要确保能清晰展示品牌而又不占据太多空间;在页面速度正常的情况下,尽量确保页面在5秒内打开;页面布局重点突出,主次分明,图文并茂,与机构的营销目标相结合,将目标客户最感兴趣的,最具有销售力的信息放置在最重要的位置。

(2)交互体验。交互体验即给客户的操作体验,强调易用性、可用性。例如,清楚介绍会员权责,并提示客户确认已阅读条款;会员注册流程清晰、简洁,待会员注册成功后,再详细完善资料;表单尽量采用下拉选择方式,在需要填写部分注明要填写内容,并对必填字段做出限制;表单填写完成后要求输入验证码。提交成功后,应显示感谢提示。

(3)情感体验。情感体验即给客户的心理体验,强调友好性。例如,将不同的浏览者(如客户、经销商、内部员工)进行划分,为客户提供不同的服务;对每一个操作进行友好提示,以增加浏览者的亲和度;提供便利的会员交流功能(如论坛),增进会员感情;定期进行售后的反馈跟踪,提高客户满意度;定期举办会员优惠活动,让会员感觉到实实在在的利益。

(4)浏览体验。浏览体验即给客户的浏览体验,强调吸引性。例如,栏目内容准确、简洁清晰,不宜过于深奥;栏目的层级不超过三层,导航清晰,运用Java Script等技术使层级之间伸缩便利;在同一栏目下,不同分类区隔清晰,不要互相包含或混淆;确保每个栏目有足够的信息,避免栏目无内容情况出现。

三、有吸引力的服务展示

服务展示是指电商企业借助实物、数字、文字、音像、实景及其他可视方式，展示服务内容、服务特色等。客户在购买前，能看到网页内容等有形因素，因此服务展示可以影响客户对电商企业的第一印象。所以，电商企业在服务展示时应做到以下几点。

首先，电商企业网站的设计应当以客户的需求为导向。网站的设计应当美观、大方，网站的布局应该清晰明了，建立清晰的页面导航功能，便于网购客户在线搜寻与购买产品。

其次，进行网络交易时，客户无法接触产品，只能通过电商平台的描述、图片等来判断。若产品或服务信息不完全公开，就容易使客户误解，甚至遭受欺诈。为此，电商企业网站应详细描述产品或服务信息，使客户能对产品或服务信息有所了解，方便客户做出购买决策。有关产品或服务的真实信息内容应包括：生产者、产地；生产日期、有效期；价格、用途、性能、规格、等级、主要成分；检验合格证明、质量证明；使用说明书、售后服务。此外，对可能危及人身或财产安全的产品或服务应特别加以说明。

再次，电商企业还可以通过服务理念、服务口号，来展示自己的服务宗旨，使客户感受到电商企业的真诚，从而增强客户对电商企业的信心。服务理念是指电商企业用语言文字向社会公布和传达的自己的经营思想、管理哲学和服务文化，主要包含机构或企业的宗旨、精神、使命、原则、目标、方针、政策等。例如，京东商城推出"多快好省"的服务口号：多——品类齐全、轻松购物；快——多仓直发、极速配送；好——正品行货、精致服务；省——天天低价、畅选无忧。

最后，电商企业通过宣传品、图片、题词展示自己的服务能力，增强客户对电商企业的信心。电商企业还可以通过已证实的历史资料，或政府、行业协会等权威机构或第三方评审的结果，如行业排名、获奖证明、荣誉、评级，以及客户、领导或政府的表扬、奖励和重视等方面的信息来宣传服务规模、质量和水平。当然，电商企业还可用客户的消费经历或口碑来证实服务质量，通过宣传客户对服务体验的正面反馈（如客户赠送的锦旗、表扬信、感谢信等）来展示服务水平。

知识拓展

电商直播间的展示

搭建电商直播间首先要进行账号注册，除了需要填写手机号码、性别、出生日期等基础信息外，也需要设置头像、昵称、平台号、个性签名、直播封面等，还需要设置悬浮卡、背景图片、直播画面、配乐等。搭建生动的数字直播间对吸引受众观看直播有着重要影响，同时也能增强受众黏性。

头像不仅影响受众对账号的第一印象，还是直播间的标志与符号，如果账号定位于某一个垂直领域，那么头像就要与这个垂直领域相关。好看的头像能得到受众的青睐，因此，账号的头像应该是具备美感的形象照，同时也应具备所属领域的差异化特点，以给受众留下深刻的印象。如果用个人头像，通常要用主播个人真实头像或者生活照，这样会更有亲和力，使受众产生信任感。另外，拍照场景、拍摄道具、妆容表情、服装搭配等都会影响受众的印象。如果直播账号是品牌企业的官方账号，可以直接用品牌标志作为头像，这不仅增加了品牌的曝光度，粉丝也会对账号有更直观的认知。

好听的昵称带有自传播的效果，好听的直播间昵称要具备以下特征：有特点、不太长、易记忆，可以让受众看到就马上想到直播间。另外，昵称中不要出现生僻字，以方便受众搜索直播间，因为受众想看直播就需要进行搜索，若搜索不方便可能就会放弃。例如，如果是销售美妆产品的直播间，那么针对的人群大多是女性群体，直播间的名称就要体现女性群体的特征，展现直播间的定位和特色。另外，切忌起商业化气息太重的昵称，如"××产品销售群"，可以取一个比较吸引人又温馨的名字，如"好物分享""生活美学聚集地"等。

平台号是指直播间在直播平台上的账号。平台号具备两个功能：第一个是检索功能，新粉丝可以通过搜索平台号找到直播间；第二个是提高专业度功能。刚注册账号时，系统自动生成的平台号处于一种混乱的状态，因此设置平台号是必须要做的一件事情。在进行平台号设置时，要注意以下两点：一是要与昵称保持一致，可使用昵称的拼音作为平台号；二是要与其他平台的平台号保持一致，这样既可以体现专业性，又利于粉丝在各平台之间进行迁移。

个性签名就如同一个直播间的口号，其重要性不言而喻。一般情形下，个性签名不应超过5句，应言简意赅。个性签名的内容结构通常为：身份＋价值＋行为＋链接方式。

在搭建直播间时需要上传直播封面，直播封面是集合了人物、产品、主题、时间、地点等内容而设计的海报，可以让受众在几秒内了解直播主题。直播封面可以承载很多信息，如产品详情、优惠力度、分享内容、直播价值、主播与嘉宾等。直播封面要围绕个性签名中的价值展开创作，并结合产品和人物进行整体设计。直播封面有很多形式，但可以概括为意境类和功能类两大类。意境类直播封面是指画面中不出现文字，如"场景实拍＋人物出镜"类封面，以营造氛围为目的。功能类直播封面一般是以产品或文字为主体设计的海报。直播封面是受众进入直播间之前了解直播内容的窗口，好看的直播封面可以提高直播间的关注度，有效地提高点击率、提升直播间的人气。特别注意，直播封面禁止出现带有黄、赌、毒、暴力、血腥、消极等信息的文字或图片，不能违反平台的直播规范。

受众在直播间中经常会看到一些悬浮的图片，这就是悬浮卡，悬浮卡有圆形、正方形、长方形或异形等形状。在直播间放置悬浮卡是为了向每一位刚进入直播间的受众传递产品、福利、优惠或活动等信息，以此抓住刚进入直播间的受众的注意力并留下受众。此外，悬浮卡也可以展示下期直播的特色与亮点，实现为下期直播引流的目的。因为悬浮卡具有极高的实用性和适应性，多元化地应用悬浮卡已经成为直播间的特色之一。此外，主播可以将活动时间、优惠力度及重点产品等信息做成背景图片，并让其一直显示在直播页面中，让受众一进入直播间就看到，在不影响直播画面的前提下完整呈现相关信息。背景图片要美观、有辨识度，要与头像的颜色、风格相呼应，应能够传达直播间的专业性。

对进入直播间的受众来说，视觉线索是他们进入直播间时首先感知到的信息，其能带来强烈的感官刺激，因此场景中视觉线索的呈现对引发受众兴趣至关重要。当受众怀有某种需求进入直播间时，如果直播间所构建的场景与其需求相匹配，则受众会获得沉浸式体验。在搭建直播间时，通常运用电子屏幕，在主播的身后根据产品的特性和所需的氛围进行布景，布景时通常运用文字和图片等视觉符号，以带给受众视觉上的冲击，加深其感受。直播界面是吸引受众进入直播间的首要视觉线索，同时也直接影响到受众对主播和平台的感知，而受众主要是凭借自己的感知等来判断直播是否符合自己需要的。直播界面的整体呈现、文字描述、图片展示及影像、声音等都会影响受众的印象，影响直播体验。如果直播界面能够经常变换，则会使常来观看直播的受众感到焕然一新，获得愉悦的体验。直播界面不仅是联系产品与受众的桥梁，同时也承担着引导、鼓励和促进消费的重任。直播界面的背景配置、弹幕与互动界面的设计、声音与音乐融合等方面，都能够引导消费者做决策。同时，直播界面的日常操作功能，如互动、购物、打赏、领红包等必须便捷，这对提升受众的体验感、减少消费障碍、增强消费意愿有直接影响。

此外，不同的直播间、不同的直播流程要匹配不同风格的音乐，有的适合播放节奏感较强的流行音乐，有的适合播放旋律优美而舒缓的古典音乐等。音量适中能使受众心旷神怡；反之，音量过大则可能使受众感到厌烦。

▶ 案例

美团外卖的服务展示

（1）口号。美团外卖以"美团外卖，送啥都快"作为口号，在站点集合时对骑手进行统一培训，使口号深入人心，并印在配送员的工作服上，时刻都在展示自己作为外卖平台的快速准时性与品类广泛性，从而增强消费者对美团外卖的信心。

（2）主色调。美团外卖App界面以橘黄色为主色调，并贯穿整个产品设计。橘黄色是明亮温暖的颜色，具有刺激人的内分泌、增进食欲的生理作用，给人以健康、温暖、富足、幸福的印象。

（3）图标。美团外卖的图标配有可爱的袋鼠形象，显得生动活泼、有亲和力，一方面，是想表达他们送外卖的服务和袋鼠一样灵活，并且速度非常快；另一方面，袋鼠身上的育儿袋是用来装自己的孩子的，以此来比喻他们把自己送的外卖看成自己的孩子一样，会小心护送。

（4）人员着装。美团外卖对与商家、消费者直接接触的平台骑手提出统一着装要求，橘黄色的骑手服装配上橘黄色的头盔，在服装上印上"美团外卖，送啥都快"的口号，形成统一的对外形象，并对骑手的仪容仪表做出要求。

延伸阅读：电商直播带货的选择

电商选择直播带货产品时应当考虑以下方面。

一、与电商直播间、主播定位一致的产品

每个直播间、主播都有自己的属性，为此，需要考虑直播间、主播的定位，考虑主播的属性、气质、擅长领域等要素，从而初定选品的大类目。

例如，农民可以选择销售天然无害的绿色农产品。假如直播间或主播主攻美妆，那么尽量选择美妆相关产品。

如果所选产品与直播间、主播的特征可以很好地适配，则能更好地让粉丝对产品产生信任，提高成交率。

此外，直播间、主播的粉丝群与产品的目标消费群之间的重合度越高，直播带货的成功率就越高。例如，某主播因其年轻、阳光、努力，吸引了大量年轻女性成为其粉丝，因此，其直播间所推荐的产品大多为适合年轻女性的美妆产品、零食、家用电器、生活用品等。而某中年男性主播的直播间则吸引了大量男性粉丝，因此，他在直播间推荐的产品大多为男性喜爱的数码电子产品、快消品、体育用品、汽车等。

总之，直播带货产品的选择必须与直播间、主播的定位一致，这样能够体现出直播间、主播的专业性，同时也符合粉丝对直播间、主播的预期，有助于带货成功。

二、粉丝属性和需求

选择直播带货产品时一定要了解直播间粉丝的属性和需求，如粉丝的年龄层次、男女比例、对产品的需求等，从而为选品提供参考。

如果直播间的粉丝是男性，那么，应当选择质量可靠、有科技感、极简风格的产品；如果直播间的粉丝是女性，那么，可以尽可能地选择包装好看、造型新颖、外观精致、色彩明净、气味好闻的产品。例如，粉丝画像显示，某直播间的粉丝以 18～35 岁的女性为主，她们倾向于购买服饰、护肤产品。该直播间的销售记录也显示，销量排行前列的产品均为美妆护理类产品，与直播间粉丝群体的消费意向较为契合。

有一定粉丝基础的主播，直播前可以通过粉丝群与粉丝互动，了解他们的真实需求，然后根据这些需求进行选品以满足粉丝需求。没有粉丝基础的主播，可以先尝试推荐几类产品，为下一次的直播选品提供数据支撑。

三、有价格优势的产品

价格因素往往是决定受众是否采取购买行为的关键要素，无论是线上购物还是线下购物，价格都是重要的考虑因素之一，价格越低，优惠越多，受众越积极。当同等质量的产品在直播间的价格比在商场、电商购物平台上的价格低、折扣力度大时，受众会容易在直播间做出购买决策。

目前，提供各种力度的优惠，几乎已经成为受众对直播带货的印象。受众喜爱直播的原因之一就是在相同品质的情况下，直播间产品的价格相对较低。因此，主播在选品的时候，如果产品不是绝对低的价格，那也要是相对低的价格。

低价不管是对直播间、主播还是对受众来说都是很重要的。对直播间、主播而言，低价才能吸引更多的流量。低价虽然可能减少了利润，但是，容易获得高销量。对受众来说，低价意味着花费较少。价格是否足够低，直接关系到受众是否有购买意愿。有吸引力的价格、薄利多销是带货之道。

四、低客单价与低试错成本的产品

低客单价、低试错成本的产品，可以让受众放心地购买。一般来说，选择价格在 10～100 元的直播带货产品是比较合适的。对 50 元以内的产品，受众购买的决策过程是很短的；对 50～100 元的产品，受众在购买的时候会有所顾虑，会充分考虑购买的必要性、产品的实用性；对超过 100 元的产品，受众就会根据质量、品牌等信息更谨慎地下单。总之，低客单价、低试错成本的产品凭借其较低的消费门槛、较低的消费风险、较短的决策时间，在直播带货中更受欢迎、更有优势。

相对来说，在直播间销售那些高客单价、高试错成本的产品，如车子、房子等，对直播间、主播来讲是一种挑战，转化率不是很高。

五、高频与刚需的产品

直播带货产品的购买频率会影响粉丝的活跃度，购买频率越高，粉丝活跃度越高。因此，很多直播间都会和合作商家签订协议，要求产品必须是高频、刚需的，因为高频、刚需的产品好卖。

例如，大多数"网红"直播选的产品以女性彩妆、护肤品、服装、生活日用类快消品为主。

此外，食品饮料、家用电器、宠物食品等品类在直播带货中也是十分常见的。数据统计显示，食品饮料与美妆护肤在快手产品榜中位居前列，而淘宝直播中的热门品类是服装鞋靴，其次是珠宝类产品。

另外，便于囤积的生活日用品，只要足够便宜，受众就会大量购买。

六、展示性强的产品

相较于传统电商平台的图文演示方式，直播营销以动态演示的方式充分展示产品的亮点。因此，选择展示性强的产品，如服装、家居用品等，有利于发挥直播可现场展示的优势，也方便主播直接演示讲解，从而有助于得到受众信任，提高转化率。

例如，想证明垃圾桶结实，主播可以站在垃圾桶上；想证明清洁剂的去污能力强，主播可以在现场做去污演示；想证明炒锅不粘，主播可以在摄像头面前用该炒锅炒菜；想证明沙发垫耐磨，主播可以在现场用铁丝球进行高强度刮磨。

今天，人们越来越关注产品的质量和安全。以食品为例，受众关注得较多的是食品生产过程是否卫生，食品是否安全、是否营养等。而在艺术品上，受众关注的是制作过程，是手工制作还是机器制作等。因此，如果在直播间直接展示产品制造的全流程，就可能会打消受众购买的顾虑，提高购买的可能性。

七、供货渠道稳定的产品

有时主播会面临直播间下单量很多却无货可发的窘境，可见，货源是每个带货主播都要考虑的问题，否则就会错失良机。要找到可靠的货源有以下三种渠道。

（1）带货平台。主播如果没有自己的供货渠道，不妨从为平台带货做起，淘宝、抖音、快手、拼多多等平台都建立了专属的带货平台。

（2）批发市场。从批发市场进货是很多主播的选择，采用该渠道的好处是：第一，从批发市场大批量进货，可以压低价格，降低经营成本；第二，从批发市场进货可以对产品的质量有更直观的了解；第三，从批发市场进货可以根据销售情况进货，减轻库存压力，退换货也比较方便。

（3）厂家。从厂家处直接拿货，产品一般会非常便宜，主播可以在网上寻找可长期合作的厂家。

八、质量有保障的产品

对直播间、主播而言，优质的产品能够增强受众对直播间、主播的信任并采取复购行为，如果产品有质量问题，不仅会侵害受众的权益，同时也影响了直播间、主播的口碑和形象，其带来的损失可能是无法弥补的。因此，直播带货产品的选择应以产品质量为根本，严把质量关。只有产品的质量有保障，能够满足受众的预期，直播带货才能持续进行。

为此，主播在选择带货产品前要亲测产品，避免产品存在质量问题。另外，主播只有自己使用过产品才能知道它到底是不是一款好产品、有哪些特性、该怎么使用、能否满足受众需求。主播只有亲测过，向受众推荐时才会更有说服力。

除了要注重带货产品本身的质量问题以外，主播还要注意运输、包装与存储问题。因为这些问题同样会对产品的质量造成影响，如果不将其考虑在内，会带来难以预料的后果。

九、难以到现场考察的产品

不是所有人都能直接到现场去购买产品，传统的代购也无法让人了解自己想要购买的产品在当时当地究竟处于什么样的状况，而在观看直播时，受众能直观地了解相关信息，再根据这些信息做出决策。例如，在没有到景点时，人们无法了解景点的真实状况，而通过观看景点直播，人们就可以了解当地的风土人情，并根据所了解的情况做出是否去、何时去等决策。

十、高热度的产品

自带热点的产品的特点就是关注度高、吸引眼球、流量大。直播间销售自带热点的产品，相对容易吸引受众。如果带货产品与当前重大事件或热点现象有关联，就有可能成为热销款，甚至引领潮流。当下高热度的产品，受众往往对它保持高度关注，就算不买，他们也可能会在直播间热烈讨论相关话题，提高直播间热度。

例如，唯品会借势父亲节，携手某主播开启直播营销模式。该主播通过现场带娃的方式进行场景化与体验式营销，响应了唯品会母婴板块的时尚品质生活方式的主题。此次活动全程仅一个小时，互动次数达 60 万次，数万人在线观看。同时，母婴产品的植入，体现了唯品会保障母婴生活品质的特性，借助父亲节进行营销，更加能够引起受众共鸣。

另外，每一个节日或季节都有相对应的畅销产品，如端午节的粽子、中秋节的月饼、夏天的小风扇、冬天的暖手宝。

季节性产品的销量有淡旺季之分。比如，冬季保暖产品的销量一定会比夏季高。在选择季节性产品时，主播团队正确的做法应该是，提前做好季节性选品和备货规划。选品时可以参考前一年的销售情况，可以对本年度前几个季度和上一年度同时期的产品走势曲线进行分析。

当然，选择高热度的产品也会面临同质化过高的风险，如果各主播带货产品相同或相似、重复率高，将会导致销售转化率降低。因此，在进行产品的选择时，主播必须进行多番对比、考察，尽可能减少与其他直播间、主播带货产品重复的情况，可以选择有创新和突破的品类。

十一、直播数据好的产品

直播间、主播还可以借助直播数据选择带货产品。例如，直播间、主播可借助生意参谋进行选品。生意参谋是阿里巴巴基于淘宝和天猫店铺的一款大数据分析平台，可以为选品提供可靠性支持，避免出现误选的情况。

主播可以在淘宝或天猫店铺的营销中心中找到生意参谋的入口，进入生意参谋后，可以查看并分析搜索人气、交易指数、点击率、支付转化率、访问人气等数据指标。搜索人气是指在某时间段内的搜索人数，它可以代表市场的大小和潜在受众量级；交易指数是根据产品交易过程中的核心指标，如订单数、买家数、支付件数、支付金额等，进行综合计算得出的数值，数值越大反映产品的热度越高；点击率是指网站页面上某一内容被点击的次数与被显示的次数之比，它是一个百分比，反映了网页上某一产品的受关注程度；支付转化率是所选时间段内，支付买家数除以访客数得到的数值，即访客转化为支付买家的比例，支付转化率越高代表产品越容易成交；访问人气是指在某时间段内的访问人数。

通过对以上数据进行分析能够更准确地判断和预测市场的走势和受众的需求，以及在直播中哪些产品卖得好，哪些产品点击率较高。根据这些数据，主播可以获得高销量产品的名称、品类、单价、来源等信息，然后根据这些信息结合自身定位和粉丝需求，选择合适的直播带货产品。

第二节 有吸引力的价格策略

一般来说，价格对客户而言，不是利益的载体，而是代表一种付出、一种牺牲。客户需求的变化往往与产品或者服务的价格成反比——价格越高，需求越少；价格越低，需求越多。另一方面，客户常常把价格当作衡量品质的重要指标，依据价格来判断产品的档次和质量，一般认为价格高的产品才是质量好的产品，对价格过低的产品，客户可能会因怀疑其质量不好而不购买。可见，产品价格太高、太低都不行。

付费客户与免费客户

付费客户是指购买产品或服务且直接给企业带来利润的客户，免费客户是指使用产品或服务但不直接给企业带来利润的客户。

要清楚的是，虽然免费客户没有直接带来利润，但是企业如果没有免费客户，那么付费客户也很可能不愿意购买产品或服务，企业也就无法获得利润。

例如，许多互联网公司为网民提供了免费服务，而利润则来自付费客户即广告主；广告主正是看中互联网公司的人气才愿意投放广告，如果没有众多网民的支持，广告主很可能不愿意在此投放广告。

一、低价

既然需求对价格如此敏感，价格就不能过高，而要定得足够低，使其有足够的吸引力以鼓励和刺激客户消费。

二、折扣定价

折扣定价策略是电商企业为了鼓励客户提早付款，或鼓励需求低谷时消费，而采取的酌情降低价格的策略。常见的价格折扣形式有现金折扣、季节折扣、数量折扣。

现金折扣是对以现金付账即不拖欠的客户给予的价格减让。

季节折扣是对购买过季产品的客户提供的价格减让。

数量折扣是给予大量消费的客户的价格减让，包括累计数量折扣和一次性数量折扣两种形式。累计数量折扣是指，若客户在一定时间内，购买产品达到一定数量或金额，则电商企业就按其总量给予一定折扣，其目的是鼓励客户经常向电商企业购买产品，成为长期客户。一次性数量折扣是指，若客户一次购买达到一定数量或达到一定金额，则企业会给予折扣优惠，其目的是鼓励客户大批量购买，促进产品多销、快销。例如，企业可通过"满减"如客户单笔消费满500元减20元，或者"满就送"如客户单笔消费满500元送20元抵用券，来促使客户消费。

三、招徕定价

招徕定价是电商企业利用部分客户求廉的心理，特意将某些产品的价格定低，使得客户产生该电商企业的产品价格低的印象，从而吸引客户前来消费。客户在购买低价产品的同时很可能会购买其他高价的产品。一般而言，电商企业可将那些客户购买频率高、单价低的产品定成低价。

四、整数定价

整数定价策略下，电商企业将某些产品的价格以整数定价，这样不仅满足了客户对高价消费的心理需求，还可提升电商企业的利润与形象。

五、零头定价

零头定价是指利用客户的特殊心理制定带有零头的价格，这不仅能使客户产生价格低廉的感觉，还能使客户产生定价认真、作风严谨的印象——有尾数的价格是经过认真核算得出的。这样就容易使客户对所定的价格产生信任感，从而吸引客户购买产品。

零头定价与整数定价的实际差别不大，却会给人一种更便宜的感觉，契合客户追求便宜的心理。例如，99元和100元实际只差1元，前者被认为是"几十元"，后者却会被认为是"百元"。心理学研究表明，人的大脑为了方便选择，会给产品的价格进行分组。比如，一部999元的手机，会被客户自动划分到"九百多"这一价格组，但是如果这部手机定价1001元，则会被客户划分到"千元"这一价格组。虽然1001元实际上只比999元贵了2元，但可能在客户看来却贵了很多。

六、组合定价

组合定价策略，即将两种或两种以上的相关产品捆绑组合后进行销售，并设定一个合理的价格。客户可以单独购买或成组购买，但成组购买更便宜，即组合价低于单个产品的价格总和。

例如，艺术培训直播间推出只报书法班400元、只报美术班500元、只报舞蹈班600元，但一次性支付1 200元可以同时参加这3项课程。

七、关系定价

关系定价策略是电商企业给予客户一定优惠的价格策略，其目的是发展和巩固与客户的关系，刺激客户持续购买产品。

八、阶梯定价

一种阶梯定价策略是让产品价格随着时间的推移出现阶梯式的变化，如新产品上架第一天打5折销售，第二天打6折销售，第三天打7折销售，第四天打8折销售，第五天打9折销售，第六天按原价销售。这样会让客户认为越早买越划算，缩短客户的犹豫时间，促使他们尽早购买。

另一种阶梯定价策略是，客户每增加一定的购买量，产品的价格就降低一个档次。

采用这种定价策略，可以吸引客户增加购买数量。例如，某产品在其他渠道的销售价格为59元，在这里的销售价格是：第一件39元、第二件29元、第三件19元、第四件9元。

总而言之，电商企业要在对网上相关产品价格和竞争情况进行认真调研的基础上，合理估计本企业产品在客户心目中的形象和估值，进而确定产品的价格。这是因为客户会通过网络查询市场相关产品的价格，货比三家。此外，电商企业应当建立调价系统，可以依季节变动、市场供求形势、竞争产品价格变动、促销活动等，自动进行调价。

案例

知乎对客户的开发

知乎出现以前，我国互联网市场上主要有两类知识社区，两者各有侧重。一种是定位为"问答"的互联网问答平台，如百度知道等，社交属性较弱；另一种是定位为"社交"的互联网社区，如猫扑网、天涯社区、百度贴吧等，属于浅层次的线上交流社区。这两类产品的定位各有侧重，要么侧重于知识，要么侧重于社交。

知乎适时提出了自己的市场定位理念——高质量问答社区。"高质量"让知乎树立起了生产优质内容的形象，"问答"体现了知乎的主要功能是提问和回答，"社区"赋予了知乎社交元素。整个定位暗示了用户可在知乎与高水平人士进行交流，使得知乎在开放注册后，吸引了大批用户的加入。知乎一直强调生产高质量的内容，并且严格审查注册用户的资质。无论是在用户发展上、内容质量上还是主站产品设计上，知乎都坚持差异化的策略，其主站设计加入多种社交元素。高质量内容和社交的结合，使得知乎树立起高端知识社交平台的形象，从而获得投资商和消费者的双重青睐。

另外，面对不同的群体，知乎采取了不同的价格策略。对于个体用户，知乎采取的是完全免费的价格策略，他们可以在知乎遵循社区规定的前提下，自由免费地提问、回答、分享内容。对于广告主，知乎采用的是收费策略，对其采取社区认证的方式授予企业知乎官方认证标识，并且为广告主提供了不同的商业广告位，广告主可通过支付费用进行广告传播。

知乎在发展用户方面主要经历了三个阶段。第一阶段是培植关键意见领袖，通过"邀请注册＋认证制度"，吸引了小批用户入驻知乎，虽然数量不大，但是每个用户都拥有着巨大的号召力和影响力，是名副其实的关键意见领袖，这些人为知乎背书，使得大批用户对知乎充满好奇并寻找邀请码以便进入知乎。第二阶段是优质用户内推，即利用已有的用户在互联网圈子内寻找行业精英，采用现有用户向意向用户发送邀请码的方式，严格筛选注册用户。由于初期用户都是非常优质的，所以他们互相推荐的用户也是很优质的。在这样的一个用户拓展策略下，知乎向高端社区方向发展得很顺利，大量优质的用户群体使得知乎在开放注册之时，和其他知识社交平台有着明显的区别。第三阶段是开放注册，像开闸放水一样，一时间知乎的用户人群呈指数增长。

第三节　有吸引力的分销策略

受新技术的驱动，人们的生活和消费方式相较以往有了明显不同，客户通过手机

App、网站、社交媒体等可以获得海量产品和服务信息，在网上完成购买。为此，电商企业应当积极通过技术手段增强产品的可获得性和购物的便利性。

例如，当前生鲜电商的分销渠道有京东到家、每日优鲜、超级物种、盒马鲜生等平台，以及兼做网上到家服务的连锁超市及天猫、淘宝等综合性电商平台等。

电商企业有吸引力的分销渠道有 App、官网及网络平台、新媒体、直播等。

一、App

App 是人们可以在手机、平板电脑等移动设备上使用，满足其社交、购物、娱乐、游戏和运动等需求的应用程序。随着智能手机和平板电脑等移动终端设备的普及，人们逐渐习惯了使用 App 上网的方式，App 已经涵盖网上购物、交通出行、旅游娱乐、教育文化等领域，涉及人们衣食住行的各个方面，客户可以通过 App 进行产品预览、购物等。因此，App 现在已经成为较为重要的分销渠道。

App 营销指企业通过智能手机、平板电脑等移动终端上的应用程序来开展营销活动。App 营销通过手机 App 的属性特征与客户建立联系，容易触达客户的活动空间，并能精准了解客户的购买行为。在 App 营销中，品牌或者产品的信息被根植于 App 中，客户可以从多方面对品牌或者产品进行了解。作为新时代的产物，以及客户与企业间的桥梁，App 营销具有以下特点。

（1）成本低。电商企业采用 App 营销，可使传播、沟通成本下降且效率提高，能够快速地将企业或产品的理念传递给客户。

（2）持续性。持续性包括内容持续存储性和传播性两个方面。在 App 营销过程中，内容可以被无数次调用、无数次传播，因此 App 营销可以做到内容被广泛传播，节约企业成本。

（3）富媒体性。传统媒体通过文字、表格、图形、图片来表达企业或产品的理念和价值。而 App 营销还可以通过声音、动画、视频、3D 呈现等，表达企业或产品的理念和价值。富媒体更为生动、清晰地表达产品理念和价值，让客户容易了解、容易记忆。

（4）及时性。及时性主要体现在及时咨询、及时反馈和及时服务三个方面。App 营销将客户需求信息及时反馈给电商企业，电商企业收到客户需求信息后，可及时做出反馈和调整。

（5）跨时间性和地区性。以前客户和企业处于同一时空进行交易、沟通；App 营销可以跨越不同时空，更省时省力。

（6）连接性。App 作为一种连接器，可以连接电商企业和客户，将不同属性或特征的群体聚合在一起，并产生某种商业价值。

（7）精准性。当手机成为终端，各类 App 成为连接器后，企业通过采集、提炼、分析可以精准定位具有一定属性或特征的人群，并对其实施二次营销，从而收获巨大的商业价值。

（8）灵活性。受益于信息科技的进步，App 可以与任何科技相结合，也可以配合使用多种技术，因此 App 成了灵活的入口。

二、官网及平台

电商企业通过自己或其他电商的官网或平台进行分销。

网易严选的分销

网易严选是网易旗下自营生活家居品牌，目前已覆盖十大品类，主售床品、日用品、厨具、食材等。网易严选秉承严谨作风，深度贯彻"好的生活，没那么贵"的品牌理念，与全球优质的供应商进行合作，打破传统大牌垄断模式，深入一流品牌制造商源头，严格把控生产环节，保证产品高品质。另外，所有在网易严选 App 上购买的商品，都支持 30 天无理由退货，为消费者带来良好的购物体验。

网易严选的线下分销渠道有两种。一是线下直营店，目前网易严选的线下直营店一般在一线城市的繁华地段，店铺内拥有完整的场景化体验区，体验区占据了店铺约二分之一的面积。此外，线下直营店还配有超过 1 000 款产品、10 个零售台及智能导购大屏等，线下直营店的消费者可以亲自体验到许多在线上无法感知的产品，获得直接的购物享受。二是网易严选＋屈臣氏，即网易严选与屈臣氏合作。网易严选希望能借助屈臣氏在全国超过 3 000 家的线下直营店，以及屈臣氏在渠道和线下运营方面的经验，将网易严选的产品输出到更多地方。

网易严选的线上分销渠道：自建 App 将服务提供给消费者；入驻天猫、京东、拼多多等电商平台；入驻海外平台，如入驻北美的亚洲产品购物平台——亚米网，网易严选负责提供优质的商品及物流，亚米网负责销售及售后服务。

三、新媒体

新媒体是以新技术为基础，通过计算机、手机等终端，借由数字网络传播来提供信息的一种媒体形态，包括网络媒体、移动媒体，数字电视、数字报刊等，以及数字化的传统媒体。基于新媒体平台进行营销的活动被称为新媒体营销。

新媒体营销的出现对企业来说无疑是一个有助于接近用户的工具。新媒体营销的渠道包括但不限于门户网站、微博、微信、知乎、今日头条、哔哩哔哩、抖音、快手、小红书、58 同城、大众点评、穷游网等。

寺库的分销

寺库经营的奢侈品品类主要包括服装、鞋靴、美妆、数码家电、家居、母婴、运动装备、配饰等，为用户提供便利的生活方式。目前寺库采取线上线下全渠道的分销策略。

线上渠道是寺库主要的销售渠道，销售占比高达 85%，主要包括 PC 网站、移动端 App、微信小程序等。奢侈品为高价值产品，线上销售节省了高额的铺货费用和店面成本，遍布全国的消费者都可以随时随地浏览、购买产品。寺库每年都花费大量的费用做线上渠道的推广引流，以此扩大市场份额。另外，寺库入驻了京东、小红书、洋码头等第三方平台，进一步提升了关注度和影响力。此外，寺库还在直播上进行全新的尝试，入驻了快手、抖音两个直播平台，在直播平台上进行 24 小时的直播，每场直播观看人次上百万，扩大了品牌影响力的同时，提升了销售额。

寺库线下销售渠道主要设立在北京、上海、成都、米兰、纽约、东京等的线下会所，这些线下会所可以作为寺库的仓库、用户体验店、会员活动中心、鉴定养护中心、直播中心、购物场所等，自身实现销售的同时为线上进行导流。寺库会所是全渠道的有机组成部分，提升了消费者对寺库的信任度，同时也有利于品牌传播。

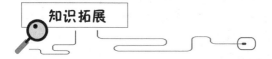

私域流量

公域流量是指一个公共区域的流量，是大家共享的流量，不属于企业和个人。私域流量是相对于公域流量的概念，一般是指品牌、商家或个人构建的私人流量池。私域流量不用付费，可以在任意时间直接触达客户，是社交电商领域的概念。

社交电商是基于移动互联网和在线社交网络发展起来的新兴电子商务模式，其主要特点为，基于客户在线社交关系进行网络口碑传播。拼多多、云集等社交电商的商业模式，是将商务活动嵌入客户的在线社交网络，通过促销活动激励客户采取转发、邀请、砍价、拼团等网络口碑传播行为，不但达到品牌传播和促进销售的目的，而且这种依靠熟人关系的网络口碑传播更容易使人信服。

公域流量平台的代表主要有小红书、淘宝、百度、抖音等，私域流量平台的代表主要有微博、微信群、微信公众号、小程序、App、个人微信号等。商家在淘宝、京东等大平台通过搜索、推荐等方式获取的流量是公域流量，而通过收藏店铺、小程序及加入粉丝群等方式获得的流量便是私域流量。

相对于日益昂贵又稀缺的公域流量，私域流量具有低成本、高黏性、自由触达等优点。私域流量的运营核心是建立社群平台，微信平台由于用户体量大，用户活跃度较高，因此也深受企业青睐。当下，微信生态矩阵有微信公众号、小程序、微信社群及视频号。例如，拼多多就是依靠微信社交裂变，吸引了一大批客户，从而成为互联网电商巨头之一。

案例

盒马鲜生的分销

盒马鲜生是阿里巴巴旗下以O2O为经营模式、以大数据和技术为驱动的新零售平台，它是"超市＋餐饮＋物流＋App"的复合功能体，被称为一店二仓五中心，即一个门店，前端为消费区，后端为仓储配送区，囊括超市、餐饮、物流、体验和粉丝运营五大中心。

盒马鲜生是阿里巴巴对线下超市完全重构的新零售业态，既是超市、餐饮店，也是菜市场，采用"线上外卖＋线下门店"的经营模式。总的来说，它是"生鲜食品超市＋餐饮＋App＋物流"的复合型商业综合体。

线上外卖业务端口为盒马App，App中分为盒马外卖与盒马鲜生两个模块。盒马外卖主打专业餐饮外卖，盒马鲜生主打生鲜配送。

线下门店集合了展示、餐饮、仓储、分拣等功能，集"生鲜超市＋餐饮体验＋线上业务仓储配送"于一体。客户可以在盒马鲜生线下门店购买商品，并将生鲜商品在线下餐饮体验区进行加工，即时享用或是打包带走。

此外，盒马鲜生用四大新业态来补足渗透率不高的区域，四大新业态分别是盒马菜市、盒马小站、盒马mini、盒马F2，这四大业态分别以不同的形态在不同的商圈和城市布局。盒马菜市重点布局社区场景，主打更接地气的散称蔬菜，且不带有餐饮区。这是基于家庭消费最高频刚需的客观需求。盒马小站主要开在盒马鲜生无法布局的区域，只提供外送服务。盒马F2定位办公楼商圈，有点像便利店，更像一个速食餐厅。盒马mini业态最像盒马鲜生，是名副其实的缩小版盒马鲜生，面积在500平方米左右，主打社区场景，提供社区居民一日三餐所需食材，主要开在城乡接合部或者城市核心地带。

总之，盒马鲜生在分销渠道上采用线上、线下相融合的全渠道模式，通过"线下门店超市＋餐饮"的形式带给客户极致体验，同时将流量导入线上平台。2020年4月21日，盒马鲜生天猫旗舰店正式开业。入驻天猫，一方面可帮助盒马鲜生实现全国范围最快可次日达，使盒马鲜生摆脱距离的限制，快速触达全国淘宝、天猫用户；另一方面解决了盒马鲜生现在所面临的"无处开店"问题，降低了开店成本。

四、直播

网络直播具有直观、快速、表现形式好、内容丰富、交互性强、不受地域限制、受众可划分等特点，还可以随时为受众提供重播、点播服务。同时，随着生活节奏的加快，人们的精神需求逐渐增加，人们愿意付费观看直播内容。此外，直播不仅可以带动线上销售，同样能为线下门店导流，而且可以进一步增强受众黏性，提高品牌的知名度。因此，基于网络直播的特点及受众的消费意愿，利用网络直播来进行营销的方式受到了众多市场主体的青睐与重视，直播营销模式应运而生。

电商直播是指电商平台利用直播作为媒介，主播对产品进行全方位的介绍，与受众进行双向信息交流、互动，提高购物过程的娱乐性，激发受众消费欲望，以达到销售目的的一种直播方式。

传统的线上购物虽然方便快捷、物品种类齐全，但是仍然存在着产品图片与实际产品差别过大、虚假宣传严重、体验式购买缺乏等问题。电商平台无法为受众提供与商家面对面沟通和体验产品的机会，只能让受众看到文字、图片和简短的视频，展示的产品信息量较少，受众只能在简略的描述中想象产品全貌，并且受众之间相互独立，所获信息以有限的静态图文为主，从而使交易过程具有高度的不确定性。

电商直播在一定程度上解决了电商平台的痛点，它能够即时、全面地将产品展现给受众，将直播模式和电商属性进行有效结合，提升受众的购物体验感，促成更多交易。直播间内会提供相应产品的购买链接，方便受众购买其心仪的产品。另外，观看电商直播的受众具有较强的购买意愿，通常能够带来极高的转化率，取得显著的营销效果。电商直播的显著优点是能够实现边看边买，直播过程中有购买意愿的受众在直播间主页进行留言，提出疑问，得到答疑后，如果满意可直接点击购买链接进行购买。以前人们买一件商品会上电商平台搜索，是典型的人找货模式，但当直播成为一种电商营销模式后，在算法推荐加持和品牌的经营下，购买模式变成了货找人。

如今，无论是购物平台，如淘宝、京东、拼多多，还是抖音、快手等短视频平台，抑或是各类品牌商家，都纷纷布局电商直播。例如，淘宝直播是国内较大的电商直播平台，它将线上营销从"图文时代"升级到了"直播时代"，从"产品与人的对话"升级为"人与人的对话"，使得参与消费环节中的人、货、场被重构。在互联网技术的强势推动下，淘宝直播能够对产品进行更全面的展示，可以以视频、语音方式将产品信息传递给受众，为受众带来更优质的感官体验，在短时间里引起受众的关注，激发其购买欲望，从而实现营销效果最大化。

案例

京东直播

京东是国内知名的电商平台，经过多年的发展和沉淀，逐渐形成了自己的独特优势，并且在激烈的市场竞争中站稳了脚跟。面对火热的直播，京东也积极布局艺人直播、京品推荐官、自营推荐官和海量达人直播等。例如，京东直播邀请艺人、"网红"、达人组成抢眼的直播阵容，京东提供首页、频道页等多场景的公域流量进行扶持，更在直播间发放数亿个京豆作为直播专享补贴。直播期间，京东有很多福利回馈给受众，包括店铺大额优惠券、热销款直播专享价格等，创新的玩法和优惠不断地刺激着受众。

2019 年 7 月，京东正式宣布推出"红人"孵化计划，即"京品推荐官"。在这一计划中，京东投入大量资源，其中包括京东 App 发现频道和视频直播等站内资源，以及站外流量资源，如抖音、快手、今日头条的流量资源等。京东蒙牛超级品牌日当天，"网红"主播现场直播，在两个小时的直播中，仅纯牛奶的销量便超过了 10 万箱。在 2019 年 9 月的购物节期间，京东专门设置了达人推荐专场，为消费者提供更多购物乐趣，同时也展现出京品推荐官的带货能力。数据显示，在该购物节，"网红"主播仅用了两个小时，便使两百多台计算机售罄。这些数据均证明了京品推荐官的带货能力，也说明了这个计划的成功。京品推荐官是京东基于现在的"网红"经济所做的布局。

为了鼓励商家开播，京东开放全域资源，从各个场景为平台商家引流。京东开放的直播引流入口，不仅包括京东平台首页搜索、推荐、商品详情页等站内资源，也包括站外合作伙伴的资源，还包括电梯间广告等京东线下资源。另外，为了鼓励商家开播、受众观看直播，京东先后开展了"百亿补贴走进直播间""超级排位赛""看直播，瓜分 1 亿京豆"等活动。同时，为吸引更多直播机构、主播、达人入驻京东直播，京东先后举办了"红人孵化计划""红人 V 计划"等激励活动。

在场景方面，京东引导商家、机构、达人通过直播打造可视化的供应链，如从农场到餐桌、从车间到店铺，以及物流过程等，一一通过直播展示给受众，让真实且多元化的场景为产品背书；在内容方面，京东引导商家、机构、达人重视 PGC（Professional Generated Content，专业生产内容）和泛娱乐营销，做到了专业性、大众性、趣味性三者相统一，实现了"品""效""销"三合一；在直播运营方面，京东通过"播前预热+播中引爆+播后发酵"的全链路运营场景，让每一场直播都能实现效益最大化。

另外，在京东直播平台上出现了一些不按常理出牌的主播，这些主播胸前佩戴京东的员工卡，手里拿着京东自营产品，他们是京东的正式员工，是各个品类部门负责采销工作的资深员工。与其他主播不一样，他们较为冷静，非常熟悉厂商及产品，他们没有过多的肢体语言，而是以专业的知识和丰富的采购经验对产品进行全面、深入的讲述，他们与众不同的直播方式成为直播行业里一道不一样的风景线。

例如，计算机数码事业部的董某，作为计算机产品领域的知名KOL及硬件达人，在微博和抖音等社交平台拥有众多粉丝，早期在网络论坛分享高端硬件购买记录和组装计算机教程的经验时便备受关注。他曾被英特尔、英伟达、雷神、华硕等十余家知名厂商邀请出席新品发布会直播，他参与的直播累计观看人次超150万，他还曾将制作的视频栏目"IT达人秀"和"攒机攻略"发布在京东站内及视频网站，累计播放量达700万次，他以专业、风趣的风格为受众介绍计算机产品，像这样具有丰富采购经验和知识的专业人士备受喜欢。

延伸阅读：电商直播营销的优势

电商直播的优势体现在：所见即所得，打破时空限制，具有很强的互动性，参与门槛低、成本低，广告植入隐蔽性强。

一、直观地展示产品

受众在电商网站浏览产品图文或查看产品参数时，虽然能够看到产品的尺寸、材质、颜色等相关信息，但是这些枯燥的信息不足以全面反映产品的细节，还需要受众自行联想。另外，受众在电商平台购买产品时往往只能观看商家提供的图片，而商家往往会对拍摄场地、灯光等进行精心布置，并且还会进行后期修图，因此展示的图片往往可能与实物有差异。

直播营销配有主播的解说演示，主播从质量、使用过程、使用效果等方面将产品全方位地介绍给受众，并且可以将试吃、试玩、试用等过程直观地展示在受众面前。也就是说，直播间的受众基于视频能更全面了解产品，直播视频既不能剪辑，也不能经过后期的修图等，所以，直播提供了立体和客观的产品展示功能，增强了受众的信任感。

例如，一些专门从事境外代购的人，为了打消客户的疑虑，选择在境外的商场进行现场直播，将整个购物过程都展现在客户面前，以表明自己童叟无欺。

二、打破时空限制

能够到现场购买产品或观看产品发布会的受众毕竟有限，而直播能够让不能到现场的受众也能同步了解相关进展。直播营销突破了时间、地域与人数的限制，能够使更多的异地受众同时参与其中。即便当时错过了直播，受众也可以通过直播平台的回放功能重看直播。

例如，商家可以根据不同的直播主题进行场景搭配，或者直接将线下商场"搬进"直播间，将普通的卖货直播间变成"品牌沟通＋体验"的直播间。

过去，作为大件产品，房产、汽车、家具被视为"线上绝缘体"，但直播推动了它们的线上销售。例如，贝壳网、链家等房屋中介平台运用VR（Virtual Reality，虚拟现实）技术，向受众全方位展示了房屋实况，并实时解读房屋的各项信息，让不能实地看房的受众心里有底，让隔空买房成为可能。

三、具有很强的互动性

直播的本质是场景的连接，重点强调现场感。

互动，是指使对象之间相互作用而彼此产生改变的过程。广义上说，受众与直播间的任何接触，都可以视为互动。

相较于传统媒介和其他自媒体形式，网络直播最大的优势是互动性强。主播介绍完产品之后，就会进入和受众互动的环节。这时，主播可以向受众询问他们对产品的感受和看法，并积极回答受众的疑问，充分了解其需求；受众可以通过实时评论与主播进行实时互动，对自己不明白的地方可以随时询问或者参与主播发起的活动，也可以向主播发表自己的看法。

另外，受众在购物时一般都有社交需求，传统的网上购物则缺少了相互交流、相互分享的乐趣，受众往往只能独自浏览网页挑选产品。直播营销具有社交媒体的互动性，受众不仅可以与主播，还可以与其他受众进行交流，直播营销能使受众仿佛身临其境，能够很好地满足受众的社交需求。

由于直播营销的互动性，对商家来说，可以免费获取受众的反馈，从而及时完善产品，并根据受众的反馈和需求第一时间调整产品设计及营销策略，以达到更好的营销效果；对主播来说，可以通过受众的实时评论来把握受众的心理，即时针对受众心理调整营销策略，促成购买。受众在直播间里提出的疑问可以得到主播的及时回答，从而能更深入地了解产品。

四、参与门槛低、成本低

相较于传统的电视直播，网络直播门槛低、所需要的设备简单、操作简易，通过相应的网络直播平台审核，便能开通直播间。尤其是随着互联网的发展，无论是流量资费还是直播设备的价格都越来越低，只需要一部手机，就可以开启直播，而且几乎随时随地都可以直播。例如，2020年2月11日，淘宝直播宣布，所有线下商家都能零门槛、免费开播，甚至没有淘宝店的商家也能先开淘宝直播。

直播营销最大限度地融合了视频营销、社区营销、口碑营销、事件营销的特点，商家只需要一部手机，就可以进入淘宝、抖音、快手等直播平台随时随地进行直播，营销成本大大降低。与传统营销相比，直播营销成本低主要体现在以下三个方面。

首先，广告费用低。传统营销往往需要聘请知名艺人代言，聘请知名艺人拍摄宣传照、广告宣传片。直播营销则不一定选择知名艺人直播带货，也无须制作宣传广告，直播过程就是宣传、展示、推荐产品的过程，并且形式生动活泼、贴近生活，效果更佳。商家也可以将直播视频推送给受众或者是社交平台，相比于传统的广告投放，直播营销的成本更低。另外，以往商家举行产品发布会，要选址、租场地，还要接待媒体等，不仅花费巨大，而且传播的范围也比较局限。而直播营销不用租场地、招待媒体，会场布置也可简单化，甚至可以将商场、生产车间"搬"进直播间。只要架上一部联网的移动终端设备，打开直播软件，就可以进行直播。

其次，场地费用低。传统的营销需要寻找地段好、人流量大的场地开店，店租费用高，如果在卖场中心开展促销活动，还需要支付摊位费。直播营销则不需要寻找特别好的场地，因此仅需支付较少的场地费用，甚至不需要支付场地费用。

最后，产品流通费用低。传统的营销方式下，商家需要建立一条完整的供应链，建立和管理供应链及团队需要付出较大的人力、物力、财力。在直播营销模式下，商家可直接将产品从生产工厂发送到受众家中，减少了大量的中间环节，节省了流通成本。

五、广告植入隐蔽性强

与传统广告植入不同，直播营销中的广告植入，在和谐、娱乐的氛围中给受众留下印象，使受众主动关注，并希望拥有相关产品。例如，携程与一个常旅游的主播合作，将该主播在旅途过程中的见闻以直播的形式展现在受众面前，并在直播过程中以隐蔽的方式穿插主播使用携程App的画面，从而增加了受众对携程的了解。

直播这种带有仪式感的内容播出形式，能让一批具有相同志趣的人聚集在一个空间，使情绪相互感染。如果商家能在这种氛围下恰到好处地植入广告，就能取得相当好的营销效果。

第四节　有吸引力的促销策略

电商企业的促销策略是指电商企业通过人员推销、广告投放、口碑传播与线上评论、销售促进等促销方式，向客户传递服务的有关信息，引起他们的注意和兴趣，激发他们的购买欲望和购买行为。

一、人员推销

人员推销是电商企业的人员向客户传递有关信息，刺激其产生购买欲望的活动。

客户在购买产品之前一般都会收集尽可能多的产品信息和资料，在此基础上权衡得失，从而做出购买决策。可见，向客户介绍产品的性能、质量、用途，回答客户提出的疑难问题就显得尤为重要。因此，电商企业应有具备专业知识的客服人员为客户提供各种咨询服务。客服人员必须全面而熟练地掌握相关的行业知识及服务知识，通过专业的服务技能和素养，充分了解客户的心理，关心其需求，热情地为客户提供服务，甚至顾问式服务。

顾问式服务是指客服人员以顾问的身份帮助客户解决相关问题，其核心是摒弃传统的、以产品推介为中心的"说服式"销售，最大限度地满足客户的理性需求和特殊需求，提高客户的满意度。

那么，如何说服客户呢？

第一，介绍到位。大方的介绍自己及公司，让客户感觉你专业及可信赖。要向客户介绍电商企业的情况和产品的优点、价格及服务方式等信息，及时解答和解决客户提出的问题，消除客户的疑虑，并且根据客户的特点和反应，及时调整策略和方法。在介绍时还可以运用富兰克林式的表达，即向客户说明，如果客户购买了产品，能够得到的第一个好处是什么，能够得到的第二个好处是什么，能够得到的第三个好处是什么，能够得到的第四个好处是什么……同时也向客户说明不购买产品，蒙受的第一个损失是什么，蒙受的第二个损失是什么，蒙受的第三个损失是什么，蒙受的第四个损失是什么……这样，客户权衡利弊得失之后，就会做出选择。

第二，善于倾听。倾听不但有助于了解客户，而且也显示了对客户的尊重。

第三，换位思考。一般来说，客户只关心自己的事，只关心自己能够从电商企业那里得到什么，因此，电商企业应当站在客户的立场去想问题。

第四，投其所好。每个人都有自己的爱好，客服人员应当积极发现客户的爱好，投其所好，这样客户会把客服人员当成知音，甚至与其成为好朋友，那么，接下来的说服工作就容易得多了。

第五，说服客户要有恒心。《荀子·劝学》告诫我们："锲而舍之，朽木不折；锲而不舍，金石可镂。"有一个古老的故事：一个人试图用锤子锤烂一块巨石，他锤了十几下，巨石纹丝不动，又锤了几十下，巨石如故，他又连续锤了两百下，巨石还是没有任何变化。但是这个人毫不灰心，接着锤……突然，一锤砸下后，巨石一下就裂开了。这则故事启发我们：做事要持之以恒，"只要功夫深，铁杵磨成针""滴水可以穿石"，说服客户也是同样的道理。

直播间的解说与说服

直播营销的实现需要主播在直播间完成说服与转化工作。具体来说，主播要对产品进行解说与演示，然后向直播间受众进行推荐，引导受众产生购买兴趣，最后通过提供优惠、促销、砍价、买赠等方式完成转化。

一、解说与演示

在从冷启动到人气提升再到人气稳定的过程中，主播要控制直播的节奏，引导受众互动，进而促成受众下单。主播可以通过解说与演示等营造产品的应用场景，提供解决方案，做信任背书，打消受众对产品质量的顾虑，提高受众对品牌的认可度。

（一）解说

主播可以从品牌、产地、工艺、品质、规格、成分、设计、功能、价格、售后、包装、使用方法、适用人群等角度详细地讲解产品，重点突出介绍产品的亮点和价格优势，尽可能地让受众对产品的基本信息有所了解。主播需要事先规划好每个产品的讲解时间，这样才能把握好直播的节奏，使直播顺利地完成。另外，主播在直播中应该全方位地展现产品细节，通过展现产品细节来展现产品的品质，而不是以短、平、快的方式来诱导受众。

（二）演示

一个优秀的主播不但会客观讲述产品特性，还会通过自己试用、试穿、试吃等向受众传达自身的感受，帮助受众找到适合自己的产品。如通过口红试色、家居用品试用、食品试吃、服装试穿等，主播清楚地表述自己使用产品的感受，以强化受众对产品的感知。

例如，推荐服装的主播可通过服装的搭配，使受众直观地看到服装的上身效果。某主播是一个微胖的服饰类主播，在直播带货中她会首先展示自己真实的身材，然后试穿自己售卖的衣服，这样有很好的参考效果。

二、推荐与说服

直播间的推荐与说服方法有：讲述感受—讲述事实—进行对比—提供证据、描述使用场景、提炼卖点、彰显价值与利益、引起情感共鸣。

（一）讲述感受—讲述事实—进行对比—提供证据

主播向受众推荐时可以先说自己使用产品的感受，再说事实，然后进行对比，最后提供相关证据。这种推荐方式不仅可以使主播的推荐条理清晰，而且可以让受众听得明白，让受众明确地感知到拥有产品后的好处，这样成交的可能性自然会提高。

在直播中运用对比，是一种非常高效的方法。当受众无法识别产品的优势时，主播可以通过将该产品与竞品或上一代产品的材质、款式、颜色、特点、功能、效果、价格、包装等方面进行对比，直观地展示差异与优势，以增强产品的说服力，从而激发受众的购买欲望。例如，某主播在测评手机时，经常会用 iPhone 作为参照物来评测手机性能。另外，在直播间进行价格的对比也是一种好方法，主播可以先介绍该产品的市场价格，再将其与直播间的专属优惠价格进行对比。例如，市场价 750 元，直播间现价 250 元。这里所说的 750 元是一个锚定价格，如果没有 750 元这个锚定价格，只有现价 250 元，受众可能感受不到打折的力度之大。

证据可以是技术报告、客户来信、报刊文章等相关证明文件。需要注意的是，所有作为证据的材料都应该具有足够的客观性、权威性、可靠性。直播间可以引入第三方检测机构，对带货产品的各项性能进行公正评判，出具含有各项指标的证明，并将这一过程录制成短视频在直播间播放。数据可以成为说服受众的依据。比如，主播可以拿出手机参数做比较，根据受众的需求帮助他确定购买的手机型号。此外，产品的口碑、关注度、销量等都是不可缺少的数据。

（二）描述使用场景

描述使用场景即主播对什么受众、在什么时间、在什么地点、以什么方式、为解决什么问题而使用什么产品进行具体、形象的描述。主播通过描述产品的使用场景可以触发受众思考自己是否需要相应产品。

例如，在推销护肤产品的时候，主播可以循序渐进地引出产品。冬天到了，天气变得干燥了，再加上寒冷的空气，对皮肤的损害不可忽视；在冬天，我们需要注意保湿和保温，防止皲裂和冻伤，皮肤太干的话，很容易出现各种皮肤问题。今天推荐的这套产品，就是专门为了预防冬季出现皮肤问题而研制的。

又如，在推销除菌洗手液的时候，主播可以由远及近地引出产品。在回家的路上，您可能摸过了许多人摸过的扶梯把手、扶过了许多人扶过的地铁扶手、推开了许多人推过的门；到家后，您手上已经沾满了细菌，仅仅靠清水冲洗是很难把细菌全部冲掉的；为了自己和家人的健康，您可以使用除菌洗手液对手部进行清洁。

（三）提炼卖点

卖点是指不同于其他产品或优于其他产品的方面，如蓝莓的卖点可以是花青素含量高、颗粒饱满等。

卖点必须让人有切实的感知与可衡量的价值，蒸烤一体机的卖点可能是：操作简单、可蒸可烤、节能环保、款式时尚大气、价格较低等。

产品的卖点可以从重量、大小、颜色、味道、手感、造型、功能、创新点、包装、文化、概念、服务、效率、质量、稀缺性、方便程度、实力、价格、原材料、原产地、原生态、附加值、产品构造、解决痛点、公司实力、品牌故事、热点时尚、节日特供、促销专享、情感故事、社交需求、价值共鸣等角度进行提炼。

（四）彰显价值与利益

在直播间，主播要生动说明产品的价值及优点，如更管用、更温馨、更保险等。主播要给受众购买的理由，通过强调受众购买该款产品可得到的利益、好处来激发受众的购买欲望。另外，推荐产品时要根据受众关注的内容进行有针对性的介绍与说服。例如，售卖无人机，就需要讲解它的各种功能。此外，主播也要根据受众群体偏好和关注点的不同进行差异化的推荐。

另外，主播要对产品质量做出保证。许多受众在直播间购物时都会产生矛盾心理：一方面，他们希望以更低的价格获得产品；另一方面，当价格比较低时，他们又担心产品的质量可能存在问题。为此，主播除了对低价原因进行说明之外，还需要对产品的质量做出必要的保证。总之，主播在直播带货时要以受众利益为切入点，分析受众需求，解决受众的实际问题，为受众创造价值。

（五）引起情感共鸣

主播要擅长营造直播间的氛围，知道在什么情况下要活跃气氛、调动受众的积极性，如主动引导受众发弹幕、点赞、关注。直播中，主播可以分享人生经历和感受或者通过讲述产品背后的故事引起受众的情感共鸣。

温馨、舒适、轻松的气氛会带给受众欢乐，受众往往会在这样的氛围下被激励而产生购买行为。设想一下，"网红"主播正在直播化妆，然后漫不经心地和粉丝聊起了家常，随口提起她最近经常使用并且十分喜爱的一款护肤品，话里话外都透露出这款产品给她带来的惊喜。此时此刻，受众大概率会对这款产品产生浓厚的兴趣。

一场直播中，主播虽然要推荐很多产品，但还是应抽出时间来讲故事，如自己跟厂商谈价的故事、自己和周围的人对产品的使用体验……这样的直播内容，会让受众感觉主播是一个真实的、有感情的人，从而更愿意相信他。例如，某主播在为某品牌销售一款彩妆产品时，介绍自己如何参与产品的研发，并且着重介绍品牌方在整个过程中如何不断推翻原有设计、不断打磨产品的过程。又如，销售母婴产品的主播可以讲自己带孩子的经历，以及育儿时难忘的回忆等，这很容易激发受众产生共鸣，拉近双方之间的心理距离。

 延伸阅读：针对不同类型客户的说服策略

客户由于学识、修养、个性、习惯、兴趣及信仰等不同，自然对各种人、事、物的反应及感受有相当大的差异，因此企业销售人员只有区别对待不同类型的客户，才能事半功倍。以下介绍针对不同类型客户的说服策略。

（一）针对理智型客户的说服策略

这类客户是十分成熟的客户，较理性，不冲动，客观明智，考虑周详，决策谨慎。对待这类客户要按部就班，按照正常的方式，规规矩矩、不卑不亢、坦诚细心地向他们介绍产品的有关情况，耐心解答疑问，并尽可能提供有关证据，而不能投机取巧。

（二）针对冲动型客户的说服策略

这类客户个性冲动，情绪不稳定，易激动且反复无常，对自己所做的决策容易反悔。对待这类客户一开始就应该大力强调所推销产品的特色和实惠，促使其尽快购买，但是要注意顺应对方的情绪变动，要有足够的耐心，不能急躁。

（三）针对顽固型客户的说服策略

这类客户在消费上具有偏好，对新产品往往不乐意接受，不愿意轻易改变原有的消费模式与结构。对这类客户不要试图在短时间内改变他，否则容易引起对方强烈的抵触情绪和逆反心理，要善于利用有力的资料和数据来说服对方。

（四）针对盛气凌人型客户的说服策略

这类客户不通情达理，高傲顽固，自以为是。对待对这类客户应该不卑不亢，先有礼貌地充当他的忠实听众，适时喝彩、附和，表现出诚恳、羡慕及钦佩的态度，并提出一些问题，向对方请教，让其畅谈，以满足其发表欲，博取对方的好感，如仍被拒绝，可用激将法，寻找突破口。切忌言辞太过激烈，以免刺激对方，引起冲突。

（五）针对生性多疑型客户的说服策略

这类客户多疑多虑，不相信别人，无论是对产品还是对销售人员都会疑心重重。对待这类客户要充满信心，要以端庄的仪表与谨慎的态度说明产品的特点和客户将获得的实惠。某些专业数据、专家评论对取得这类客户的信任会有帮助，但切记不要轻易在价格上让步，否则会使对方对产品或服务产生疑虑，从而导致交易失败。

（六）针对沉默寡言型客户的说服策略

这类客户生活比较封闭，性格内向，平时极少言语，对外界事物表现冷淡，与陌生人保持距离。对待这类客户应主动向其介绍情况，要设法了解其对产品的真正需要，注意投其所好、耐心引导。

（七）针对斤斤计较型客户的说服策略

这类客户爱贪小便宜，爱讨价还价，精打细算。对待这类客户应避免与其计较，一方面要强调产品的优惠和好处，且事先提高一些价格，让客户有讨价还价的余地；另一方面可先赠予小礼物，让客户觉得享受了实惠，一旦客户认为有利可图，接下来的交易就比较容易成功。

（八）针对好斗型客户的说服策略

这类客户争强好胜，征服欲强，喜欢将自己的想法强加于别人，尤其喜欢在细节上与人争个明白。对待这类客户要做好被他步步紧逼的心理准备，切不可意气用事，贪图一时痛快，与之争斗；相反，以柔克刚，必要时适当做些让步也许会使事情好办得多。

（九）针对优柔寡断型客户的说服策略

这类客户缺乏决策能力，没主见，不敢下决心。对待这类客户应以诚恳的态度，主动、热情、耐心地介绍并解答客户提出的问题，要让客户觉得你是可信赖的人，然后帮助他们做出购买决策。

（十）针对孤芳自赏型客户的说服策略

这类客户喜欢表现自己，不喜欢听别人劝说。对待这类客户，首先，在维护客户自尊的前提下向其客观地介绍情况；其次，要讲客户熟悉并且感兴趣的话题，为客户提供发表高见的机会，不轻易反驳或打断其谈话；最后，销售人员不能表现得太突出，不要给对方造成对他极力劝说的印象。

延伸阅读：主播的选择

2020 年 7 月 6 日，人力资源和社会保障部联合国家市场监督管理总局、国家统计局向社会发布了 9 个新职业，这是我国自《中华人民共和国职业分类大典（2015 年版）》颁布以来发布的第三批新职业。引人注目的是，互联网营销师职业下增设了"直播销售员"，这意味着人们熟知的"电商主播""带货网红"有了正式的职业称谓。

由于主播的人设、修养、态度、形象、专业、表达等方面都会影响直播效果，所以电商企业应该注意选择合适的主播。

一、选择与带货品牌相匹配的主播

电商企业在选择主播时要选择与带货品牌相匹配的主播，如一电商企业邀请某艺人在快手直播，12 分钟内，他卖出了 10 万份面膜。但是，当另一个电商企业在与他合作时，直播观看量高达 42 万人次，成交量却仅仅只有 64 盒。为什么观看直播的受众那么多，成交量却如此低呢？原因在于受众产生疑问——该艺人会用该产品吗？他需要用到吗？当受众产生疑问时，主播便带不动货。术业有专攻，每一个主播都应有自己的专攻领域，只有主播的专攻领域和带货品牌匹配才能使直播营销的效果最大化。因此，电商企业要尽量选择与自己处于同一领域的专业性强的主播。与带货品牌相匹配、定位一致或吻合的主播，既能展示产品特点，又能提升带货品牌形象。另外，由于主播对该领域熟悉，介绍产品会更专业也更有说服力，更容易获得受众的信任，成交转化率更高。

二、选择拥有众多粉丝且与带货品牌目标受众一致的主播

一个好的主播应该拥有忠实的粉丝群体，在一定程度上来说，粉丝量的多少决定了带货能力的强弱。因为粉丝对主播的信任很容易转为对主播推荐产品的信任，这就有利于降低产品销售的难度。当然，电商企业选择主播的时候，不但要看主播的粉丝多不多，还要看主播粉丝画像与带货品牌目标受众画像是否一致。电商企业选择的主播只有符合目标受众的偏好，才能达到吸引目标受众观看、购买的目的。电商企业可以挑选一些富有个人特色和个人魅力的主播，这可以为直播间起到锦上添花的作用，让目标受众愿意为了主播在直播间停留。例如，主播王某的带货效果很好，一方面，王某的主持人身份奠定了其文化知识储备和话语逻辑性的基础；另一方面，王某经常分享育儿经验和学习方法，取得了直播间受众的认同，凭借"情感主持人""教育人"的双重身份及活泼热情的直播风格，快速赢得了众多家长的信任。王某直播间的粉丝主要定位在30～45岁至少接受过高中教育的妈妈，这些粉丝都非常重视教育，能够认识到读书的价值，但又暂时没有辨别好书的能力或者没有时间挑选适合孩子阅读的书籍。而王某对各类知识的融会贯通让粉丝非常钦佩，因此她的推荐就成为粉丝的购书指南，再加上低价的诱惑，就使粉丝产生了购买行为。

三、选择与带货产品类型相匹配的主播

电商企业要根据带货产品类型的不同，挑选与带货产品类型相匹配的主播，从而增强直播间受众对产品的信任感，提高直播间的转化率。例如，销售古筝的电商企业可以与会弹古筝的直播达人合作。一般来说，有育儿知识经验的主播适合推荐婴幼儿用品，如玩具、绘本、食品等。如果销售运动健身类产品，则要求主播是运动达人，要懂得运动健身的方法并熟知健身器材。体育达人带货运动产品，受众对其推荐的产品就更有兴趣和信心。销售化妆品、护肤品等美容美发产品的电商企业要选择有美容护肤行业从业经历的主播，或者形象好、皮肤好、气质佳的主播，或者掌握熟练护肤化妆等专业知识，能够激发受众购买热情的主播。经营电子产品的电商企业可以选择信誉度较高的头部主播、企业 CEO（Chief Executive Officer，首席执行官）来进行带货，这可以提高受众的信任度。

四、选择带货能力强的主播

主播的带货能力强、受欢迎、专业度高、表达力强、形象好、有吸引力、有号召力，则能够帮助电商企业实现直播营销的目标。对于有丰富直播经验的主播，将其任命为第一主播，让其把控直播的全局和流程；对于一些比较缺乏直播经验但有潜力的主播，则应将其任命为第二主播，主要负责助播，辅助第一主播的工作。

五、选择性价比高的主播

头部主播的优势在于有大量的粉丝基础和较强的号召力，带货能力强，直播质量高，有成熟、专业的团队，但是收取的佣金不菲。所以，电商企业选择合适的主播时还要考虑预算，要综合考虑，选出性价比高的主播。综上所述，对于主播的选择，电商企业可以先大致确定一个名单，然后从多方面考察主播，最后选择一个与带货品牌契合度高、拥有众多与带货品牌目标受众一致的粉丝，且带货能力强、性价比高的主播。

案例

林依轮直播营销

2019年9月，林依轮开始在淘宝直播上带货，刚开始直播时只有两万多名粉丝。2020年3月起，他在淘宝直播新开的明星专属排名赛赛道上斩获第一名。2021年天猫"6·18"大促期间，他取得淘宝直播主播排行总榜的第五名，明星排行榜、食品主播榜第一名。

（一）提供有吸引力的产品

2020年，所属行业为"吃货力荐"的林依轮直播间占比最大的产品分类为零食/坚果/特产，其次是粮油米面/南北干货/调味品、咖啡/麦片/冲饮、水产肉类/新鲜蔬果/熟食、保健食品/膳食营养补充食品。饭爷是林依轮在2014年创建的一款辣椒酱品牌，品牌旗下还拥有饭爷辣酱和饭爷小蜜产品系列。其中，饭爷辣酱已成功推出松露油杏鲍菇、佐饭香牛蘑王、鲜椒香辣、落花生香酥脆4种口味，十分受欢迎。

在经营好美食品类后，林依轮直播间不断尝试推出家居家纺、生活电器、个护清洁等许多新品类。因为林依轮个人比较注重保养，在直播间有粉丝提及保养护肤相关的问题，应粉丝的需求，林依轮直播间拓展了护肤和保养品类，保养品、护肤品也成了直播间的"爆款"。

（二）搭建有吸引力的消费场景

"食物+餐具，讲解+现煮现试吃"是林依轮直播间显著的特征，林依轮经常在直播间一边讲解一边教做菜，让粉丝仿佛身临其境。在直播间里，林依轮会穿着围裙，在案前教粉丝怎么用他推荐的厨具、调料做菜，带着大家"云烹饪"，做一些宫保鸡丁意面、番茄牛腩等菜品，试吃直播间推荐的风味小吃、方便菜等。所以，在林依轮直播间销售火锅餐厨具和火锅食材时，林依轮不是坐在桌子前一件一件地口述产品，而是与助理直接在直播间吃起热气腾腾的火锅，一边聊着天一边推荐产品，其乐融融的景象和烟火气息让粉丝看了都忍不住纷纷下单。

（三）讲解生动形象，突出产品特色和亮点

得益于多年的美食节目主持经验，林依轮在直播推荐产品时总是能准确并生动形象地说出产品的特色和亮点，让粉丝在最短时间内记住这个产品。在介绍产品时，林依轮会一开始用一句话着重突出产品的具体亮点，直接触达消费者需求。比如在直播助理端出一盘蒸熟的贝贝南瓜放到他面前时，他是这样形容的："南瓜的甜、板栗的香、红薯的粉糯"，一句话就将贝贝南瓜的亮点和特色展现出来了，而且非常生动形象且容易理解，让粉丝能瞬间记住贝贝南瓜，并联想到其美味程度。介绍天海藏梅菜扣肉时，林依轮是这样概括的："肥瘦相间，一级的五花肉，非常香，而且里面的梅菜不牙碜，就是没有乱七八糟的味道"，重点突出五花肉的品质佳及没腥味，打消粉丝的疑虑。

二、广告投放

如今"酒香也怕巷子深"，电商企业想要提高产品的知名度离不开投放广告。

广告就是广而告之，是大众传播的一种形式，它可以大范围地进行信息传播和造势，起到提高产品或服务的知名度、吸引客户及激发客户产生购买欲望的作用。广告宣传是通过向客户传递有关产品的功能、质量、价格、用途、使用方法和效果的信息，及说明售后服务与质量保证措施等，使客户了解产品或服务并诱发客户的购买欲望。电商企业还可以宣传自己的服务理念、服务宗旨，使客户了解电商企业的真诚态度，从而增强客户对电商企业的信心。

例如，明星衣橱将目标用户锁定为城市时尚女性，并斥巨资在爱奇艺投放大量广告，就是想向年轻、爱美的女性传达品牌信息。

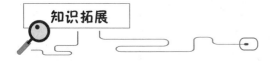

知识拓展

视频引流与软文引流

视频引流。当前生活节奏普遍变快，大多数受众没有太多的浏览时间，另外，视频比文章更容易理解，认知门槛相对更低，所以短视频尤其受到受众的喜欢。目前受众的浏览需求已经由"无图无真相"过渡到"无视频无真相"，通过视频的形式推广直播活动是较有效的传播方式之一，优秀的短视频可以获得非常好的传播效果。因此，电商企业要重视利用视频进行宣传，可以剪辑一些与直播有关的视频，然后发布到各大互联网平台上，吸引更多的流量。

软文引流。软文，指以文字形式为主的软广告，适当插入图片、视频等元素的文章也属于软文的范畴，软文常见于贴吧、论坛、社区、微信公众号、微博长文中。与硬广告相比，软文突出一个"软"字，主要通过一个看似不相关的报道或故事，引出推广的信息，让受众看到。通常，在一篇软文中，受众在标题、开头、正文前半部分等看不出任何广告的迹象，但阅读到结尾却获得了相关推广信息。

莱昂内尔·亨特（Lionel Hunt）曾说过："如果标题不够引人注目，那么正文写什么都没有用。"一篇软文中，正文确实重要，但如果受众看了标题没兴趣阅读正文，那么正文再好也没有展现的机会。可见，软文的标题起着多么重要的作用。一般来说，标题应短小精悍，不宜过长，要能在短时间内迅速抓住受众眼球，传递信息。可以拟一个不太夸张的吸睛标题，或者联系时下的热点把关键词嵌入标题中，如"全场5折起""美妆护肤小技巧""生活节来了"等。但是，标题如果与实际直播内容相差太远，会削弱受众的信任感。问题式软文标题通常有6种写法："什么是……""为什么……""怎样……""如何……""……有哪些技巧""……有哪些秘诀"等。此外，标题一定要合法合规，不得违法宣传，也禁止出现虚假内容。

当然，正文内容也要有感染力，应能让受众看完正文内容后，有动力去直播间观看。软文正文应简单明了，不要过于啰唆。另外，想让受众被软文触动，需要进行场景化描述，也就是要把信息与具体场景结合起来，让受众在脑海中形成画面，有代入感，这样才能让受众直观地了解信息。

软文引流需要注意两个细节：第一是相关性，软文需要投放到目标受众活跃的平台，否则推广效果就会大打折扣；第二是目的性，虽然是软文，但需要在文中引导受众进入直播间或下载直播软件。

传统媒体是自上而下的单向信息输出源，而融入互联网后的媒体形态则是以双向、多渠道、跨屏等形式进行内容的传播与扩散，此时的客户参与到内容传播中，并且成为内容传播的介质。伴随着信息技术及移动互联网的发展，出现在搜索引擎、微博、微信等平台的网络广告层出不穷，这些新型传播媒体具有传播迅速、反馈及时、目标对象明确、影响面较广等优点。在移动互联网时代，每个人都变成了媒体，既可以传播信息，也可以发布信息，这种媒体以个人博客、微博、微信、空间主页、群组等形式展现出来。

▶ **案例**

站在新消费风口上的抖音

消费换代往往伴随着媒体形态的演进，短视频一方面用动态、立体的影像方式将内容直接呈现给客户，形成丰富的互动体验；另一方面帮助客户制造、分享内容，促进更多互动与对话，建立属于自己的圈层。据 QuestMobile 2019 年 7 月数据显示，国内短视频日活跃用户排名领先的抖音，日活跃用户数已经超 3.2 亿。以社交化、强体验为特色，抖音已经捧红了众多新消费品牌。抖音通过大流量广告产品、名人生态、IP（Intellectual Property，知识产权）营销、内容共创等多元玩法，成为众多品牌进入新消费时代的增长快车道。

OPPO 与伊利味可滋在 2019 年"抖音美好奇妙夜"前后的做法当属典型。为抓住新消费时代中圈层的客户，OPPO 选择音乐作为纵贯线，邀请知名抖音创作者结合新品Reno2 防抖的特点，定制单曲《给你一个稳》，并以此为核心，展开音乐内容共创、音乐游戏植入等营销活动，首先打通音乐、游戏、短视频创作等圈层。而在千万人观看直播，卫视直播收视率超 1.4% 的抖音美好奇妙夜上，这首广告歌还被艺人现场演绎，获得更广泛的覆盖及渗透效果。而伊利味可滋则紧扣客户追求潮流与美好（简称"潮美"）的心态，从产品设计到 IP 植入的各个环节，吸引客户关注。伊利味可滋从美观的包装设计、代言人选择到成为抖音美好奇妙夜的"潮美态度官"，在外场设置潮美体验馆，在植入环节打造潮美女孩聚集的场景，都让品牌深深绑定潮美概念，持续影响追逐潮美的客户。而在体验与互动层面，该品牌则充分调用抖音的强大互动能力，通过内容共创形式激发客户主动参与。

豆瓣网的线上推广策略主要有举行线上主题活动，利用搜索引擎、网站联盟、微博等社交网站传播和发送电子邮件；线下的推广方式则主要是用户口碑宣传、代理商推广、杂志推广、公益活动举行、同城活动举行、移动应用推广等。

到到网的推广手段同样分为线上推广手段和线下推广手段。其线上推广手段包括争取合作伙伴，如当当、豆瓣，以及新浪微博等；在搜索引擎上投放广告，如百度。其线下推广手段包括线下拦截，如派人专门赴酒店、机场、景点等地，通过访问、发放问卷等方式收集相关的点评等。

穷游网则与其他社交网站保持密切的联系。用户可以使用 QQ、新浪微博账号登录穷游网，同时穷游网在人人网、豆瓣等社交网站上都有自己的主页或社区。此外，穷游网在最初几年，为吸引用户分享游记，曾努力培养"榜样"，依靠榜样的力量召集更多人来了解网站。同时，穷游网开始更多地举行线下活动。例如，通过召集同城用户开展线下交流、组织廉价航空机票预订经验交流会等吸引网友参加。此外，穷游网还推出了第一套中文出境游免费旅行指南《穷游锦囊》来吸引用户。

马蜂窝旅游网的推广策略

马蜂窝旅游网的推广策略分为线上推广策略和线下推广策略。线上推广策略主要有其他社交网站传播、微电影和电子邮件的推广；线下推广策略则主要有前期地铁广告、口碑相传、各项活动的举办和移动应用推广等。具体如下。

首先，在早期提高知名度时，马蜂窝主要通过地铁车窗广告来推广。地铁的使用者包括大部分学生和年轻白领，广告的内容主要是易于辨识的马蜂窝标志及网站性质介绍，这种大面积、高频次的户外广告，对提高马蜂窝的知名度和影响力非常有效。此外，马蜂窝也与其他社交群体网站合作，使得其他社交网站的用户可以方便、直接地使用马蜂窝。例如，注册马蜂窝账号时，用户可以在合作网站内进行，免去了填写复杂的个人资料步骤。合作网站包括新浪微博、人人网、QQ、MSN、开心网和腾讯微博，覆盖了年轻上网群体使用的主流社交网站。

其次，在提高接受度和认可度时，马蜂窝在线下渠道并没有花费过多资源和精力，主要通过自身产品的特性让使用过的人满意，再通过口碑相传让更多的人接受。在线上渠道，马蜂窝通过微博、人人、豆瓣等平台发布最新的旅游攻略等新鲜事，让微博、人人、豆瓣的使用群体可以关注这些信息，引发兴趣而成为马蜂窝的使用者。

最后，在提高使用者的忠诚度和黏性时，马蜂窝通过在线下渠道举办用户交流活动，请马蜂窝社区用户做各种分享等，使原本分散的马蜂窝使用者互相认识，形成一个更为交错复杂的马蜂窝社交网络，加强他们对线上社交平台的依赖。在线上渠道，马蜂窝营造了一种创意和友爱的氛围，让马蜂窝的使用者认可和接受马蜂窝的理念，提高对马蜂窝的忠诚度。例如，马蜂窝曾拍摄过一个关于明信片环球旅行求婚记的微电影，背景是一对热爱旅行的年轻情侣要结婚，于是在马蜂窝上发布了一个帖子希望收集到世界各地的朋友寄来的明信片。马蜂窝很重视这个帖子，并将其列为主页头条，许多人看到了纷纷响应，而这对情侣也由此收到了200多张来自世界各地的祝福明信片。该微电影在网上发布后，被观看分享上万次，使得更多人对马蜂窝印象深刻。

三、公共关系

公共关系（简称"公关"）是电商企业采用各种公关宣传、公关赞助等形式来加强与社会公众沟通的一种活动，其目的是树立或维护电商企业的良好形象，建立或改善电商企业与社会公众的关系，纠正对电商企业不利的舆论，引导舆论朝着有利于电商企业的方向发展。

与广告相比，公共关系更客观、更可信，对客户的影响更深远，其主要类型有：服务性公关、公益性公关、宣传性公关、名人公关等。

电商企业可采用公益活动、赞助活动、捐赠活动，以及主办晚会、游园活动，还可冠名各类研讨会、演讲会、论坛、高峰会、博览会、晚会等，吸引媒体关注，使媒体主动宣传，这既是免费宣传，又具有较高的可信度，容易被公众接受。此外，电商企业的重大纪念活动也是宣传品牌的难得机会，电商企业可以充分利用各种形式，将电商企业发展历史、庆典活动等制成录像、照片或光盘加以宣传，从而起到树立品牌形象、提高品牌知名度和美誉度的作用。

电商企业还可以邀请名人参与相关的活动以产生"名人效应"，提高市场吸引力。随着网络信息化和产业升级进程的加快，微博、微信等社会化媒体的出现也为电商企业的促销提供了丰富的手段。例如，旅游电商企业可邀请旅游达人、旅游意见领袖等一起参加不同的主题旅游路线试玩活动，并将其相关意见以视频、漫画的形式创作成软文，发布在自己的微信公众号、官方微博上；借助旅游达人、旅游意见领袖的知名度，吸引客户。

意见领袖

意见领袖的概念最早是由拉扎斯菲尔德提出的，是指在人际传播网络中为他人提供信息的同时对他人产生影响的活跃分子，他们在大众传播过程中起着过滤或中介作用，将信息扩散给受众，形成信息的两级传播。

通俗地说，意见领袖是一些经常能影响他人态度或意见的人。意见领袖积极地从大众媒体和其他来源收集相关的消费信息，并对消费信息进行加工，再把经过加工的信息解释、传达给需要这类信息的客户，从而对客户的购买行为产生重要的影响。

意见领袖通常是出于纯粹的好奇心而最早试用新产品或服务的人，他们通常是社区的活跃分子，而且，一般具有独特的个性，这让他们更可能以与众不同的方式去尝试那些未知的而又让人感兴趣的产品或服务。

意见领袖较为明显的特征，就是对某一类产品或服务比群体中的其他人有着更为长期和深入的了解。意见领袖对某类产品或服务有更多的知识和经验，因而在其他客户看来，他们在这方面更专业。

四、口碑传播与线上评论

在没有亲身经历的情况下，客户认为有亲身经历的其他客户传递的信息是客观的，比广告更可靠，因此，客户乐意接收人们口头传播的信息。

作为一种传播方式，口碑传播显著的特点就是交流性强，信息反馈直接、快速、及时、集中，同时易于在较短的时间内改变接收者的态度和行为。例如，小红书是一个自主交流的分享平台，因为在平台中分享的内容全由用户亲自创建，可信度相对较高，用户本身就是分享者，根据自己的亲身经历对产品做出客观的评价，在一定程度上帮助潜在客户完成了对产品的认知，为平台用户提供了有效的参考，有利于提高用户转化率及重复购买率。

那么，电商企业如何建立和传播口碑呢？一方面，电商企业要努力实现和保持客户满意；另一方面，电商企业要说服、鼓励、奖励满意的客户在线评论。

例如，由大众点评网开发的移动互联网应用"大众点评"，结合地理位置及用户的个性化需求，不仅为用户提供全国的商户信息、消费点评及消费优惠等信息，还提供团购、电子会员卡办理及餐厅预订等交易服务。由于移动互联网的用户量大，所以很多商家都通过大众点评做促销活动，特别在销售淡季的时候取得了非常好的效果。用户也可以在大众点评的应用里查找团购信息和各种优惠活动。

五、销售促进

销售促进是指电商企业运用各种短期诱因，促使客户加快购买、增加购买而采取的一系列鼓励性的措施。销售促进的主要手段如下。

（一）免费试用

为消除客户的顾虑或怀疑，电商企业可以采取免费试用的方式，为客户提供无须付费的服务，如免费试看、试听，目的是使客户对电商企业的其他服务产生购买兴趣。在买方市场条件下，客户变得精明、挑剔，免费试用是"欲擒故纵，先予后取"。

例如，得到是一个卖付费产品的平台，但"得到头条"这个产品是免费的。"得到头条"是个日更栏目，它存在的意义就是让用户长期高频地打开 App，诱发购买其他产品的机会。而得到的"启发俱乐部"，看似是个知识产品，但某种程度来说是个广告，它会放出某一章的付费课程给用户免费听，其实是为了给课程导流。

（二）奖金或礼品

电商企业可以举行与购买服务相关联的馈赠奖金或礼品的活动，目的也是使客户产生购买兴趣。

飞猪旅行启动"百亿补贴"计划

2020 年 9 月 8 日，飞猪旅行宣布启动"百亿补贴"计划，首期从酒店产品开始，覆盖全国百城十万家酒店，国庆节前将进一步覆盖交通出行、景区、乐园等，以刺激旅游市场复苏，增强大众出游信心。客户在飞猪旅行预订酒店时，就可看到标有"百亿补贴"的酒店及价格，这些酒店主要集中在一、二线城市。不少一线城市核心商圈的五星级酒店价格，甚至在原有折扣基础上再打对折。飞猪旅行的"百亿补贴"计划实现了不同星级及不同类型的酒店、民宿、公寓的全面覆盖。

（三）优惠券

优惠券是指电商企业给予持有人在购买产品时可以得到一定减价的凭证。由于能够得到减价优惠，所以优惠券对价格敏感的客户有很强的吸引力。

例如，"双 11"期间，喜临门为吸引线上流量，在天猫旗舰店发起针对"双 11"的预售。客户在天猫上可以花 99 元购买"试睡护照"，客户收到"试睡护照"之后，可以凭这个"试睡护照"去线下实体店免费领价值 500 多元的乳胶枕。这样线上的流量被引到了线下，客户在线下，既可以只领取乳胶枕，也可以购买其他产品，参与线下活动。

大众点评针对消费者的促销策略

团购策略。大众点评为吸引大量的流量，采用团购方式，薄利多销，给出低于零售价格的团购折扣和单独购买得不到的优质服务，在降低消费尝试门槛的同时用高性价比刺激消费者，有效吸引流量。消费者可以在大众点评上通过团购的方式，买到比单独购买价格更低的产品，可以获得更多的价格优惠。

积分抵现策略。当消费者注册账号即默认成为大众点评会员后，会员可通过写点评和分享获取积分。消费者可以用一定数量的积分参与积分商城的抽奖，奖品有吹风机、口红、杯子等，消费者可选择喜欢的产品并参与抽奖，也可选择在购买产品时用积分抵扣一部分的现金。

延伸阅读：直播间的促销与转化

直播间可通过优惠、促销、砍价、买赠、满赠、满减、满返等措施来实现促销与转化。

（一）优惠

直播间专享优惠即主播在直播间设置产品链接并提供优惠券，该优惠券只能用于在这个直播间购买产品。也就是说，直播间专享优惠是由直播间向实时观看直播的受众提供的优惠，如限时折扣、限时送赠品、免费送货、附赠礼品、抽奖送礼物等，直播结束后就没有这些优惠了，从而激发受众的购买欲望。

（二）促销

直播间往往事先与受众约定销售时间、销售数量、销售价格等信息，通过采用这种约定的形式快速聚集人气，增加流量，并在有限的时间内对流量进行引导，进行连带销售，从而产生良好的销售效果。比如直播间在特定时间点，如开售前30分钟提供限时优惠，或是限量优惠，如前100名下单的受众才能够领到优惠。

限时促销。限时是指主播在抢购活动开始前与受众约定抢购的时间，并且一旦确定则不能更改。主播可以选择整点抢购，也可以选择在一段时间内的每个整点都有抢购活动，这样可以保证在不同的时间点进入直播间的受众都能参加抢购活动，保证活动的热度。

限量促销。限量即抢购是有数量限制的，将参加抢购活动的产品数量控制在一定范围内，保证大多数受众既能抢购到产品，又不会因为数量太多而给受众造成产品质量不好的感觉。

限价促销。限价是指产品的折扣价格，因为是抢购产品，所以折扣力度要大，要让受众感受到诚意且愿意购买，如采用1折购、1元购等形式。

主播可以通过限时、限量、限价的方式引导受众提前关注或收藏直播间，这在增加人气的同时也带来了大量的流量，特别是在活动开始前的1～2分钟，很多受众都会不停地刷新，以抓准时机抢购产品。这种促销方式令受众感觉"买到就是赚到，错过就没有了"，容易引起受众的消费欲望，让其觉得机不可失、失不再来。当然，如果抢购的力度不够，或者产品不够有吸引力，可能会出现无人抢购的尴尬局面。

（三）砍价

主播拿到要出售的产品后，给粉丝分析产品的优缺点，同时征询有购买意向的粉丝的意见，在这个基础上，供货商报价，主播砍价。砍价十分考验主播的产品甄选能力和议价能力。快手上有的主播会将砍价的过程通过直播展现出来，这样做使不少粉丝更信任主播，粉丝黏性也随之增强。

总之，砍价可以提高主播的亲和度，受众配合主播砍价，还可以活跃直播间的气氛，极大地提升了受众的参与感，受众为产品买单的积极性也会大大提高。

（四）买赠

买赠即购买就赠送，购买产品的同时赠送其他产品，如买一赠一、买二赠三等。适宜的赠品是受众使用购买的产品时会用到的附属产品。

主播可以根据受众在直播间购买的产品类型赠送一些小产品，如买衣服送袜子、买鞋子送鞋油、买咖啡送咖啡杯和勺子等。这种购买即送的方式，会让受众认为自己获得了优惠。

许多图书直播间会开展买赠活动，即买一本图书赠一本相关的图书。这种售卖方式很受受众的欢迎——一方面受众能够买到自己需要的书，另一方面受众又能够免费得到另一本书。例如，在某图书专营店，实付满388元的前30名顾客可获得价值128元的枕头书礼盒，这种销售方式提高了直播间的图书销量。又如，刘某某向粉丝发放专属福利，粉丝购买49元的《财商伴我成长》即可获得价值198元的"小白财商课"在线课程及财商记账本，让粉丝感到物超所值。

（五）满赠

满赠有两种常见的形式：一种是"满××元，送××赠品"，另一种是"满××元，加××元赠送××赠品"。对中小卖家而言，比较适合采用第一种形式；而有忠诚客户的品牌卖家，则适合采用第二种形式。这是因为忠诚客户对品牌有一定的忠诚度，愿意额外花费一点费用来获取更多该品牌的产品。卖家要注意赠品应与销售的产品具有相关性，且其价值不能过高，否则容易造成亏损。当选择第二种满赠方式时，额外添加的金额必须是客户可以接受的，否则容易让客户产生不值得的感觉，从而打消购物的念头。

（六）满减

满减是一种打折的手段，即购买一定金额的产品后，可以从应支付的价款里减去一部分金额，如满300元减50元、满500元减100元。满减的核心目的是提高销量。享受满减的标准一般是购买2件及以上的产品，这样可以促进受众购买更多的产品。

（七）满返

满返是指"满××元，返××元"，通常返的是价值××元的优惠券。满返比满减、满赠的效果差，因为消费者需要二次消费才能使用获得的权益，这样会让消费者考虑下次是否还会消费，从而产生犹豫心理，使购物行为受到影响。特别是一些满返的内容还可能设置有消费额度，如"满299元，返50元店铺优惠券"，但这50元店铺优惠券需要消费满300元才能使用，这种情况可能会直接影响消费者的购物热情。因此，满返的内容要有吸引力，且尽量不设置实现条件。

（八）其他促销方式

降价式促销是指产品直接降价。

有奖式促销是指提供抽奖机会的促销方式。

打折式促销是指通过产品折扣的形式进行促销。采用折扣价能够很好地吸引受众，打折作为直播中较为普遍的营销手段，商家看似赔本，但是随着销量的增加，收益还是可观的。

任务式促销是指让直播间受众完成任务而获取优惠的促销方式，如邀请3人进入直播间就可以获得30元优惠券，优惠券满50元可用。

试用式促销是指在直播间发放产品试用装，如关注主播就可以领取试用装、只要下单任意产品就送试用装等，这样可以吸引新的受众，也可以促进直播间受众下单。

专属身份促销是指为粉丝或者下单的受众单独设置福利，如设置粉丝专属折扣、为下单受众设置生日福利等。

案例

京东客户关系的建立

京东是一个以科技为驱动的电商平台，京东的客户除了买方客户，还有卖方客户。

一、买方客户的选择与开发

京东选择的买方客户为经常性网络购物的网民，一般为3C产品的主流消费群体，主要是白领、公务人员、事业单位员工、在校大学生和其他有稳定收入的网购爱好者但又没有时间上街购物的消费人群。京东为目标客户提供了品类丰富的产品，且拥有高效的、高度标准化的后台支撑系统，能够严格掌控从生产需求、产品选购到购买决策，再到支付、配送和售后服务的各个环节，带给客户专业的一体化购物体验。此外，京东的价格只是在产品的采购价之上加上5%的毛利。这个价格要比不少3C产品实体渠道低，甚至比厂商指导价低。

除了线上，京东还在线下一、二线城市的核心商圈建设了多家3C产品零售体验店"京东之家"和"京东专卖店"。京东之家中不仅有各个品牌的热卖品，还有一些线上难以购买的首发品、专供品，可以让客户一次体验尽兴。这里的所有产品均来自有品质保障的京东自营商城，并与京东线上实时同价，客户不论看中哪个产品，都可以当场下单提货，也可以选择京东配送到家，省时又省力。

二、卖方客户的选择与开发

京东选择的卖方客户涉及IT数码、消费电子、日用百货、图书音像等多个产品领域，并包含自营合作与开放平台的联营品牌。在最具优势的3C产品领域，京东与宏碁、戴尔、富士通等主流计算机品牌厂商分别签署了独家首发、旗舰店计划，并与包括索尼、TCL、三星等在内的家电、通信厂商达成了采购协议。

京东还具有持续优化供应链的能力，能够聚拢更多品牌商、供应商形成规模效应，让产业链的各方获取更大价值，实现多方共赢。

本章练习

一、不定项选择题

1. 客户的开发就是企业让（　　）产生购买欲望并付诸行动，促使他们成为企业现实客户的过程。

    A. 目标客户　　　　　B. 潜在客户　　　　　C. 忠诚客户　　　　　D. 满意客户

2. 如今市场上同类同质的产品或者服务越来越多，因此，企业要想在激烈的市场竞争中脱颖而出，其产品或者服务必须有（　　）才能吸引客户的注意或光顾。

    A. 功效　　　　　　　B. 特色　　　　　　　C. 质量　　　　　　　D. 水平

3. 企业为客户提供产品或服务的地理位置不仅影响客户接受服务的便利程度，还表现出企业的（　　），因而设店选址对企业来说尤为重要。

    A. 市场定位　　　　　B. 企业形象　　　　　C. 态度　　　　　　　D. 理念

4.（　　）是指针对不同的客户制定不同的价格，以吸引特定类型的客户群。

    A. 客户差别定价　　　　　　　　　B. 需求导向定价

    C. 时间差别定价　　　　　　　　　D. 成本导向定价

5. （　　）是指在某一特定的目标客户群中选择有影响力的人物或组织，并使其成为自己的客户，借助其帮助和协作，将该目标客户群中的其他对象转化为现实客户的方法。

　　A. "中心开花" 法　B. 逐户访问法　　　C. 咨询寻找法　　　D. 委托助手法

二、判断题

1. 营销导向的开发策略是客户开发策略的最高境界，也是获得客户的理想路径。

　　　　　　　　　　　　　　　　　　　　　　　　　　　　　　　　　　（　　）

2. 价格对客户而言，不是利益的载体，而是代表一种牺牲。　　　　　（　　）

3. 企业要努力通过技术手段提高可获得性和便利性。　　　　　　　　（　　）

4. 广告可以大范围地进行信息传播和造势，起到提高产品或服务的知名度、吸引客户和激发客户购买欲望的作用。　　　　　　　　　　　　　　　　　　　（　　）

5. 功能效用是吸引客户最基本的立足点，功能越强、效用越大的产品或服务对客户的吸引力就越大。　　　　　　　　　　　　　　　　　　　　　　　　　（　　）

三、名词解释

逐户访问法　会议寻找法　介绍法

四、问答题

1. 电商企业如何通过产品策略进行客户开发？

2. 电商企业如何通过价格策略进行客户开发？

3. 电商企业如何通过分销策略进行客户开发？

4. 电商企业如何通过促销策略进行客户开发？

 本章实训：电商对客户的开发

实训任务

介绍、分析 ×× 电商是如何成功开发目标客户的。

实训组织

（1）教师布置实训任务，指出实训要点和注意事项。

（2）全班分为若干个小组，各组确定本组的实训内容。

（3）收集相关资料和数据时可以进行实地调查，也可以采用二手资料。

（4）小组内部充分讨论，认真研究，形成分析报告。

（5）小组需制作一份能够在 3 ～ 5 分钟演示完毕的 PPT，在课堂上进行汇报，之后其他小组可质询，台上台下进行互动。

（6）教师对每组分析报告和课堂讨论情况即时进行点评和总结。

第三篇
电商客户关系的维护

管理大师德鲁克告诫我们:"衡量一个企业是否兴旺发达,只要回头看看其身后的客户队伍有多长就一清二楚了。"

当前许多电商企业把工作重心放在建立客户关系上、放在不断开发新客户上,消耗了电商企业大部分的人力、物力和财力,但是却没有成功维护或者不善于维护客户关系。于是新客户到来,老客户却流失了,这就是营销界所称的"漏桶"现象——一方面电商企业开发新客户就像是往桶里添水,另一方面老客户不断流失就像是桶里的水因为漏洞而不断流失。漏洞的大小实际上代表着电商企业客户流失的速度,出现这种情况实际上表明了客户对电商企业的不忠诚,这给电商企业带来了很大的损失。

可见,电商企业固然要努力争取新客户,但维护老客户比争取新客户更加重要。电商企业既要不断建立新的客户关系,不断争取新客户,开辟新市场,又要努力维护已经建立的客户关系。

客户关系维护是电商企业巩固及进一步发展与客户长期、稳定关系的过程。为此,电商企业要全面掌握客户的信息,注意对不同价值的客户进行分级管理,还要与客户进行有效沟通,同时努力让客户满意,争取提高客户的忠诚度。

第五章
电商对客户信息的管理

5-1 电商对客户
信息的管理

本章首先介绍客户信息的重要性，其次介绍应当掌握客户的哪些信息，以及收集客户信息的渠道，再次介绍客户数据库及其作用，最后介绍数据挖掘及大数据技术在电商客户信息管理中的应用。

第一节　客户信息的重要性

一、客户信息是电商企业决策的基础

信息是决策的基础，电商企业想要维护好与客户建立起来的关系，就必须充分掌握客户的信息，就必须像了解自己的产品或服务那样了解客户，像了解库存的变化那样了解客户的变化。

任何一家电商企业都在特定的客户环境中经营发展，如果电商企业对客户的信息掌握不全、不准，判断就会失误，决策就会有偏差，就可能失去好不容易积累的客户。所以，电商企业必须全面、准确、及时地掌握客户的信息。

零售业的龙头沃尔玛在20世纪80年代建立客户数据库，用于记载客户的交易数据和背景信息，时至今日，该数据库容量已经超过100TB，成为世界上最大的客户数据库。利用客户数据库，沃尔玛对商品购买的相关性进行分析，意外发现：跟尿布一起购买最多的商品竟然是啤酒。原来美国的太太们常叮嘱她们的丈夫下班后为小孩买尿布，而丈夫们在买尿布后又随手带回两瓶啤酒。既然尿布与啤酒一起购买的机会最多，沃尔玛就干脆将它们并排摆放在一起，结果尿布与啤酒的销量双双增长。

二、客户信息是对客户分级的基础

电商企业只有收集了全面的客户信息，特别是客户与电商企业的交易信息，才能知道自己有哪些客户，才能知道客户创造了多少价值，才能识别哪些是优质客户、哪些是劣质客户，才能识别哪些是贡献大的客户、哪些是贡献小的客户，才能根据客户带给电商企业价值的大小和贡献的不同，对客户进行分级管理。

三、客户信息是与客户沟通的基础

随着市场竞争的日趋激烈，客户信息愈显珍贵，拥有准确、完整的客户信息，既有利于了解客户、接近客户、说服客户，也有利于客户沟通。如果电商企业能够掌握详尽的客户信息，就可以做到有针对性地进行沟通。

四、客户信息是实现客户满意的基础

电商企业要满足客户的需求、期待和偏好，就必须掌握客户的需求特征、交易习惯、

行为偏好和预期愿望等信息。

电商企业如果能够掌握详尽的客户信息，就可以有针对性地为客户提供个性化的产品或者服务，满足客户的特殊需要，从而提高客户的满意度。电商企业如果能够及时掌握客户对电商企业的产品或服务的抱怨信息，就可以立即派出得力的人员妥善处理，从而消除客户的不满。

例如，美团外卖通过收集消费者及商家的信息，能够更好地将两者进行匹配，如通过信息的收集能够识别出喜爱吃麻辣烫的客户，针对这些客户，美团外卖能够为其提供更多的麻辣烫商家以供消费者选择，从而更好地满足客户的需求，促成客户下单。美团外卖通过客户的订单记录分析出客户的口味偏好、价格承受度及店铺偏好度，从而能够在以后更精准地向客户推荐此类店铺，由此能够提高外卖客户的满意度及忠诚度。

电商企业如果知道客户的某个纪念日，就可以在这个特殊的日子送上适当的礼物、折扣券、贺卡或电影票，或在知道客户正被失眠困扰时，寄一份"如何治疗失眠"的资料给客户，这些都会给客户带来惊喜，从而使客户对电商企业产生好感。电商企业如果能够及时发现客户订货持续减少，就可以赶在竞争对手之前去拜访该客户，同时采取必要的措施进行补救，从而防止客户的流失。

总而言之，客户信息是电商企业决策的基础，是对客户进行分级管理的基础，是与客户沟通的基础，也是实现客户满意的基础，因此，电商企业应当重视和掌握客户的信息，这对保持良好的客户关系、提高客户的忠诚度将起到十分重要的作用。

第二节　应当掌握的客户信息

一、个人客户的信息

个人客户的信息应当包括以下几个方面的内容。

（一）基本信息

基本信息包括姓名、户籍、籍贯、血型、身高、体重、年龄、家庭住址、电子邮箱、手机号码等。

（二）消费情况

消费情况包括消费的金额、消费的频率、消费的档次、消费的偏好、购买渠道与购买方式的偏好、消费高峰时点、消费低峰时点、最近一次的消费时间等。

（三）事业情况

事业情况包括以往就业单位名称、职务，在目前单位的职务、年收入等。

（四）家庭情况

家庭情况包括已婚或未婚、结婚纪念日、庆祝结婚纪念日的方式；配偶姓名、生日及血型、教育情况、兴趣专长；有无子女，子女的姓名、年龄、生日、受教育程度，对子女教育的看法，等等。

（五）生活情况

生活情况包括医疗病史、目前的健康状况，是否喝酒（种类、数量）、对喝酒的看法，是否吸烟（种类、数量）、对吸烟的看法，喜欢在何处用餐、喜欢吃什么菜，对生活的态度、有没有座右铭，休闲习惯是什么、度假习惯是什么，喜欢哪种运动，喜欢聊的话题是什么，最喜欢哪类媒体，等等。

（六）受教育情况

受教育情况包括上高中、大学等的起止时间，最高学历、所修专业、主要课程、在校期间所获奖励、参加的社团等。

（七）个性情况

个性情况包括曾参加什么俱乐部或社团、目前所在的俱乐部或社团，喜欢看哪些类型的书，忌讳哪些事、重视哪些事，是否固执、是否重视别人的意见，待人处世的风格，等等。

（八）人际情况

人际情况包括亲戚情况、与亲戚相处的情况、最要好的亲戚，朋友情况、与朋友相处的情况、最要好的朋友，邻居情况、与邻居相处的情况、最要好的邻居，对人际关系的看法，等等。

例如，房地产企业在收集客户信息时，通常关注客户目前拥有房地产的数量、购买时间等，而将这些结合家庭人口、职业、年龄和收入等数据进行分析后，往往能够得出该客户是否具有购买或持续购买的需求、购买的时间和数量、购买的档次等结论。

二、企业客户的信息

企业客户的信息应当包括以下几个方面的内容。

（一）基本信息

基本信息包括企业的名称、地址、电话号码、创立时间、组织方式、资产规模等。

（二）客户特征

客户特征包括服务区域、经营观念、经营方向、经营特点、企业形象、声誉等。

（三）业务状况

业务状况包括销售能力、销售业绩、发展潜力与优势、存在的问题及未来的对策等。

（四）交易状况

交易状况包括订单记录、交易条件、信用状况及出现过的信用问题、与客户的关系及合作态度、客户的评价与意见等。

（五）负责人信息

负责人信息包括法定代表人、经营管理者及其姓名、年龄、学历、个性、兴趣、爱好、家庭、能力、素质等。

淘宝商家客户的信息

淘宝商家客户的信息包括：基本信息——店铺的名称、所在地、电话号码、创立时间、资产等；业务状况——销售业绩、客单价、销售毛利、毛利率、成交金额、产品品牌数、产品 SKU（Stock Keeping Unit，库存单位）、上架商品数、商品库存；交易状况——订单记录、信用状况、访客数、总订单数、访问到下单转化率；会员状况——注册会员数、活跃会员数、会员复购率、会员留存率；营销活动情况——新增访问数、新增会员数、总访问数量、新增下单数、下单转化率、投资回报率等。

第三节　收集客户信息的渠道

收集客户的信息只能从一点一滴做起，可通过直接渠道和间接渠道来完成。

一、直接渠道

直接渠道主要是指客户与电商企业直接接触的各种机会，如从客户购买前的咨询到售后服务，包括处理投诉和退换产品，这些都是收集客户信息的直接渠道。具体来说，收集客户信息的直接渠道如下。

（一）在服务过程中获取客户信息

对客户的服务过程是电商企业深入了解客户、联系客户、收集客户信息的好时机。在服务过程中，客户通常能够直接并且毫不避讳地讲述自己对产品的看法和预期、对服务的评价和要求、对竞争对手的认识，以及客户的意愿，其信息量之大、准确性之高是在其他条件下难以实现的。电商企业通过服务记录、客户服务部的热线电话记录及其他客户服务系统能够收集到客户信息。此外，客户投诉也是电商企业了解客户信息的重要渠道，电商企业可将客户的投诉进行分析整理，同时建立客户投诉的档案，从而为改进服务、开发新产品提供基础资料。

（二）在经营活动中获取客户信息

电商企业与客户的业务往来及通信等可以反映客户的经营状况、经营作风和经营能力，也可以反映客户关注的问题及其交易态度等。此外，在与客户的谈判中，客户的经营作风、经营能力及对电商企业的态度都会得到体现，谈判中还往往会涉及客户的资本、信用、经营状况等资料，所以，谈判也是收集客户信息的好机会。另外，执行频繁营销方案，实行会员制度，或者成立客户联谊会、俱乐部等，也可以收集到有效的客户信息。

（三）客服中心、呼叫中心、网站留言、电子邮箱、微信公众号等也是收集客户信息的渠道

客户拨打客服电话后，呼叫中心可以自动将客户的来电记录在计算机数据库内。另外，信息技术及互联网技术的广泛使用为电商企业开拓了新的获得客户信息的渠道，如网上留言、电子邮箱、微信公众平台等已经成为电商企业收集客户信息的重要渠道。

在以上这些渠道中，客户与电商企业接触的主动性越强，客户信息的真实性和价值就越高，如客户呼入电话（包括投诉电话、请求帮助或者抱怨时所反馈的客户信息）就比呼叫中心的呼出电话得到的客户信息价值高。

▶ 案例

美团收集客户信息的渠道

美团收集消费者信息的渠道如下。在用户首次使用美团外卖时，会被要求填写个人信息，如联系方式、送餐地址等，以及开通美团支付时需进行姓名认证和银行卡绑定等。营销活动中，美团外卖通过在广告、促销等营销活动中收到的消费者反馈获取信息。其根据日常活动中"天天神券""津贴联盟"等活动页面中消费者停留的时间、点击的品类判断消费者的即时购买倾向。点餐过程中，美团外卖通过互联网手段在 App 内收集消费者必要信息，通过对消费者历史信息的收集形成准确、实时更新的消费者信息系统，以便更好地达到精准营销的目的。售后服务过程中，美团外卖通过消费者的点评收集信息，并利用算法等对消费者的反馈（涉及配送服务、商家服务、商家菜品等）进行处理，判断消费者的满意程度。

收集商家信息的渠道如下。首次注册所需要的信息，即使用美团外卖基础功能所必需的信息，如注册时填写的位置信息、主营品牌信息、实体店铺图、营业执照信息等；商家的基本信息包括商家的菜品目录信息、菜品价格信息等。

二、间接渠道

收集客户信息的间接渠道一般如下。

（一）各种传播媒介

国内外各种权威媒体、各大通讯社、电视台、互联网平台等发布的有关信息，往往都会涉及客户的信息。

（二）市场管理部门及驻外机构

市场管理部门一般掌握客户的注册情况、资金情况、经营范围、经营历史等，是可靠的信息来源。对国外客户，市场管理部门可委托我国驻各国大使馆、领事馆的商务参赞帮助了解，另外，市场管理部门也可以通过我国一些大公司的驻外机构帮助了解客户的资信情况、经营范围、经营能力等。

（三）国内外金融机构及其分支机构

一般来说，客户均与各种金融机构有业务往来，通过金融机构调查的客户的信息，尤其是资金状况是比较准确的。

（四）国内外咨询公司及市场研究公司

国内外咨询公司及市场研究公司具有业务范围较广、信息收集速度较快、信息准确的优势。电商企业可以充分利用这个渠道对指定的客户进行全面调查，从而获取客户的相关信息。

（五）其他渠道

电商企业从战略合作伙伴或者老客户，以及行业协会、商会等其他渠道也可以获取相关的客户信息。

总之，客户信息的收集渠道有许多，电商企业在具体运用时要根据实际情况灵活选择，有时也可以把不同的渠道结合在一起综合使用。

前程无忧的客户信息管理

收集求职者信息的渠道如下。直接渠道，求职者注册时填写信息。求职者在前程无忧 App 上注册，必须填写手机号、邮箱、求职意向等一系列信息。填写完这些信息后，前程无忧还会引导求职者进行各种认证，以便了解求职者更多信息。前程无忧为求职者提供职业测评、应聘指导等辅导时，引导求职者填写表单，收集求职者信息。前程无忧通过 App 发起求职者调研活动，收集求职者对前程无忧的评价、对前程无忧活动的期待和建议等。间接渠道，前程无忧与第三方征信平台考拉征信合作，收集平台求职者的职业征信报告，甄别候选人背景信息。

收集招聘企业信息的渠道如下。对合作企业进行调研，通过实地调研等考察方式，评估企业的环境、经营状况、发展前景等相关信息。企业来前程无忧发布求职招聘的时候，必须提供企业的相关信息，包括企业法人、企业的行业类别、经营情况。另外，企业只有上传了营业执照，才能进行招聘。

收集到的求职者信息包括：基本信息——姓名、年龄、出生日期、手机号码、邮箱、年收入、开始工作时间、住址、婚姻状况、政治面貌；教育经历——最高教育经历、本科院校、学历、在校时间、专业、是否全日制、在校情况；事业情况——求职意向、工作地点、期望薪资、期望行业、开展副业情况、工作经验；特长情况——核心优势、特长、技能、兴趣爱好。

收集到的招聘企业信息包括：基本信息——企业的名称、地址、负责人信息（法人代表及其姓名和联系方式）、营业执照；经营情况——行业类别、企业规模、企业简介；招聘情况——招聘岗位、岗位要求。

为了确保客户信息安全管理，前程无忧强化实名认证。对企业有效的营业执照等资质证明进行审核，对法人进行个人实名认证，对身份证、手机验证码进行验证，只有通过全部审核才能发布招聘信息。求职者可以设置简历是否为"公开状态"，如果选择不公开，那么简历仅对平台公开，只有得到求职者的授权，企业才能浏览。

前程无忧基于大数据和全渠道的信息收集，构建数据标签体系并且建立求职者和企业信息数据库；通过机器学习和数据挖掘，精准匹配求职者和企业；收集求职者感兴趣的行业、目标薪资、心仪岗位信息后，通过大数据匹配，为求职者提供精准化的岗位推荐。在这个过程中，求职者找到满意的工作，企业挑选到合适的员工。大数据智能匹配信息，大大缩减了双方的时间成本。

第四节　客户数据库

一、客户数据库概述

（一）什么是客户数据库

你的客户有多少？你的客户是谁？你的重要客户是谁？你的主要客户又是谁？他们买了多少产品或服务？他们每隔多长时间购买一次？他们怎样购买？他们去哪里购买？他们通过什么途径了解电商企业？他们对你的产品或者服务有什么意见或建议？他们想

要你提供什么样的产品或服务……要回答这些问题，电商企业不仅需要花费大量的时间、精力和财力去调查，而且结果往往不尽如人意。因为即使调查方式是科学的，但只经过一两次调查得到的结论往往会有偏差。

数据库是信息的中心存储库，由一条条记录所构成，记载着相互联系的一组信息，许多条记录连在一起就是一个基本的数据库。

客户数据库是电商企业运用数据库技术，收集现有客户、目标客户的综合数据资料，追踪和掌握他们的情况、需求和偏好，并且进行深入的统计、分析和数据挖掘，从而维护客户关系、获取竞争优势的重要手段和有效工具。

（二）客户数据库中的重要指标

一般来说，客户数据库中有三个重要指标：最近一次消费、消费频率、消费金额。

1. 最近一次消费

最近一次消费是指客户上一次购买的时间，它可以反映客户的忠诚度。一般来说，上一次消费时间越近就越理想，因为最近才购买本电商企业的产品或服务的客户是最有可能再次购买的客户。吸引一位几个月前购买本电商企业的产品或服务的客户，比吸引一位几年前购买本电商企业的产品或服务的客户要容易得多。如果最近一次消费时间离现在很远，说明客户长期没有光顾，此时电商企业就要调查客户是否已经流失。

2. 消费频率

消费频率是指客户在限定的时间内购买本电商企业的产品或服务的次数。一般来说，频繁购买的客户，可能是满意度高、忠诚度高的客户，也可能是高价值客户。

3. 消费金额

消费金额是指客户购买本电商企业的产品或服务的金额。通过比较客户在一定期限内购买本电商企业的产品或服务的数量，电商企业可以知道客户购买态度的变化，如果购买量下降，则要引起足够的重视。

综合分析上述指标，将最近一次消费、消费频率结合起来分析，可判断客户下一次交易的时间离现在还有多久。将消费频率、消费金额结合起来分析，可计算出在一段时间内客户为电商企业创造的利润，从而帮助电商企业明确哪些才是最有价值的客户。当客户最近一次消费时间离现在很远，而消费频率或消费金额也显著减少时，表明这些客户很可能即将流失或者已经流失，此时电商企业应采取相应的对策，如对其重点拜访或联系等。

二、客户数据库的作用

客户数据库可以帮助电商企业了解客户过去的消费行为，而客户过去的购买行为是未来购买模式的指示器，因此，电商企业可通过客户数据库来推测客户未来的购买行为。客户数据库还能反映每个客户的购买频率、购买量等重要信息，并保存每次交易的记录及客户的反馈情况。对客户进行定期跟踪，有助于电商企业利用"数据挖掘技术"和"智能分析"发现赢利机会，继而采取相应的营销策略。

（一）可以深入分析客户消费行为

客户数据库由于是电商企业经过长时间积累客户信息（客户的基本资料和历史交易行为）建立起来的，剔除了一些偶然因素，因而对客户行为的判断是客观的。

此外，通过客户数据库对客户过去的购买行为和习惯进行分析，电商企业还可以了解客户是被产品吸引还是被服务吸引，或是被价格吸引，从而有根据、有针对性地开发新产品，或者向客户推荐相应的服务，或者调整价格。

（二）可以对客户开展精准营销

精准营销是依托信息技术手段，对客户的相关数据进行收集，然后运用技术平台对这些数据进行统计和分析，掌握每一个客户的消费倾向，再有针对性地进行营销。

客户数据库是电商企业内部最容易收集到的营销信息。电商企业通过对客户基础信息和交易信息进行加工、提炼、挖掘、分析、处理和对比，可以在海量数据中探求客户现有及潜在的需求、模式、机会，从而直接针对目标客户进行精准营销，而无须借助大众宣传的方式，因而减少了竞争对手的关注，有效地避免了"促销战""价格战"等公开的对抗行为。难怪有营销专家说："没有数据库，就像在沙漠中迷失了方向一样会付出惨痛的代价。"

（三）可以实现客户服务及管理的自动化

客户数据库还能强化电商企业跟踪服务和自动服务的能力，使客户得到更快捷和更周到的服务，从而有利于电商企业更好地保持与客户的关系。例如，通过对客户历史交易行为的监控、分析，当某一客户购买价值累计达到一定金额后，客户数据库可以提示电商企业向该客户提供优惠或个性化服务。

另外，电商企业建立客户数据库后，任何业务员都能在其他业务员的基础上继续发展与客户的亲密关系，而不会出现某一业务员的离开造成业务中断的情况。

（四）可以实现对客户的动态管理及预警管理

1. 对客户的动态管理

运用客户数据库的电商企业不仅可以了解和掌握客户的需求及其变化，还可以知道哪些客户何时应该更换产品。

由于客户的情况总是不断地发生变化，所以客户的资料也应随之不断地进行调整。电商企业如果有一个好的客户数据库，就可以对客户进行长期跟踪，通过剔除陈旧的或已经变化的资料，及时补充新的资料，保持对客户管理的动态性。

2. 客户预警管理

客户数据库还可以帮助电商企业进行客户预警管理，从而提前发现问题客户。电商企业尤其要注意以下几种情况。

（1）外欠款预警。电商企业在客户资信管理方面给不同的客户设定一个不同的授信额度，当客户的欠款超过授信额度时，客户数据库就会发出警告，提醒电商企业对此客户进行调查分析，及时回款，以避免无法回款。

（2）销售进度预警。客户数据库根据记录的销售资料，当客户的进货进度和计划进度相比滞后时，客户数据库就会发出警告，提醒电商企业对此情况进行调查，提出相应的解决办法，防止问题扩大。

（3）销售费用预警。电商企业在客户数据库中记录每笔销售费用，当销售费用攀升或超出费用预算时，客户数据库就会发出警告，提醒电商企业及时中止销售。

（4）客户流失预警。电商企业在客户数据库中记录销售资料，当客户不再进货时，客户数据库就会发出预警，提醒电商企业及时进行调查，并采取对策，防止客户流失。

三、客户数据库的管理

客户是电商企业的宝贵资产、是电商企业的命脉，客户数据的泄露会影响电商企业的生存。因此，电商企业对客户数据库的管理要慎之又慎。

对客户数据库的管理应当由专人负责，并且要选择在电商企业工作时间较长、对电商企业满意度高、归属感强、忠诚度高、有一定的调查分析能力的老员工作为客户数据库的管理人员，要避免低工资人员、新聘用人员、临时人员做这方面的工作。此外，电商企业必须抱着对客户负责的态度，对客户的信息严格保密，避免客户信息外泄。

需要说清楚的是，搞好客户关系并不一定要建立客户数据库，没有客户数据库同样可以搞好客户关系，只不过有客户数据库可以更方便地搞好客户关系。

建立和维护一个客户数据库需要投入较多的资金，因此，在以下几种情形下，可以考虑不建立客户数据库。首先，客户在一生当中对电商企业的产品或者服务的购买次数非常有限，或者重复购买的可能性没有或者很小；其次，电商企业对没有品牌忠诚度的客户也没有必要建立客户数据库；最后，考虑成本核算，如果建立客户数据库的代价远远高于从中得到的收益，那么电商企业也不用考虑建立客户数据库。

第五节　数据挖掘及大数据技术在电商客户信息管理中的应用

一、数据挖掘技术在客户信息管理中的应用

数据挖掘是指从大型数据库中提取人们感兴趣的知识，这些知识是隐含的、未知的、有用的信息，提取的知识表示为概念、规则、规律、模式等。

（一）数据挖掘的流程

首先，掌握电商企业内部各部门各自负责的业务和各业务的特点，并把这些特点归纳为对现有数据进行分析的必要条件和参数。

其次，对现有数据进行详细归类整理和系统分析，对同类数据进行转换，对不符合条件和参数的数据进行清理，有时还要从数据库的多个数据源中抽取相关联的数据并加以组合。

再次，建立数据挖掘的模型，为数据挖掘打造良好的基础框架。数据库在客户关系管理系统中起到了技术支撑平台的作用，基本摒弃了靠经验决策的做法，极大地提高了决策的科学性和准确性。

最后，对数据挖掘进行评估，在不同的时段让系统对已发生的情况进行预测，然后比较预测结果和实际情况以验证模型的正确性。

（二）数据挖掘技术的应用

首先，客户画像。交互设计的提倡者阿兰·库珀（Alan Cooper）最早提出了用户画像的概念，用户画像又称人群画像，是根据用户人口统计学信息、社交关系、偏好习惯和消费行为等信息而抽象出来的标签化画像，包括客户基本属性、购买能力、行为特征、兴趣爱好、心理特征、社交网络等信息的画像。电商企业可以基于客户终端信息、位置信息、消费信息等丰富的数据，得出每个客户的人口统计学特征、消费行为和兴趣爱好，并借助数据挖掘技术［如分类、聚类、客户价值划分（Recency Frenquency Monetary，RFM）等］进行客户分群，完善客户的画像，深入了解客户行为偏好和需求特征。

其次，客户群体分类。数据挖掘中的决策树和聚类等算法可以把大量客户分成不同群体，通过对数据库中收集和存储的大量客户消费信息进行分析和处理，可以确定特定类别客户群体或个体的消费兴趣、习惯、倾向和需求。

再次，精准营销和个性化推荐。数据挖掘中的聚类分析能够发现对特定产品感兴趣的客户群，神经网络能够预测客户购买新产品的可能性，关联规则能发现客户倾向于关联购买哪些产品。在此基础上企业可以实现精准营销，为客户提供定制化的服务，优化产品和定价机制，实现个性化营销和服务，提升客户体验。

然后，分析客户信用。数据挖掘中的差异分析技术能让企业从大量历史数据中分析出客户信用等级，使企业能够对不同信用等级的客户采取不同的营销方案。数据挖掘中的离群点检测、神经网络和聚类等分析方法可以用于预测客户欺诈发生的可能性、原因、程度及防范措施等，使得企业可以准确、及时地对各种欺诈风险进行监视、评估、预警和管理，进而采取有效的规避和监督措施，控制欺诈风险。

最后，客户关系生命周期管理。客户关系生命周期管理包括新客户获取、客户成长、客户成熟、客户衰退和客户离开 5 个阶段的管理。在新客户获取阶段，可以通过算法挖掘并发现高潜客户；在客户成长阶段，可通过关联规则等算法进行交叉销售，提高客户人均消费额；在客户成熟阶段，可以通过大数据方法进行客户分群和精准推荐，同时对不同客户实施忠诚计划；在客户衰退阶段，需要进行流失预警，提前发现高流失风险客户，并进行相应的客户关怀；在客户离开阶段，可以通过大数据挖掘高潜回流客户。

二、大数据技术在客户信息管理中的应用

大数据具有 5V 特点：大量（Volume）、高速（Velocity）、多样（Variety）、低价值密度（Value）、真实性（Veracity）。大数据分析指的是在数据密集型环境下，对数据科学的再思考和进行新模式探索的产物。

随着大数据技术的发展，电商企业可以得到关于客户的各种数据，如年龄、性别、住址、收入、购物习惯等，从而从众多的数据中勾勒出客户的画像。

大数据的计算和运用可以帮助电商企业收集消费数据并对其进行分析，分析结果可用于推断客户的偏好、需求等，进一步预测客户将来的购物行为和需求，从而将相对应的产品信息精准地推送给客户，最大限度地挖掘市场机会。

在大数据时代，基于大数据分析，提取背后的数据逻辑，从而准确地预测、分析市场，在此基础上制定相应的服务策略将更准确、更有针对性，也更实用。基于大数据分析平台，电商企业还可通过购买集中度分析服务等，集中更多的促销资源回馈高价值、高贡献的客户。

随着大数据、云计算等新兴网络信息技术的蓬勃发展，电商企业可以通过移动通信、物联网、数据分析等技术，及时了解客户购买偏好、购买习惯、购买频率、品牌忠诚度等信息，精准把握客户的需求，提供相应的产品或服务，从而实现个性化的定制营销。

大数据、云计算等不仅是技术的变革，也改变了人们的思维方式，即从以前对因果关系的挖掘转变为如今对相关关系的挖掘。因此，管理者通过对客户的所有数据进行相关性分析、聚类分析，可对客户群体进行偏好分类、年龄层分类、消费习惯分类等，根据类别制定相应的销售策略、服务策略，以期满足客户的个性化需求。

以马蜂窝提供的旅游服务为例，当客户通过马蜂窝的网站、应用软件进行在线搜索、购买旅行服务时，线上相关的浏览数据，如目的地、旅游时间段、航班、酒店、游玩项目等数据都会传到云端。结合该客户的其他个人数据，马蜂窝可对该客户的行为偏好进行聚类分析，从而为该客户推荐相应的旅游服务项目，贴合客户的旅游服务需求。

总而言之，大数据技术的发展赋予了我们更先进的手段。例如，过去电商企业必须以用户调研、焦点小组等方式去了解客户的需求，而且由于种种偏差，结果往往令人不满意。如今，电商企业和客户之间的触点越来越丰富，如用户论坛、社交网络、网页浏览记录、智能硬件交互等，这些触点帮助电商企业更好地把握客户的需求，提高产品的定制化水平。通过无处不在的数字化触点，电商企业得以与客户展开信息互动，对客户需求做出快速响应。客户通过各类触点了解电商企业文化、试用新产品、进行实时咨询或投诉，这将极大地提升客户体验。

 延伸阅读：大数据技术助力外卖配送

对所有本地生活服务平台来说，配送调度一直都是行业的一大痛点。行业发展初期，配送主要有骑手抢单和人工派单两种模式。骑手抢单模式存在较严重的挑单、拆单、乱抢单等问题，既不能保障商户、用户体验，又不能保障资源合理分配，造成运力浪费和效率低下；人工派单模式对调度员个人能力要求高，既不利于业务快速扩展，又无法应付高单量，同时人力成本也很高，还极易出现混乱局面。这样一来，用户等待的时间变长，外卖的体验自然就很差。而对商家来说，做好的食品不能得到及时配送，口感与品质自然也会大打折扣。

外卖配送调度规模巨大、复杂程度高，而且每一单的时间十分有限，加上各种因素导致的订单配送调度的差异化要求高，这些都是传统物流领域积累的相关技术无法直接应用到实时配送调度场景中的问题，会造成巨大的浪费和不必要的管理成本。在大量的历史数据基础上，相关企业可以建立大数据分析和优化平台；获得配送调度精准建模所需要的多类参数后，系统将根据骑手未配送订单信息、不同目的地信息、骑手实时位置和运动方向等海量大数据进行智能调度和派单。此外，智能系统不仅将自适应和自学习，合理压单，批量处理未派送的订单，还能把许多可能遇到的问题考虑进来，如订单结构、配送员习惯、区域路况、天气、交通工具、取餐难度、出餐时间、交付难度、配送范围等，并将配送"最后一公里"中影响配送效率的路面障碍物加入路网数据，有效规划导航路径。

 **本章练习**

一、不定项选择题

1. 客户信息是实现（　　）的基础。
   A. 客户分级　　　　B. 客户满意　　　C. 客户沟通　　　　D. 客户流动
2. 间接收集客户信息的渠道包括（　　）。
   A. 各种媒介　　　　　　　　　　　B. 市场管理部门及驻外机构
   C. 国内外金融机构及其分支机构　　D. 国内外咨询公司及市场研究公司
3. 以下（　　）情形，可以考虑不建立客户数据。
   A. 客户一生当中重复购买的可能性没有或者很小
   B. 没有品牌忠诚度的客户
   C. 建立客户数据库的代价高于从中得到的收益
   D. 经常投诉的客户

4. 数据挖掘技术在客户信息管理中的表现是（　　　）。

    A. 客户画像　　　　　　　　　　　　B. 客户群体分类

    C. 精准营销　　　　　　　　　　　　D. 客户关系生命周期管理

5. 客户数据库可以帮助企业进行（　　　），从而提前发现问题客户。

    A. 外欠款预警　　　　　　　　　　　B. 销售进度预警

    C. 销售费用预警　　　　　　　　　　D. 客户流失预警

二、判断题

1. 企业不需要严格保密客户的信息。　　　　　　　　　　　　　　（　　　）

2. 最近一次消费、消费频率、消费金额都是客户数据库的重要指标。　（　　　）

3. 依据客户数据库对客户行为的判断是客观的。　　　　　　　　　（　　　）

4. 通过对客户数据的挖掘，企业可以发现购买某一产品的客户的特征，从而可以向那些同样具有这些特征却没有购买的客户推销这个产品。　　　　　　　（　　　）

5. 通过客户数据库企业可以向客户推荐相应的产品或服务，或者调整价格。（　　　）

三、名词解释

客户数据库　外欠款预警　销售进度预警　销售费用预警　客户流失预警

四、问答题

1. 对个人客户应掌握哪些信息？

2. 对企业客户应掌握哪些信息？

3. 收集客户信息的渠道有哪些？

4. 客户数据库有哪些作用？

5. 大数据技术在客户信息管理中是如何应用的？

 本章实训：电商对客户信息的管理

实训任务

介绍、分析××电商如何收集客户信息，收集了哪些客户信息，如何管理客户信息。

实训组织

（1）教师布置实训任务，指出实训要点和注意事项。

（2）全班分为若干个小组，各组确定本组的实训内容。

（3）收集相关资料和数据时可以进行实地调查，也可以采用二手资料。

（4）小组内部充分讨论，认真研究，形成分析报告。

（5）小组需制作一份能够在3～5分钟演示完毕的PPT，在课堂上进行汇报，之后其他小组可质询，台上台下进行互动。

（6）教师对每组分析报告和课堂讨论情况即时进行点评和总结。

第六章
电商对客户的分级管理

6-1 电商对客户
的分级管理

电商对客户的分级是指电商企业依据客户的不同价值，将客户区分为不同的层级，这可为电商企业针对不同级别的客户进行区别服务与管理提供依据。

第一节 为什么要对客户分级

一、不同客户带来的价值不同

虽然每个客户的重要性不容低估，但是由于购买力、购买欲望、服务（维系）成本等差异，每个客户能给电商企业创造的收益是不同的，对电商企业来说，有一些客户就是比另一些客户更有价值。

国外的一份统计资料证明，23% 的成年男性购买了 81% 的啤酒，16% 的家庭购买了 62% 的蛋糕，17% 的家庭购买了 79% 的即溶咖啡。也就是说，大约 20% 的客户购买了 80% 的产品，其余 80% 的客户的消费量只占该种产品总量的 20%。

1897 年，意大利经济学家维弗雷多•帕累托发现经济及社会生活中无所不在的二八法则，即关键的少数和次要的多数，比例约为 2：8，也就是说，80% 的结果往往源于 20% 的原因，这就是帕累托定律。对电商企业来说，电商企业 80% 的收益往往来自 20% 的高贡献度客户，即少量的客户为电商企业创造了大量的利润，其余 80% 的客户创造的是微利、无利，甚至是负利润。

根据美国学者雷奇汉的研究，电商企业从 10% 最重要的客户那里获得的利润，往往比从 10% 次要的客户那里获得的利润多 5～10 倍。布赖恩•伍尔夫（Brian Woolf）曾针对某个超市的连锁店进行过调查，通过收集该店 15 000 名客户的年度消费额，发现 20% 的客户（黄金客户）的年保持率为 96%，销售额接近全部销售额的 84%。

研究机构 Meridien Research 指出，一个企业的客户群中，前 20% 的客户产生约 150% 的总利润，而后 30% 的客户消耗 50% 的总利润——他们一般是喜欢买便宜货的人，或被特别优惠的计划所吸引，而当企业开始试图从他们身上赚钱时他们便离去。以上的研究结果虽然不尽相同，但是都表明了一个真理，那就是"客户有大小，贡献有差异"。每个客户的价值是不同的，有的客户提供的利润可能比其他客户高 10 倍、100 倍，甚至更多，而有的客户则不能给电商企业带来利润，甚至还会吞噬其他客户带来的利润。

二、电商企业有限的资源不能平均分配

任何一家电商企业的资源都是有限的，因此把电商企业有限的资源平均分配给价值不同的客户的做法既不经济，也会引起大客户、好客户的不满。

现实中有些电商企业对所有的客户一视同仁，无论是大客户，还是小客户，无论是能带来赢利的好客户，还是根本无法带来赢利，甚至造成亏损的坏客户都无差别对待，从而导致电商企业成本增加、利润降低、效益下降。

　　例如，IBM 公司原先以为所有的客户都可能成为大宗产品和主机的购买者，所以即便对小客户也提供专家销售服务和上门服务，即便对赢利能力差的客户也为其免费修理旧机器。IBM 公司因此赢得了很高的美誉度，然而这是以牺牲利润为代价的。后来，IBM 公司意识到这种不计成本的策略从长远来说并不可行，于是果断地区别对待不同层级的客户，降低服务小客户的成本，并且向赢利能力差的客户适当地收取维修费，从而使公司利润大幅提升。

　　小客户、坏客户享受大客户、好客户的待遇，自然没有意见，而大客户、好客户就会心理不平衡，他们轻则满腹牢骚，重则流失，如果这个时候竞争对手乘虚而入，为这些最能赢利的大客户提供更多的实惠，竞争对手就可以轻而易举地将他们挖走，毕竟买方市场下大客户的选择很多。

延伸阅读：马说

　　世有伯乐，然后有千里马。千里马常有，而伯乐不常有。故虽有名马，祇辱于奴隶人之手，骈死于槽枥之间，不以千里称也。马之千里者，一食或尽粟一石。食马者不知其能千里而食也。是马也，虽有千里之能，食不饱，力不足，才美不外见，且欲与常马等不可得，安求其能千里也？策之不以其道，食之不能尽其材，鸣之而不能通其意，执策而临之，曰："天下无马！"呜呼！其真无马邪？其真不知马也！

　　参考译文：世上有了伯乐，然后才会有千里马。千里马经常有，可是伯乐却不经常有。因此即使有千里马，也只能在仆役的手里受屈辱，和普通的马并列死在马厩里，不能以千里马著称。一匹日行千里的马，一顿有时能吃一石食。喂马的人不懂得要根据它的食量多加饲料来喂养它。这样的马即使有日行千里的能力，却吃不饱，力气不足，它的才能和好的素质也就不能表现出来，想要和一般的马一样尚且办不到，又怎么能要求它日行千里呢？鞭策它，却不按照正确的方法，喂养它，又不足以使它充分发挥自己的才能，听它嘶叫却不能通晓它的意思，反而拿着鞭子走到它跟前，说："天下没有千里马！"唉！难道果真没有千里马吗？恐怕是他们真不识得千里马吧！

　　提示：客户当中也有"千里马"，关键是能不能被发现、有没有被善待，如果都没有，就会埋没优质客户。

三、客户分级是与客户沟通、实现客户满意的基础

　　电商企业应当根据客户价值的不同采取不同的客户沟通策略，因此，区分不同客户的价值是进行客户沟通的前提。

　　要让客户满意，电商企业要根据客户的不同采取不同的策略，因为每个客户给电商企业带来的价值不同，他们对电商企业的预期也就会有差别，满意标准也会不一样。为电商企业创造主要利润、带来较大价值的关键客户会希望得到有别于普通客户的待遇，如更贴心的产品或服务及更优惠的条件等。

　　一般来说，约 20% 的客户为电商企业创造了 80% 的利润，支撑着电商企业的运营，已经成为众多竞争者锁定的稀缺资源。如果电商企业能够找出这些能为自身带来丰厚利润的、有价值的客户，并且把更多的资源用在为他们提供优质的产品和有针对性的服务上，就很可能提高他们的满意度。

　　总之，不同客户带来的价值不同，电商企业的资源是有限的，客户分级是客户沟通、

客户满意的基础，所以，电商企业只有对客户进行分级管理，才能维系与高价值客户的关系，降低为低价值客户服务的成本，也才能在让客户满意的同时实现利润的最大化。

第二节　怎样对客户分级

电商企业对客户的选择处于开发新客户之前，对客户的"好"与"坏"只能用科学的理论或经验去判断、推测。电商企业对客户的分级则处于开发客户之后，对客户价值的高低要用事实、用数据（如消费金额、消费频率、消费档次、信用状况、利润贡献等）来衡量。

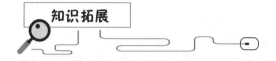

客户价值矩阵

马库斯（Marcus）用消费频率与平均消费金额构造了客户价值矩阵，如图6-1所示。

对于"最好的客户"，电商企业要全力维护，因为他们是电商企业利润的主要来源。

对于"乐于消费型的客户"和"经常消费型的客户"，由于他们是电商企业发展壮大的保障，电商企业应该想办法提高"乐于消费型的客户"的购买频率，同时还要通过交叉购买和增量购买来提高"经常消费型的客户"的平均消费金额。

对于"不确定型的客户"，电商企业需要找出有价值的客户，并促使其向另外三类客户转化。

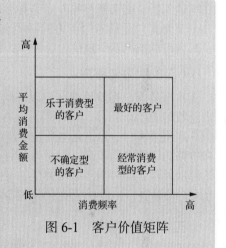

图 6-1　客户价值矩阵

电商企业根据客户为电商企业创造价值的大小可以得到一个客户金字塔，给电商企业创造价值最大的客户位于客户金字塔的顶部，给电商企业创造价值最小的客户位于客户金字塔的底部。

我们将客户金字塔划分为三层，这三层是关键客户、普通客户和小客户，客户金字塔如图6-2所示。需要注意的是，模型中的百分比不是绝对的，而是相对的，可根据实际情况进行调整。

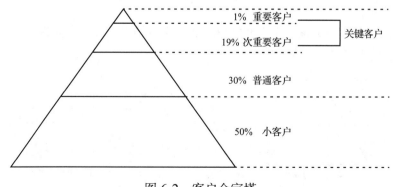

图 6-2　客户金字塔

一、关键客户

关键客户是电商企业的核心客户，一般占电商企业客户总数的20%，是电商企业的重点保护对象，电商企业80%的利润靠他们贡献。关键客户由重要客户和次重要客户构成。

（一）重要客户

重要客户是客户金字塔中最高层的客户，是能够给电商企业带来最大价值的前1%的客户。

重要客户往往是产品的重度用户，是电商企业客户资产中最稳定的部分，他们为电商企业创造了绝大部分的利润，而电商企业却只需支付较低的服务成本；他们对价格不敏感，也乐意试用新产品，还可帮助电商企业介绍客户，为电商企业节省开发新客户的成本；他们不但有很高的当前价值，而且有巨大的增值潜力，其业务总量在不断增大，未来在增量销售、交叉销售等方面仍有潜力可挖。

重要客户是最有吸引力的一类客户。可以说，电商企业拥有重要客户的多少，决定了其在市场上的竞争地位。

（二）次重要客户

次重要客户是除重要客户以外给电商企业带来最大价值的前20%的客户，一般占客户总数的19%。

次重要客户，也许是电商企业产品或者服务的大量使用者，也许是中度使用者，他们对价格的敏感度比较高，因而为电商企业创造的利润和价值没有重要客户那么高；他们为了降低风险会同时与多家同类型的电商企业保持长期关系；他们也在真诚、积极地为电商企业介绍新客户，但在增量销售、交叉销售方面可能已经没有多少潜力可进一步挖掘。

二、普通客户

普通客户是关键客户之外为电商企业创造最大价值的前50%的客户，一般占客户总数的30%。普通客户数量较多，但单个普通客户带来的价值比不上单个关键客户带来的价值。

三、小客户

小客户是客户金字塔中底层的客户，指除关键客户、普通客户之外，剩下的后50%的客户。虽然小客户数量多，但单个小客户带来的价值远远比不上单个关键客户和普通客户带来的价值。

图6-3所示是客户数量金字塔和客户利润金字塔的对应关系，体现了客户类型、数量分布和创造利润能力之间的关系。

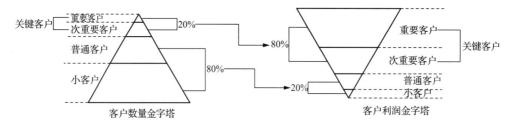

图6-3　客户数量金字塔和客户利润金字塔的对应关系

客户金字塔表明，电商企业应为对本电商企业利润贡献最大的关键客户提供最优质的服务，配置最强大的资源，并加强与这类客户的关系，从而使电商企业的赢利能力最大化。

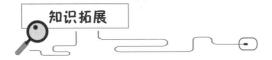

通过积分对客户进行分级

在积分制管理模式下，客户可通过购买、参与活动等方式获得积分，当积分达到一定数量时，即可获得相应的等级与待遇。为此，企业需要制定合理的积分获取规则，包括积分获取的途径和门槛。

首先，积分获取途径要多样化，这样可以提高客户参与的积极性。常见的积分获取途径有：消费金额换算积分、客户等级积分、额外奖励积分、互动活动奖励积分、推广奖励积分。

消费金额换算积分就是将客户的消费金额按照一定的比例换算成相应的积分。

客户等级积分是指与客户等级相匹配的一种积分生成机制，即不同等级的客户可以享受不同等级的积分奖励。

额外奖励积分是指除了消费金额换算积分和客户等级积分外，针对一些特定消费情境设的积分奖励，如新客户首次消费，额外奖励200积分；特殊日当天在企业内消费，获得双倍积分奖励；客户购买特定产品，额外奖励2倍积分，或是额外赠送200积分；节日促销、限时促销期间，享受多倍积分奖励。

互动活动奖励积分是指客户参与企业设置的互动活动获得的积分，如完善个人信息奖励积分、每日签到奖励积分、收藏或关注企业奖励积分、游戏互动奖励积分、填写调查问卷奖励积分等。

推广奖励积分是客户完成推广任务后，企业给予客户一定的积分奖励，如晒单奖励积分、邀请好友收藏关注奖励积分等。

其次，客户积分获取的门槛设置要合理，不宜太高也不宜太低。门槛太高让人望而却步，无法提高客户的参与度；而门槛太低又会让人觉得积分没有价值。

案例

携程旅行的客户分级

携程旅行是一家综合性旅行服务公司，整合了高科技产业与传统旅游业，向超过3亿名会员提供集无线应用、酒店预订、机票预订、旅游度假、商旅管理及旅游信息在内的全方位旅行服务，被誉为互联网和传统旅游无缝结合的典范。

携程旅行按照等级分的不同来划分客户等级，等级分是根据客户在携程旅行的个人账户近12个月内的订单消费情况、任务活动完成情况及信誉记录，来综合计算得出的相应分值。携程旅行将客户分为：钻石会员，综合计算等级分≥10 000；白金会员，综合计算等级分在3000～9999；黄金会员，综合计算等级分在300～2999；普通会员，综合计算等级分＜300（携程旅行会员还包括超级会员，此处不加以介绍）。这种客户等级划分方法的特点是：由普通会员升级为黄金会员的门槛较低，以"门槛低＋权益多"为吸引点，培养更多的黄金会员；此外，会员等级的有效期限为60天，到期后，系统会根据客户当前的等级分重新划分会员等级。

第三节　怎样管理各级客户

客户分级管理是指电商企业依据客户带来价值的多少对客户进行分级，区别对待不同级别的客户；同时，积极提高各级客户在客户金字塔中的层级。

一、关键客户的管理

关键客户是电商企业可持续发展的重要保障之一，因此关键客户的管理在电商企业管理中处于重要的地位。关键客户管理的成功与否，对电商企业的经营业绩具有决定性的影响。

一般来说，电商企业花了很大的代价才与关键客户有了稳定、良好的关系，但竞争对手总是瞄准这些客户并伺机抢夺，而一旦失去关键客户，电商企业就会受到很大伤害。因此，电商企业必须认真维护好与关键客户的关系，牢牢地抓住关键客户，才能保证电商企业持续稳定发展，保持竞争优势。为此，电商企业应做到以下几点。

（一）成立专门机构服务关键客户

首先，关键客户服务机构要为电商企业高层提供准确的关键客户信息，协调技术、生产、企划、销售、运输等部门，根据关键客户的要求设计不同的产品或服务方案。

其次，关键客户服务机构要负责联系关键客户，要利用客户数据库分析每位关键客户的交易历史，注意了解关键客户的需求和采购情况，及时与关键客户就市场趋势、合理的库存量进行商讨。

最后，关键客户服务机构要关注关键客户的动态，并强化对关键客户的跟踪管理，对出现衰退和困难的关键客户要进行深入分析，必要时伸出援手。当然，也要密切注意其经营状况、财务状况、人事状况的异常动向等，以避免出现倒账的风险。

服务关键客户是一项涉及部门多、要求非常高的工作，需要电商企业各部门协同，各个部门和员工都以整体利益为重，主动承担责任，追求协同效率和效果的最大化。

（二）集中优势资源服务关键客户

为了进一步提高电商企业的赢利水平，电商企业应按帕累托定律，为20%的客户付出80%的努力。即电商企业要将有限的资源用于前20%、能为电商企业创造80%利润的关键客户。

第一，电商企业应该准确预测关键客户的需求，主动提供售前、售中、售后全程的全面、优质的服务，包括专门定制的、精细化的服务，甚至邀请关键客户参与电商企业的研发，从而更好地满足关键客户的需要。

第二，要保证满足关键客户的需要，加大对关键客户的服务力度，如在销售旺季到来之前，要保证在旺季对关键客户的供应，避免出现缺货而导致关键客户不满。当出现供货紧张的情况时，要优先保证关键客户的需要，使他们坚信本企业是他们最好的供应商或服务商，从而提高关键客户的满意度。

第三，电商企业要增加给关键客户的财务利益，为他们提供优惠的价格和折扣，以及为关键客户提供灵活的支付条件和安全便利的支付方式，甚至允许关键客户在一定时间内赊账。如此做的目的是提高关键客户的忠诚度，提高其流失成本。

当然，也许有些关键客户并不看重优惠，而看重电商企业带给他们的超值服务，他们更需要的是对其地位和身份的特别关心。为此，电商企业可实行 VIP 制，创建 VIP 客户服务通道，更好地为关键客户服务，这对巩固电商企业与关键客户的关系、提高关键客户的忠诚度将起到很好的作用。

（三）通过沟通和感情交流，密切双方的关系

电商企业应利用一切机会加强与关键客户的沟通和交流，让关键客户感觉到双方之间不仅是一种买卖关系，还是合作关系、双赢关系。

1. 有计划地拜访关键客户

对关键客户的定期拜访，有利于熟悉关键客户的经营动态，并且能够及时发现问题和有效解决问题，与关键客户搞好关系。在与客户的沟通中，电商企业要根据客户给电商企业带来价值的不同进行分级沟通，即针对客户的不同级别实施不同级别的沟通。如对重要客户，每个月打一次电话，每季度拜访一次；对次重要客户，每季度打一次电话，每半年拜访一次。

2. 经常征求关键客户的意见

电商企业高层经常征求关键客户的意见将有助于增强关键客户的信任度。例如，每年组织一次电商企业高层与关键客户之间的座谈会，听取关键客户对电商企业的产品、服务、营销、产品开发等方面的意见和建议，以及对电商企业下一步的发展计划进行研讨等，这些都有益于电商企业与关键客户建立长期、稳定的战略合作伙伴关系。为了随时了解关键客户的意见和问题，电商企业应适当增加与关键客户沟通的次数，延长沟通时间，并且提高沟通的有效性。

3. 及时、有效地处理关键客户的投诉或者抱怨

客户的问题体现了客户的需求，无论是投诉还是抱怨，都是寻求答案的信号。处理投诉或者抱怨是电商企业向关键客户提供售后服务必不可少的环节之一，电商企业要积极建立有效的机制，优先、认真、迅速、有效及专业地处理关键客户的投诉或者抱怨。

4. 充分利用多种手段与关键客户沟通

电商企业要充分利用包括移动互联网在内的各种手段与关键客户建立快速、双向的沟通渠道，不断地、主动地与关键客户进行有效沟通，真正地了解他们的需求，只有这样才能够密切与关键客户的关系，促使关键客户成为电商企业的忠诚客户。电商企业还应利用一切机会，如在关键客户周年庆典、关键客户获得特别荣誉，或者关键客户有重大商业举措时，表示祝贺与支持，这些都能加深电商企业与关键客户之间的感情。

应当注意的是，电商企业与关键客户之间的关系是动态的，电商企业识别关键客户也应该是一个动态的过程。一方面，现有的关键客户可能因为自身或电商企业的问题而流失；另一方面，又会有新的关键客户与电商企业建立关系。因此，电商企业应对关键客户的动向做出及时反应，既要避免现有关键客户的流失，又要及时对新出现的关键客户采取积极的行动。

二、普通客户的管理

对普通客户的管理，主要强调提升级别和控制成本两个方面——针对有升级潜力的普通客户，要努力培养其成为关键客户；针对没有升级潜力的普通客户，可降低服务成本。

（一）针对有升级潜力的普通客户，要努力培养其成为关键客户

对于有潜力升级为关键客户的普通客户，电商企业可以通过引导、创造普通客户的需求，鼓励普通客户购买更高价值的产品或者服务，如饭店鼓励客户吃更贵的菜等，来提升普通客户创造的价值，提高他们的贡献度。

为此，电商企业要设计鼓励普通客户增加消费的项目，如常客奖励计划，对一次性或累计购买达到一定标准的客户给予相应级别的奖励，或者让其参加相应级别的抽奖活动等，以鼓励普通客户购买更多的产品或服务。

电商企业还可根据普通客户的需要扩充相关的产品线，或者为普通客户提供一条龙服务，以充分满足他们的潜在需求，这样就可以增加普通客户的购买量，提高他们的层级，使电商企业进一步获利。

此外，为了使普通客户能够顺利地升级为关键客户，电商企业还有必要伸出援手，以帮助普通客户提升实力，进而增加对电商企业的需求和贡献。例如，电商企业可以成为普通客户的经营管理顾问，帮助他们评估机会、威胁、优势与劣势，制定现在与未来的市场发展规划，包括经营定位、网点布局、价格策略、促销策略等；同时，通过咨询、培训、指导，以"传、帮、带"等方式帮助普通客户提高经营管理水平。

总之，对于有升级潜力的普通客户，电商企业要制订周密、可行的升级计划，通过一系列努力，使普通客户为电商企业创造更多的价值。

（二）针对没有升级潜力的普通客户，降低服务成本

针对没有升级潜力的普通客户，电商企业可以采取维持战略，在人力、财力、物力等方面，不增加投入，甚至减少促销力度，以及要求普通客户以现金支付甚至预付。另外，电商企业还可以缩减对普通客户的服务时间、服务项目、服务内容，甚至不提供任何附加服务，以降低服务成本。

三、小客户的管理

（一）管理小客户的重要性

2004 年 10 月，美国《连线》杂志前任主编克里斯·安德森（Chris Anderson）在一篇文章中首次提出"长尾"这个概念，后来进一步延伸出长尾理论——只要存储和流通的空间足够大，需求量小的、非主流的产品所共同占据的市场份额可以和那些需求量大的主流产品所占据的市场份额相匹敌，甚至更大。如果能够把大量市场价值相对较小的部分都汇聚起来，将可能创造更大的经济价值。例如，谷歌是一个典型的长尾公司，其成长历程就是把广告商和出版商长尾商业化的过程。谷歌通过为数以百万计的中小型网站和个人提供个性化定制的广告服务，将这些数量众多的群体汇集起来，形成了非常可观的利润。

二八定律强调重视"抓大放小"，重视大客户的价值；而长尾理论告诉我们，不要忽

视众多小客户的集体力量和贡献。

对于没有升级潜力的小客户，有的电商企业的做法是拒绝为其提供服务，不与他们联系和交易。这种做法过于极端、不可取，这是因为如果电商企业直接、生硬地把小客户"扫地出门"或"拒之门外"，可能会引发小客户向其他客户或者亲戚朋友表达他们的不满，从而给电商企业形象造成不良的影响。被"裁减"的小客户还可能投诉电商企业，增加媒体、行业协会等社会力量介入的可能性，如此电商企业的形象很可能一落千丈。

此外，小客户帮助电商企业创造和形成了规模优势，在降低电商企业成本方面功不可没。聚沙成塔，集腋成裘，保持一定数量的小客户是电商企业实现规模经济的重要保证，是电商企业保住市场份额、保持成本优势、遏制竞争对手的重要手段。如果电商企业放弃这些低价值的小客户，任其流失到竞争对手那边，就可能会失去成本优势，同时可能壮大竞争对手的客户队伍和规模。而竞争对手由于客户多了、生产服务规模大了，成本得以下降，就会对电商企业不利。

总而言之，企业应该重视管理小客户。

（二）如何管理小客户

对小客户的管理，主要强调针对有升级潜力的小客户，要努力培养其成为普通客户甚至关键客户；针对没有升级潜力的小客户，可提高服务价格、降低服务成本。

1. 针对有升级潜力的小客户，要努力培养其成为普通客户甚至关键客户

电商企业应该给予有升级潜力的小客户更多的关心和照顾，帮助其成长，挖掘其升级的潜力，从而将其培养成普通客户甚至关键客户。如此伴随着小客户的成长，电商企业的利润就可以不断增加。

例如，目前还是小客户的大学生，可能在就业后会成为关键客户。招商银行就看到了这一点，其信用卡业务部一直把大学生作为业务推广的重点对象之一，尽管大学生的消费能力有限，信贷消费的愿望不强烈，但招商银行还是频繁进驻大学校园进行大规模的宣传促销活动，运用各种优惠手段刺激大学生开卡，并承诺每年只要进行6次刷卡消费，无论金额大小，都可以免除信用卡的年费，甚至还推出了各种时尚、炫酷版本的信用卡，赢得了广大年轻客户群体的青睐。通过前期的开发和提升，当大学生毕业几年以后，购房、购车、结婚、生子、教育等大项消费需要分期付款和超前消费时，招商银行巨大的利润空间开始显现。

2. 针对没有升级潜力的小客户，可提高服务价格，降低服务成本

针对没有升级潜力的小客户，电商企业也不能简单地淘汰他们，可以通过提高服务价格、降低服务成本的办法来获取小客户的价值。

（1）对小客户提高服务价格、收取以前属于免费服务的服务费用或推销高利润的产品，这样就会增加电商企业的收入，从而将小客户变成有利可图的客户。

（2）降低为小客户服务的成本。

首先，适当限制为小客户提供服务的内容和范围，压缩为小客户提供服务的时间。例如，从原来的天天服务改为每周只提供一天服务，从而降低成本，节约电商企业的资源。

其次，运用更经济的方式提供服务。例如，从原来提供的人工服务改为自助服务，这样不但保证了销售收入，而且也减少了成本，提高了利润。

延伸阅读：管理你的低价值客户

美国银行 ING Direct 就是依靠为传统银行眼中的"低价值客户"提供服务而迅速崛起的。这些人没有太多的钱，也不需要太多服务，却被迫在大银行中浪费了太多排队时间，所以当 ING Direct 开始为他们量身打造服务时，这些占美国社会较大比例的人群立即成了 ING Direct 的客户。

无疑，当公司淘汰低价值客户的时候，也很有可能为自己培养强大的竞争对手。所以，比淘汰低价值客户更好的方法，就是在改善高端客户质量的同时，找到成本更低的方法来管理低价值客户，这样才能避免竞争对手挖墙脚。要知道，金字塔底部的业务和客户虽然不是公司的主要利润来源，但却是一道抵抗竞争对手的有效防火墙。

当然，处于客户金字塔底层的小客户察觉到自己所受的待遇不如较高层的客户时有可能被激怒。为了避免出现这种不愉快的局面，电商企业可把为不同级别客户提供的服务从时间或空间上分割开来。例如，在飞机和客轮上，不同层次的客户因票价不同而分别处于不同等级的舱位，分别接受不同等级的服务，彼此互不干扰。电商企业分别提高他们的感知价值，这样就能够使头等舱客户、商务舱客户和经济舱客户各得其所。

四、坚决淘汰劣质客户

实践证明，并非目前所有的客户关系都值得保留——劣质客户吞噬着电商企业的利润，与其让他们消耗电商企业的利润，还不如及早终止与他们的关系，压缩、减少或终止与其的业务往来，以减少利润损失，使电商企业的资源能够投入其他客户群体。

适时终止与没有价值、负价值或者前景不好的客户的关系，电商企业才能节省有限的资源去寻找和服务于能够更好地与电商企业的利润、成长和定位目标相匹配的新客户和老客户。电商企业对赖账的客户，可以先礼后兵，动员各种力量对其施加压力。

总之，电商企业针对不同级别的客户采取分级管理和差异化的激励措施，可以使关键客户享受电商企业提供的特殊待遇，并激励他们努力保持与电商企业的关系；同时，刺激有潜力的普通客户向关键客户看齐，鞭策有潜力的小客户向普通客户甚至关键客户看齐，坚决淘汰劣质客户。这样就可以让不同级别的客户分别为电商企业创造更多的价值，这就是对客户进行分级管理的理想境界。

 **本章练习**

一、不定项选择题

1. 在客户关系管理中，对于客户价值的分析与评价，常用所谓的"二八原理"，这个原理指的是（　　）。

    A. VIP 客户与普通客户通常呈 20 ∶ 80 的比例分布

    B. 企业利润的 80% 或更高是来自 20% 的客户，80% 的客户给企业带来的收益不到 20%

    C. 企业的内部客户与外部客户的分布比例为 20 ∶ 80

    D. 企业的利润中 80% 是来自 80% 的客户，20% 的客户给企业带来 20% 的收益

2.（   ）可划分为重要客户、次重要客户。

    A．关键客户　　　　B．普通客户　　　　C．小客户　　　　D．核心客户

3.（   ）包含的客户数量较大，但单个个体的购买力、忠诚度、能够带来的价值比不上单个关键客户。

    A．重要客户　　　　B．次重要客户　　　　C．普通客户　　　　D．小客户

4．企业有必要成立专门机构服务于（   ）。

    A．重要客户　　　　B．次重要客户　　　　C．普通客户　　　　D．小客户

5.（   ）是所创造的利润占整个企业总利润很大比例（约80%）的客户，是企业利润的基石，是企业可持续发展的最重要的保障之一。

    A．关键客户　　　　B．普通客户　　　　C．小客户　　　　D．核心客户

二、判断题

1．企业应该对所有客户一视同仁。　　　　　　　　　　　　　　　　（　　　）

2．企业拥有普通客户的多少，决定了其在市场上的竞争地位。　　　　（　　　）

3．企业应为重要客户提供最优质的服务，配置最强大的资源，并加强与这类客户的关系。　　　　　　　　　　　　　　　　　　　　　　　　　　　　（　　　）

4．对于有升级潜力的普通客户，企业要制订周密、可行的升级计划，努力使普通客户为企业创造更多的价值。　　　　　　　　　　　　　　　　　　　（　　　）

5．企业应该给予有升级潜力的小客户更多的关心和照顾，帮助其成长，挖掘其升级的潜力。　　　　　　　　　　　　　　　　　　　　　　　　　　　（　　　）

三、名词解释

客户分级管理　　关键客户　　普通客户　　小客户

四、问答题

1．为什么要对客户进行分级？

2．如何对客户分级？

3．如何管理各级客户？

4．什么是客户分级管理的理想境界？

 本章实训：电商对客户的分级管理

实训任务

介绍、分析 ×× 电商是通过哪些指标、数据、规则对客户进行分级的，将客户分为了哪几级，如何管理各级客户。

实训组织

（1）教师布置实训任务，指出实训要点和注意事项。

（2）全班分为若干个小组，各组确定本组的实训内容。

（3）收集相关资料和数据时可以进行实地调查，也可以采用二手资料。

（4）小组内部充分讨论，认真研究，形成分析报告。

（5）小组需制作一份能够在 3 ～ 5 分钟演示完毕的 PPT，在课堂上进行汇报，之后其他小组可质询，台上台下进行互动。

（6）教师对每组分析报告和课堂讨论情况即时进行点评和总结。

7-1 电商对客户
的沟通管理

第七章
电商对客户的沟通管理

电商客户沟通，是指电商企业建立桥梁或纽带，与客户进行交流互动的过程，是维护客户关系的重要一环，良好的客户沟通有利于提高客户满意度与客户忠诚度。

第一节 客户沟通概述

一、客户沟通的作用

（一）客户沟通是实现客户满意的基础

根据美国营销协会的研究，客户不满意的原因有三分之一是产品或服务本身有问题，其余三分之二是电商企业与客户的沟通不畅。可见，客户沟通是使客户满意的一个重要环节，电商企业只有加强与客户的联系和沟通，才能了解客户的实际需求，才能理解他们的预期，特别是当电商企业出现失误时，有效的沟通有助于更多地获得客户的谅解，减少或消除客户的不满。一般来说，电商企业与客户进行售后沟通可减少退货情况的发生。电商企业通过与客户沟通，可把电商企业的产品或服务的信息传递给客户，把电商企业的宗旨、理念介绍给客户，把有关的政策向客户传达、宣传，使客户知晓电商企业的经营意图，还可以主动向客户征求对电商企业产品或服务及其他方面的意见和建议，提高他们的满意度。

（二）客户沟通是实现客户忠诚的基础

电商企业经常与客户进行沟通，才能向客户讲解双方长远合作的意义、描绘合作的远景，才能在沟通中加深与客户的感情，才能稳定客户关系。如果电商企业与客户缺少沟通，那么好不容易建立起来的客户关系，可能会因为一些不必要的误会没有得到及时消除而破裂。因此，电商企业要及时、主动地与客户保持沟通，并且要建立顺畅的沟通渠道，这样才可能实现客户忠诚，才可能赢得一大批稳定的老客户。

总之，有效的客户沟通，有助于拉近电商企业与客户的距离，加深电商企业与客户的感情，有利于电商企业巩固、发展与客户的关系。

二、客户沟通的内容

客户沟通的内容主要有信息沟通、情感沟通、理念沟通、意见沟通，有时还有规则沟通。

所谓信息沟通，就是电商企业把产品或服务的信息传递给客户，也包括客户将其需求或者要求反映给电商企业。

所谓情感沟通，主要是指电商企业主动采取相关措施，为加强与客户的情感交流、加深客户对电商企业的感情所采取的行动。

所谓理念沟通，主要是指电商企业把其宗旨、理念介绍给客户，并使客户认同和接受所采取的行动。

所谓意见沟通，主要是指电商企业主动向客户征求意见，或者客户主动将对电商企业的意见（包括投诉）反映给电商企业的行动。

所谓规则沟通，主要是指电商企业把有关的规则、规定、制度等向客户传达、宣传所采取的行动。

三、客户沟通的策略

（一）向客户表明诚意

由于沟通的成功有赖于双方的共同努力，因此电商企业与客户沟通时，要向客户表明自己是很有诚意的，必要时可进行拜访，通过真诚的交流和情感沟通，增进了解。如果电商企业没有诚意，就不要指望得到客户的响应，也不要指望与客户的沟通能够获得成功。

延伸阅读：把客户当熟人

有人认为企业应当把客户当亲人、当朋友，这是明显套近乎的表现，反而会引起客户的反感，因此，比较切合实际的做法是把客户当熟人。

熟人关系不亏——不亲也不疏，既能维持情感关系又能维护利益，可在利与义之间找到平衡；

熟人关系舒服——相互依靠但又不相互依存，可在主动与被动之间找到平衡；

熟人关系不累——相互尊重但又不相互恭维，相互欣赏但又不相互追捧。

（二）站在客户的立场上与客户沟通

一方面，客户通常关心的是有关自己切身利益的事；另一方面，客户购买的不仅是产品或者服务，还包括电商企业对客户的关心。因此，电商企业只有站在客户的立场上，充分考虑客户的利益，才能使沟通成功。

（三）建立有利于客户与电商企业沟通的制度

电商企业要积极建立客户沟通制度、建议制度、投诉制度，清楚地告知客户接访部门和接受投诉的部门及其联系方式和工作程序等。

（四）双向沟通

电商企业与客户之间的沟通应当是双向沟通，既要让客户了解电商企业，也要让电商企业了解客户，这样，电商企业与客户之间才能增进了解和交流，才能消除隔阂、消除误会。所以，电商企业与客户之间的沟通形式应当包括以下两种。

第一，电商企业与客户的沟通，指电商企业积极保持与客户的联系，把电商企业的产品或服务的信息及时传递给客户，使客户了解并且理解和认同电商企业及其产品或服务。

第二，客户与电商企业的沟通，指电商企业要为客户提供各种沟通渠道，并保持渠道畅通，使客户可以随时随地与电商企业进行沟通。沟通内容包括客户向电商企业提出的意见、建议和投诉。

延伸阅读：直播间的沟通

某主播凭借专业的美妆素养和优秀的销售能力，深耕抖音平台，成功晋升"95后人气美妆博主"，在抖音拥有了千万粉丝。直播间里，他在选品上独辟蹊径，旨在帮助粉丝做"美妆减法"，将看似高端的护肤品用简单的话术进行拆解调侃，帮助粉丝建立自己的判断力，奠定了在粉丝心中的"美妆意见领袖地位"。该主播共有13个粉丝群，每个群分别按照肤质分类，并且在加群门槛上设置了要求，这一点很好地区分了路人和粉丝，也为粉丝们建立了些许归属感。该主播在直播开播前，会在群内发送开播提醒；在下播后，会坚持在群里和粉丝沟通，解决粉丝的皮肤问题。该主播在直播中一直叮嘱粉丝不要送礼物，留着钱买护肤品，另外从来不开美颜滤镜，以便让粉丝更直观地看到产品的使用效果。直播中该主播还会教一些化妆或是护肤技巧：从基础底妆开始，眉毛、眼影、修容，到如何刷酸，担心粉丝听不懂就一句话重复很多遍。

第二节　客户沟通的途径

电商企业既可以通过客服人员与客户沟通，也可以通过线下活动、线上方式与客户沟通，还可以通过人工智能与客户沟通。

一、通过客服人员与客户沟通

电商企业客服人员可以向客户介绍电商企业及其产品或者服务的信息，及时答复和解决客户提出的问题，并对客户进行主动询问和典型调查，了解客户的意见及客户对投诉处理的意见和改进意见等。

为此，电商企业要加强对客服人员的培训，使客服人员充分理解企业的服务策略，理解优质服务和客户忠诚的关系，理解客户忠诚对企业生存的意义，理解服务质量的好坏与自己前途的密切关系，从而规范客服人员的行为。

首先，沟通要"以客户为中心"。客服人员要理解、关心、爱护和尊重客户，形成以客户为中心的服务理念。以客户为中心就是以客户及其需求作为行动的导向，想客户之所想，急客户之所急，主动了解客户，预见客户的需求，迅速回应客户的需求并采取行动满足客户的需求。以客户为中心就是要以人为本，要真诚地面对客户，重视客户的意见，充分考虑客户利益，鼓励客户参与服务的规划与设计，针对不同类型客户提供定制化的服务。以客户为中心要求电商企业要真正尊重客户，关怀客户，一切从客户出发，不断完善服务体系，最大限度地使客户满意。

其次，沟通时要换位思考。服务意识要求客服人员考虑问题不能仅仅从自己的角度出发，而是要从他人需要的角度出发，即换位思考。换位思考意味着客服人员要站在客户的角度去思考问题，理解客户，为客户提供良好的服务。

再次，沟通要以诚信为本。诚信是电商企业的无形资产，它有利于电商企业树立良好的形象，赢得商誉，为电商企业的长期发展奠定坚实的基础。客服人员应对客户忠诚，诚恳待之，不造假，不欺骗，有信誉，守承诺。

最后，客服人员是联系电商企业和客户之间的桥梁，要熟悉产品信息，只有对产品的特征、功能等基本信息做到了如指掌，才能详细且专业地解答客户提出的各种关于产品信息的问题。

客服代表服务过程中的几个关键点

（1）快速理解客户问题

客服代表除了要具备基本的理解能力，还要在日常积累一些客户的问法，掌握客户询问的一般规律，学会在交谈中找准客户的需求。

（2）快速找到解决办法

在理解了客户的问题和需求后，客服代表就要针对这些问题进行剖析和解答，这个过程要求客服代表给出的答案是准确的、指引是清晰的，并熟悉处理流程，为此，客服代表要经常接受业务培训，同时，后台要在业务讲解、知识库架构清晰、及时更新方面做好充分支撑。客服代表回答客户问题，需要以知识库作为依据，如果知识库混乱，客服代表将不易查找，或者业务信息未能及时更新也会影响客服代表快速解决问题的能力。

（3）简单明白地告诉客户

客服代表要简单明白地回答客户问题，不但要减少使用专业术语，还需要有良好的沟通技巧。我们常说"沟通不在于你说了什么，而在于对方听到了什么"，所以客服代表理解了客户的问题并找到解决方法后，要简单明白地告诉客户。这就要求客服代表要不断提高自己的沟通能力和处理问题的能力，不断总结各种问题的解决办法；要求培训管理部门经常总结沟通技巧的案例和方法，及时对客服代表开展话术培训和案例教学。

二、通过线下活动与客户沟通

客户购买产品以后，电商企业应及时了解客户使用产品的情况，解答客户提出的问题，积极地与客户进行定期或不定期的沟通，拜访或者经常打电话问候，了解他们的想法和意见，并邀请他们参与电商企业的各项决策，让客户觉得自己受重视。

电商企业还可通过座谈会的形式，定期把客户请来进行直接的面对面的沟通，让每个客户畅所欲言，或者发放意见征询表，向客户征求对电商企业的意见。这种敞开心扉的交流，可使电商企业与客户的沟通不存在障碍，同时，这也为客户提供了广交同行朋友的机会——在座谈会上，客户可以相互学习、相互取经。

另外，邀请客户联谊也是加深与客户感情的好方式，如一个可携带家属出席的晚会将增进电商企业与客户的情谊。联谊活动有多种形式，如宴会、娱乐活动、健身活动、参观考察等。联谊的目的是拉近与客户的距离，与客户建立一种朋友式的关系。

三、通过线上方式与客户沟通

电商企业不能像传统零售企业一样与客户面对面交流沟通，这就要求电商企业要充分利用互联网的优势，加强与客户在线上的互动。现代通信手段的发展，使电商企业还可以通过微博、微信等平台与客户沟通，向客户提供产品及服务信息。

（一）微博

微博，也就是微型博客，是一种通过关注机制分享简短实时信息的广播式社交网络平台。客户能够利用很多种类的客户端注册个人社区，更新信息，同时完成实时分享。微博吸收了手机短信、社交网站、博客与 IM（Instant Messaging，即时通信）的优势。

由于微博目前大部分都是要实名制的，因此大部分网民对微博非常信任，有调查表明，近 80% 的网民信任微博上的内容。所以，电商企业利用微博发布产品资料，能够使受众更加信任。微博支持和使用者交流互动，有助于客户知道关于产品的信息，这些都是传统媒体难以做到的。

此外，由于微博信息更新速度快，并且微博内容传播范围很广，所以大部分网民都会把微博当作重大事件的消息获得通道。同时，微博的评论功能也支持很多网民对事件表达意见，这便让微博变成了重大事件的舆论中心。而对电商企业而言，微博是一个非常好的帮其及时解决危机的平台。

总之，微博具有广泛的受众，是有效的营销渠道，热门微博、微博头条具有较大的影响力。通过微博营销，电商企业可以利用受众感兴趣的话题、内容吸引受众，不必浪费大量的人力、物力进行传播，节约资源。另外，微博可实现裂变式传播，可以轻松地将消费群体与品牌相结合，为品牌传播贡献力量。

（二）微信

微信，英文名字为"WeChat"，是由腾讯公司推出的一款应用程序，它不仅支持快速发送文字、图片、表情、语音、视频，还能实现多人语音对讲和位置共享等，同时还可以跨通信运营商、跨操作系统平台，具有零话费、跨平台沟通、显示实时输入状态等特点。与传统的短信沟通方式相比，微信更灵活、更智能，且更节省资费。微信自问世以来，紧紧围绕即时通信的核心功能，通过不断地丰富和完善，已经发展成为集沟通、社交、媒体、营销、工具五大功能于一身的平台化产品。

1. 电商企业运用微信进行客户沟通的优势

首先，受众精准。传统媒介以一对多的形式广而告之，信息的传播与扩散是单方面的，客户很难迅速接收到有效信息。相对于微博这类开放式网络社交平台，客户只有自己搜索并关注了微信账号才会收到信息。他们对群发信息通常没有抵触情绪，而且往往客户关注的信息都是自己感兴趣的，所以微信在信息展示方面具备了亲和力，电商企业利用微信可以对某一客户进行有针对性的消息推送。

其次，客户体验感好。微信支持的传播材料形式不局限于文字，另外，微信还有微信朋友圈、微信公众号、建群等功能模块能够吸引客户参与其中，极大地提升了客户体验。

再次，沟通成本低。微信从推出之日起就强调免费，微信上的大部分功能是免费的，如发送即时消息、申请个人或电商企业微信公众号、发布微信朋友圈等；另外一些附加功能收费也是很低的，相较于电视广告的费用，微信沟通的运营成本极低。

最后，没有时间和空间的限制。在互联网平台，利用网络的便利性，微信支持一天 24 小时进行沟通，使电商企业和客户之间在沟通上没有了时间的限制。互联网平台的存在极大地缩短了电商企业与客户之间的距离，使电商企业和客户之间在沟通上没有了空间的限制。通过微信平台，客户能够快速搜索电商企业的产品信息，而电商企业也能够根据微信客户的使用习惯有针对性地提供服务。

微信朋友圈的沟通功能

微信朋友圈是微信用户常用的一种功能,通过文字与图片等多种形式,实现分享互动,同时,微信还允许企业在开放平台上对自己的应用进行接入。这样,通过开放的平台与微信朋友圈的社会化媒体,客户对发布信息的内容进行评论和推荐,实现信息内容的分享与推广。微信朋友圈可以实现图片、文字、链接、视频在微信朋友圈内的传播,客户可以直接通过自己的微信朋友圈查看相关产品营销的信息。

在微信朋友圈发布产品常识方面的内容可以让对方感觉你专业;发布销售业绩或荣誉方面的内容可以让对方感觉你生意红火、专业可信、被客户认可;发布服务经历,如帮客户处理问题的经过及结果(最好配上图片),可让对方感觉你很有服务精神;发布客户的感谢短信,可树立自己乐于助人的形象;发布活动促销类信息可引起客户兴趣,创造销售机会;发布最新新闻、热点话题及其他信息可增加微信的趣味性,吸引对方关注。由于微信朋友圈传播信息的直观性、易查看性,如果发布的信息太多、不真实,则会引起客户反感甚至使自己的微信朋友圈直接被客户屏蔽。因此,在微信朋友圈推送营销信息需要注意发送信息的质量、频率、时间等。一般来说,每天发布3~5条微信朋友圈信息比较适中,可将生活信息和产品推广信息穿插发布,文案要短而精,要有底蕴,不要刷屏,否则会让别人反感。

2. 电商企业还可以通过微信公众平台与客户沟通

微信公众平台支持向关注它的客户发送信息,这种信息可以是服务资讯、产品促销,也可以是热点新闻、天气预报等。微信公众平台甚至可以与客户进行互动,提供咨询、客服等相关服务。例如,一号店不仅在自己的网站中开辟一号社区分享实用性知识,还开通了微信公众号传递最新资讯,并提供积分签到、纸箱回收赢大奖等特色服务和优惠,在吸引客户眼球的同时也让客户与一号店之间的关系越来越紧密。

通过微信公众平台,电商企业可以方便地设置调查页面并且随时调整调查内容,客户则可以很方便地通过手机对服务进行评价,如此电商企业就可以在第一时间获得关于服务质量的反馈,清楚了解服务的哪个环节存在问题,哪些服务人员存在不足之处,以便于及时纠正。一些餐厅在菜单上标注官方微信二维码,客户关注之后,可以对餐厅菜品进行评价,同时经营者也可以向这些客户推送餐厅促销信息,为客户提供就餐指导。这样长期的线上与线下交流,可使经营者与客户建立良好的关系。

另外,微信公众平台还可以对客户投诉进行及时处理,电商企业可以在微信公众平台设立投诉箱,并要求相关负责人对所有投诉内容给予足够重视,针对自己的错处公开向客户道歉,并要求相关部门进行事后跟踪。

如今,电商企业的微信公众号不仅代表着电商企业的形象,更能体现企业文化。因此,电商企业在创建微信公众号时,不仅要贴合电商企业自身的形象,更要体现电商企业的文化内涵,使客户在搜索电商企业微信公众号时有耳目一新的感觉。

四、通过人工智能与客户沟通

随着电子计算机技术和自动化技术的发展,人工智能也逐渐发展起来,越来越多的电商企业应用人工智能与客户沟通。

人工智能能够识别客户并且在和客户交流过程中熟悉客户，回答客户提出的问题、介绍产品、引导客户办理业务。人工智能在客户输入数据办理业务的时候，可以将数据输入后台进行分析，了解客户需求后智能地向客户进行产品推荐。

人工智能还可以智慧化地与客户沟通。智能语音客服主要运用了语音识别功能和语音数据挖掘功能，当客户提出简单问题的时候，智能语音客服可以直接回答客户。如果问题比较复杂则会转接人工客服来为客户进行解答。智能文字客服会记录客户在网上银行和电子银行上的操作，通过后台系统智能分析客户可能遇到的问题。当客户点击相关按钮时，智能文字客服会智能地为客户提供问题及最近客户提到的热点问题。只要客户点击问题或者提问其他内容，智能文字客服就会迅速对其进行解答。

总之，客户沟通的途径有多个，其目的是通过经常沟通，让客户清楚电商企业的理念与宗旨，让客户知道电商企业很关心他们，为了不断满足他们的需要，电商企业愿意不断地提升产品或者服务的品质，这样就能够维系和发展客户关系。

延伸阅读：社群营销

随着移动互联网的发展，网络社交购物市场越来越受到各平台的青睐，是未来发展的一片蓝海。

社交网络具有三大特点。一是传播速度快，以微博、微信为代表。二是能引起情感共鸣。一则消息一旦抓住用户的痛点，引起其共鸣后便会产生病毒营销效果；一个话题性事件"引爆"网络后很可能引起全民讨论，瞬间"点燃"整个网络。三是黏性强。以微信、微博等主导的社交网络平台将目标客户群聚集在一起，通过互动运营、情感营销增加客户对企业的好感，而这种好感不仅影响社群成员本身，还会通过社交网络的发散性影响社群成员周围的人。

社群营销是基于社群而形成的一种新的营销模式，通过互联网超强的传播效应，借助于社群成员对社群的归属感和认可度而建立良好的互动体验，从而让成员自觉传播品牌，甚至直接销售产品，达到营销目的。

例如，小米让"米粉"通过微博、微信、论坛等多个小米社群来参与讨论，让粉丝参与产品开发和传播，不断激发和满足粉丝的需求，不断升级产品，保持粉丝参与热度并实时响应粉丝反馈，打造极致的服务体验，将"米粉"的需求落实到位；同时，也让粉丝有更强的归属感，这才让小米在短短几年内获得了巨大的成功。

第三节　如何处理客户投诉

一、客户投诉产生的原因

客户投诉产生的原因包括，电商企业在广告中夸大宣传产品的某些性能，引诱客户；电商企业对客户做了某种承诺而没有兑现，使客户的需求没有得到满足，如有的电商企业承诺包退包换，但是一旦客户提出退换要求，总是找理由拒绝。

二、为什么要重视客户的投诉

（一）投诉的客户很可能是忠诚客户

调查表明，投诉的客户只占全部客户的 5% 左右，其余 95% 左右的不满意客户是不会投诉的，他们只会停止购买，或是转向其他竞争品牌，与电商企业的竞争对手交易，而且还会散布对电商企业不利的信息，这些客户根本不给电商企业解决问题的机会。

由此可见，电商企业应该感谢前来投诉的客户，因为他们把不满告诉了电商企业，而不是把不满告诉了他们的亲朋好友。有期待才会有投诉，客户肯花时间来投诉，表明他们对电商企业抱有"恨铁不成钢"的心态，表明他们对电商企业仍然有信心，他们期待电商企业有所改进。因此，可以说那些肯投诉的客户很可能是电商企业的忠诚客户。

（二）投诉带来珍贵的信息

客户投诉的确是件令人头痛的事，但是如果换个角度来看就会发现，客户是产品或服务的直接使用者，所以他们是权威的评判者，具有发言权。客户投诉是客户对电商企业的产品或者服务不满的正常反应，反映了客户对产品或服务的期待及信赖落空而产生的不满及愤怒，揭示了电商企业经营管理中存在的缺陷。因此，客户投诉可为电商企业提供重要线索，使电商企业可以及时了解和改进产品或服务的不足之处。

客户投诉还蕴藏着巨大的商机，因为它可以帮助电商企业产生开发新产品、新服务的灵感，许多知名的大企业在开发新产品方面都得益于客户的投诉。

（三）妥善处理投诉可阻止客户的流失

有些电商企业在处理客户投诉时常常表现得不耐烦、不欢迎，甚至流露出反感的情绪，这是一种危险的做法。因为这样往往会使电商企业丧失宝贵的客户资源。

如果电商企业对客户的投诉处理不当，那么不但投诉客户会流失到竞争对手那边，而且客户还会将其不满广为传播，从而容易引发其他客户的流失。同时，由于客户的口碑效应，电商企业在吸引新客户时的难度会加大，企业的信誉也会下降，发展受到限制，甚至生存受到威胁。"250 定律"要求电商企业对任何客户都待以真诚，因为如果得罪了一位客户，就可能得罪了 250 位客户。借助于互联网，这些不开心的客户很容易让成千上万的人知道他的感受。因此，电商企业必须要在这个不愉快的事情发生之前迅速解决。

相反，客户投诉的成功处理可以带来回头客。因为客户常常根据企业处理投诉的诚意和成效来评判一个企业的优劣，如果客户投诉的处理结果令客户满意，他们会对企业产生好印象。研究表明，不投诉的客户只有 9% 会回购，投诉的客户有 15% 会回购，投诉得到解决的客户则有 54% 会回购，如果投诉可以得到迅速解决，则有 82% 的客户会回购。可见，有投诉不一定是坏事，关键是看电商企业怎样处理。

总之，世界上没有任何一家电商企业敢说："我的企业永远不会出现失误，也永远不会出现危机。"从这个角度来讲，客户投诉在所难免。电商企业要与客户建立长期的相互信任的伙伴关系，就要妥善处理客户的投诉，把处理客户的投诉看作一个弥补产品或者服务欠佳造成的损失及挽回不满意客户的机会，看作恢复客户对电商企业的信赖、避免引起更大的纠纷和恶性事件的大好机会，看作促进自身进步和提升客户关系的契机。

三、处理客户投诉的方法

（一）让客户发泄

客户是给电商企业带来利润的人，也是能够使电商企业成功或失败的人，因此，客户不应是电商企业争辩或斗智的对象。为此，客户投诉时，电商企业应该热情地招待对方，真诚地对待每一位前来投诉的客户，并且体谅对方——客户投诉时难免过于激动。心理专家指出，人在愤怒时，最需要的是情绪的宣泄，只要将心中的怨气宣泄出来，情绪便会平复，所以，电商企业要让投诉的客户充分发泄心中的不满。

在客户发泄时，电商企业要注意聆听和认同两个环节。

1. 聆听

电商企业应做一个好的聆听者，不轻易打断客户说话，不伤害客户的自尊心和不驳斥客户的价值观。聆听时要注意关注客户，使客户感觉到自己被重视，从而鼓励客户说出心里话，同时，还要协助客户表达清楚。另外，可以在客户讲述的过程中，不时用"是的""我明白""我理解"，表示对投诉问题的理解，让客户知道你明白他的想法。此外，还可以复述客户说过的话，以更准确地理解客户所说的话，当客户在进行长篇大论时，复述还是一个总结谈话的技巧。

2. 认同

客户投诉时，希望自己能得到尊重和理解，因此这时候电商企业要积极地回应客户所说的话，如果没有回应，客户就会觉得自己不被关注，就可能会被激怒。常用语有："您的心情我可以理解""您说的话有道理""是的，我也这么认为""碰到这种状况我也会像您那样"。

影响投诉问题解决的原因可能是多方面的，当因为政策或其他方面的问题导致投诉根本无法解决时，电商企业只要在与客户沟通的过程中始终抱着积极、诚恳的态度，也会获得客户的谅解。

延伸阅读：客户投诉的心理状态分析

1. 发泄的心理

客户遭遇不满而投诉时的基本需求是将不满传递给电商企业，把自己的怨气、抱怨发泄出来。这样，客户不愉快的心情便会得到缓解，恢复心理平衡。

2. 被尊重的心理

客户来投诉是希望获得关注和对他所遭遇问题的重视，以感到被尊重，尤其是一些感情细腻、丰富的客户。在投诉过程中，电商企业能否认真接待、及时表示歉意、及时采取有效的措施、及时回复等，都被客户作为是否受尊重的评判标准。如果客户确有不当，电商企业要用巧妙的办法解决，这也是满足客户被尊重需要的手段。

3. 补救的心理

客户投诉的目的在于补救，因为客户觉得自己的权益受到了损害。值得注意的是，客户期望的补救不仅指财产上的补救，还包括精神上的补救，通过倾听、道歉等方式给予客户精神上的抚慰是必要的。

4.认同心理

客户在投诉过程中，一般都努力向电商企业证实他的投诉是对的和有道理的，希望获得电商企业的认同。为此，电商企业在了解了客户的投诉问题后，对客户要表示充分的理解，这样有助于拉近彼此的距离，为协商处理营造良好的沟通氛围，但是注意不要随便认同客户的处理方案。

5.表现心理

客户前来投诉往往存在着表现心理。客户既是在投诉和批评，也是在建议和指导。电商企业利用客户的表现心理进行投诉处理时，要注意夸奖客户，引导客户做一个理智的人。

6.报复心理

当客户对投诉的处理预期与电商企业的做法相差过大，客户在情绪宣泄过程中受阻或受到新的"伤害"时，某些客户会产生报复心理。存有报复心理的客户，不计个人得失，不考虑行为后果，只想让电商企业难受，出一口恶气。自我意识过强、情绪易波动的客户更容易产生报复心理。对于这类客户，电商企业要特别注意做好抚慰工作，通过各种方式及时让其恢复理性。对于少数有极强报复心理的人，要注意收集和保留相关的证据，以便客户做出有损电商企业声誉的事情时，拿出来给大家看；适当的时候提醒一下客户这些证据的存在，给客户打一针"镇静剂"。

（二）记录投诉要点，判断投诉是否成立

要记录的内容有：投诉者、投诉对象、投诉内容、投诉时间、客户购买产品的时间、客户的使用方法、投诉要求、客户的联系方式等。

在记录的同时，电商企业要判断投诉是否成立、投诉的理由是否充分、投诉的要求是否合理。如果投诉不能成立，要用婉转的方式使客户认清是非曲直，耐心解释，消除误会。如果投诉成立，电商企业的确有责任，就应当首先感谢客户，可以说"谢谢您对我说这件事……""非常感谢，您使我有机会为您弥补损失……"要让客户感到他和他的投诉是受尊重的，他的意见很宝贵。客户一旦受到鼓励，往往还会提出其他的意见和建议，从而给电商企业带来更多有益的信息。

感谢之后要道歉，道歉时要注意称谓，尽量用"我"，而不用"我们"，因为"我们很抱歉"听起来诚意不够，像在敷衍塞责。俗话说"一语暖人心"，话说得悦耳动听，紧张的气氛自然也就缓和了。

（三）提出并实施可以令客户接受的方案

道歉之后，电商企业就要着手为客户解决问题，要站在客户的立场上来寻找解决问题的方案并迅速采取行动，否则就是在敷衍塞责。

首先，要马上纠正引起客户投诉的错误。反应快表示电商企业在严肃、认真地处理这件事，客户对此会很欣赏；拖延时间只会使客户感到自己没有受到足够的重视，会使客户的不满情绪变得越来越强烈。

其次，根据实际情况，参照客户的处理要求，提出具体的解决方案，如退货、换货、维修、赔偿等。提出解决方案时，要注意用建议的口吻，然后向客户说明它的好处。如果客户对方案不满意，还可以问问他的意见。所以，当客户觉得处理方案不是最好的解决办法时，电商企业一定要向客户讨教如何解决。

最后，抓紧时间实施客户认可的解决方案。

（四）跟踪服务

跟踪服务即对投诉处理后的情况进行追踪。电商企业可以通过电话或微信，甚至登门拜访的方式了解事情的进展是否如客户所愿，调查客户对投诉处理方案实施后的意见，如果客户仍然不满意，就要对处理方案进行修正，重新提出令客户接受的方案。跟踪服务体现了电商企业对客户的诚意，会给客户留下很深、很好的印象，客户会觉得电商企业很重视他提出的问题，真心实意地帮他解决问题。

此外，电商企业可通过跟踪服务，对投诉者进行回访，并告诉投诉者基于他的意见，电商企业已经对有关工作进行了整改，以避免类似的投诉再次发生。这样不但有助于提升电商企业的形象，而且还可以把客户与电商企业的发展密切联系在一起，从而提高客户的忠诚度。

延伸阅读：

1. 处理客户投诉常见的错误行为

（1）在澄清事实以前便承担责任，一味道歉或者批评自己的同事。

（2）与客户争辩，不承认错误，只强调自己正确的方面，言辞激烈，带攻击性。

（3）教育、批评、讽刺、怀疑客户，或者直接拒绝客户，并坚称这种事情绝对不会发生。

（4）表示或暗示客户不重要，为解决问题设置障碍、吹毛求疵、责难客户，期待客户打退堂鼓。

（5）问一些没有意义的问题，以期找到客户的错误，避重就轻，假装关心，实际上却无视客户的关键需求。

（6）言行不一，缺乏诚意，拖延或隐瞒。

2. 如何应对以下三种特殊客户的投诉

（1）感情用事者。碰到这样的客户，电商企业务必保持冷静、镇定，仔细聆听，并表示理解，尽力安抚，告诉客户一定会有满意的解决方案，要语气谦和但有原则。

（2）固执己见者。碰到这样的客户，电商企业要先表示理解客户，然后力劝客户多多理解，并耐心解释所提供的处理方案。

（3）有备而来者。碰到这样的客户，电商企业要谨言慎行，充满自信，明确表示解决问题的诚意。

四、提高处理客户投诉的质量

（一）提供便捷的投诉途径

据调查，95% 的不满意客户从不抱怨，他们仅仅转到另外一家，这或许是因为怕麻烦，或许是因为商品价值太低而不愿浪费时间和精力，或许是因为不知道如何投诉。如果客户不将心中的不满讲出来，电商企业就很可能不知道自己在哪里出错了，从而一错再错，结果是引起更多客户的不满。因此，为了确保不满意的客户能够向电商企业提出自己的意见，电商企业要想办法降低客户投诉的门槛，为客户提供各种便利的投诉途径，如开通免费投诉电话等，让客户投诉变得简单。此外，电商企业还可通过设置电子邮箱及微信公众号等为客户提供便捷的投诉通道。总之，电商企业要创造条件方便客户投诉，并且尽量降低客户投诉的成本，减少客户花在投诉上的时间、精力和金钱等。

（二）建立完善的客户投诉系统

电商企业应建立完善的客户投诉系统，对每一位客户的投诉内容及处理投诉的过程都要详细记录。这样做的目的是全面收集、统计和分析客户的意见，不断改进客户投诉的处理办法，并将获得的信息整理后传达给其他部门，以便及时总结经验和教训，为将来更好地处理客户投诉提供参考。另外，电商企业要设立投诉处理时限，原则上对客户投诉应在 24 小时内提出处理意见，对于需要给予客户补偿的，应在不超过 72 小时内补偿到位。投诉处理时限不仅是内控标准，还要对外公布，这样便于客户监督服务质量。此外，电商企业要对投诉的处理过程进行总结与综合评价，提出改进对策，不断完善客户投诉系统。

（三）提高客服代表处理投诉的水平

客服代表往往是客户投诉的直接对象，然而目前许多电商企业不注重对其的培训，客服代表处理客户投诉凭的是经验或临场发挥，缺乏平息客户情绪的技巧。为此，电商企业应当利用各种形式，对客服代表进行培训，使他们掌握处理客户投诉的技巧，使客服代表成为及时处理客户投诉的重要力量。此外，要赋予客服代表一定的权力，使他们在处理一些无法预见的问题时有一定的自主权，以便对客户提出的意见和建议做出迅速的反应，从而保证为客户提供迅速、及时、快捷、满意的服务。另外，要注意对客服代表的心理调节，如鼓励其自我宣泄，学会倾诉；转移注意力，多从事有益于身心健康的活动；客服代表之间要多沟通；等等。

（四）警钟长鸣，防患于未然

第一，分析客户投诉的原因，查明造成客户投诉的具体责任人，并对直接责任人和部门主管按照有关规定进行处罚，必要时将客户投诉及相关处理结果在电商企业内部进行通报，让每一个员工都知道这件事，以避免类似错误再度发生。

第二，提出有针对性的、可防止投诉问题再次发生的措施，不断改进电商企业工作中的缺陷。

总而言之，电商企业只有认真对待客户投诉，敞开心扉，与客户进行平等的沟通，才可能帮客户打开心结。

 **本章练习**

一、不定项选择题

1. 客户沟通的内容主要是（　　　）。
   A. 信息沟通　　　　B. 意见沟通　　　　C. 理念沟通　　　　D. 情感沟通
2. 处理客户投诉的步骤是（　　　）。
   A. 让顾客发泄　　　　　　　　　　B. 记录投诉内容
   C. 跟踪服务　　　　　　　　　　　D. 提出解决方案
3. 在让客户发泄时要注意（　　　）。
   A. 聆听　　　　　　B. 辩解　　　　　　C. 制止　　　　　　D. 解释
4. 企业与客户之间的沟通应当是（　　　），既要让客户了解企业，也要使企业了解客户。
   A. 单向沟通　　　　B. 双向沟通　　　　C. 横向沟通　　　　D. 纵向沟通

5. 客户与企业沟通的途径有（　　　）。

　　A. 电话　　　　　　　B. 意见箱　　　　　　C. 呼叫中心　　　　　D. 包装

二、判断题

1. 客户与企业的沟通，是客户将其需求或者要求反映给企业的行动。　　　　（　　）

2. 企业要方便客户与企业的沟通，尽可能降低客户投诉的成本。　　　　　（　　）

3. 客户是产品或服务最直接的使用者和消费者，所以他们是最权威的评判者。

（　　）

4. 企业应当利用各种形式对客服代表进行培训，使客服代表成为及时处理客户投诉的重要力量。　　　　　　　　　　　　　　　　　　　　　　　　　　　　（　　）

5. 客户投诉往往会带来珍贵的信息。　　　　　　　　　　　　　　　　　（　　）

三、名词解释

信息沟通　　情感沟通　　理念沟通　　意见沟通　　规则沟通

四、问答题

1. 客户沟通的作用与内容是什么？

2. 电商企业与客户沟通的途径有哪些？

3. 处理客户投诉的方法是什么？

4. 如何提高处理客户投诉的质量？

本章实训：电商对客户的沟通管理

实训任务

介绍、分析 ×× 电商是通过哪些途径与客户进行沟通的，沟通的内容与策略分别是什么。

实训组织

（1）教师布置实训任务，指出实训要点和注意事项。

（2）全班分为若干个小组，各组确定本组的实训内容。

（3）收集相关资料和数据时可以进行实地调查，也可以采用二手资料。

（4）小组内部充分讨论，认真研究，形成分析报告。

（5）小组需制作一份能够在 3 ～ 5 分钟演示完毕的 PPT，在课堂上进行汇报，之后其他小组可质询，台上台下进行互动。

（6）教师对每组分析报告和课堂讨论情况即时进行点评和总结。

第八章
电商对客户满意的管理

8-1 电商对客户
满意的管理

本章将首先介绍客户满意的概念、客户满意的判断指标，以及实现客户满意的意义，其次介绍有哪些因素影响客户满意，最后介绍实现客户满意的策略。

第一节 客户满意概述

一、客户满意的概念

奥利弗认为，客户满意是客户得到满足后的一种心理反应，是客户对产品或服务满足自己需要的一种判断。判断的标准是这种产品或服务满足客户需求的程度。换句话说，客户满意是客户对所接受的产品或服务过程进行评估，以判断达到他们所预期的程度。

亨利·阿塞尔认为，客户满意取决于商品的实际消费效果和客户预期的对比，当商品的实际效果达到客户的预期时，就会使客户满意，否则，就会导致客户不满意。

菲利普·科特勒认为，满意是指个人通过对产品的可感知效果与他的预期值相比较后所形成的愉悦的感觉状态。

综上所述，客户满意是一种心理活动，是客户的主观感受，是客户的预期被满足后形成的状态——当客户的感知没有达到预期时，客户就会不满、失望；当感知与预期一致时，客户是满意的；当感知超出预期时，客户就会感到"物超所值""喜出望外"，就会很满意。

二、客户满意的判断指标

对于客户是否满意，一般可以根据下面几个指标来判断。

（一）美誉度

美誉度是客户对电商企业或者品牌的褒扬程度。借助美誉度，电商企业可以知道客户对自己提供的产品或服务的满意状况。一般来说，持褒扬态度、愿意向他人推荐电商企业及其产品或服务的客户，对电商企业提供的产品或服务满意或者非常满意。

（二）指名度

指名度是客户指名消费或者购买某电商企业的产品或服务的程度。如果客户在消费或者购买过程中放弃其他选择而指名购买、非此不买，则表明客户对电商企业及其产品或服务是非常满意的。

（三）忠诚度

忠诚度是客户购买了某电商企业的产品或服务之后，愿意重复购买的程度。如果客户持续购买，一般表明客户是满意的。如果客户不再购买而改购其他电商企业的产品或服务，则表明客户很可能是不满意的。通常来说，客户对某电商企业产品或服务的重复购买次数越多，其对该电商企业的满意度就越高。

（四）容忍度

容忍度是指客户在购买了某电商企业的问题产品或服务之后愿意包容的程度。一般来说，客户容忍度越高，表明客户越满意；客户容忍度越低，则表明客户越不满意。例如，当产品或服务出现问题时，客户如果仍然能表现出容忍的态度（既不投诉，也不流失），那么这个客户对该电商企业肯定十分满意。又如，当某电商企业的产品或服务的价格上调时，如果客户表现出很强的承受能力，那么说明该客户对该电商企业十分满意；相反，如果客户立马流失，那么说明该客户对该电商企业的满意度是不够高的。

（五）购买比重

如果客户购买某电商企业的产品或服务支付的费用占购买同类产品或服务支付的总额的比值高，即客户购买该电商企业的产品或服务比重大，则表明客户对该电商企业的满意度高。

（六）购买决策时间的长短

一般来说，客户购买决策越迅速，时间越短，说明他对该电商企业的满意度越高。

总之，客户满意是一种暂时的、不稳定的心理状态，为此，电商企业应该经常性地测试，如可经常在现有的客户中随机抽取样本，向其发送问卷或打电话，向客户询问：对电商企业的产品或服务是否满意？如果满意，达到了什么程度？对哪些方面满意？对哪些方面不满意？对改进产品或服务有什么建议？如果客户的满意度普遍较高，那么说明电商企业为客户提供的产品或服务是受欢迎的，电商企业与客户的关系处于良性发展状态，电商企业应再接再厉；如果客户的满意度普遍较低，电商企业则需多下功夫改进。

三、客户满意的意义

（一）客户满意是客户忠诚的基础

从客户的角度来讲，客户没有理由让自己继续接受不满意的产品或服务，也就是说，电商企业如果不能够让客户满意，就很可能得不到客户的再次光顾。可见，客户满意是客户忠诚的基础，是维系老客户的好方法。卡多佐（Cardozo）首次将客户满意的观点引入营销领域时，就提出客户满意会带动再购买行为。菲利普·科特勒也认为，留住客户的关键是让客户满意。一般来说，客户满意度越高，客户的忠诚度就会越高；客户满意度越低，客户的忠诚度就会越低。

（二）客户满意是电商企业战胜竞争对手的有效手段

客户及其需要是电商企业建立和发展的基础，满足客户的需要是电商企业成功的关键。如果电商企业不能满足客户的需要，而竞争对手能够使他们满意，那么客户很可能流失。随着市场竞争的加剧，客户有更加充足的选择空间。电商企业竞争的关键是哪家电商企业更能够让客户满意，因为"如果我们不关照客户，那么别人会代劳"。谁能更好地、更有效地满足客户需要，让客户满意，谁就能够获得竞争优势，从而战胜竞争对手、赢得市场。正如著名企业家福特所说："最有效、最能满足客户需求的企业，才是最后的生存者。"

（三）客户满意是电商企业取得长期成功的必要条件

客户满意可以节省电商企业维系老客户的费用，同时，满意客户的口头宣传还有助于降低电商企业开发新客户的成本，并且可以树立电商企业的良好形象。调查数据表明：每个满意的客户会把他满意的购买经历告诉至少 12 个人，在这 12 个人里面，在没有其他因素干扰的情况下，有超过 10 个人表示一定会光临该电商企业；每个不满意的客户会把他不满意的购买经历告诉 20 个人以上，而且这些人都表示不愿接受这种恶劣的服务。另据调查，一个满意的客户会引发 8 笔潜在的生意，其中至少有一笔成交，一个不满意的客户会影响 25 个人的购买意愿。可以说，客户满意是电商企业持续发展的基础，是电商企业长期成功的必要条件。

总之，客户满意是维护客户关系的重要因素，在完全竞争的市场环境下，没有哪家电商企业可以在客户不满意的状态下得到发展。所以，电商企业想要维护客户关系，就必须努力让客户满意。

第二节　影响客户满意的因素

现实中很多人认为，让客户满意的办法就是要尽可能地为客户提供最好的产品和最好的服务，这么理解没有问题，但它忽略了两个隐含的问题。

第一，要不要考虑成本问题？回答是肯定的，以营利为目的的电商企业必须考虑成本，而不能不顾一切地支出，否则可能入不敷出，造成亏损。

第二，要不要考虑效果问题？回答同样是肯定的，因为电商企业为客户提供好产品和好服务的目的是让客户满意，但现实是，即使电商企业竭尽全力为客户提供了好产品和好服务，也不一定能够让客户满意。

可见，让客户满意不能蛮干，电商企业必须找到以较小的代价确保实现客户满意的路径，这就要追本溯源，清楚影响客户满意的因素到底是什么。

实际上，从菲利普·科特勒对满意的定义中我们不难看出，影响客户满意的因素就是：客户感知价值与客户预期。

一、客户感知价值

美国杜克大学学者载瑟摩尔（Zaithaml）在 1988 年首先提出了"客户感知价值"这个概念。客户感知价值即客户所能感知到的利得与其在获取产品或服务中所付出的成本进行权衡后对产品或服务效用的整体评价。

客户感知价值是客户在购买或者消费过程中，电商企业提供的产品或服务给客户带来的价值，它等于客户购买产品或服务所获得的总价值与客户为购买该产品或服务所付出的总成本之间的差额。

（一）客户感知价值对客户满意的影响

假设 A、B、C 三家电商企业同时向一个客户供货，客户对 A、B、C 三家电商企业的预期值都是 b，A、B、C 三家电商企业给客户的感知价值分别是 a、b、c，并且 $a>b>c$。

那么，购买后，客户对 C 电商企业感觉不满意，因为客户对 C 电商企业的预期值是 b，但是 C 电商企业给他的感知价值是 c，而 $b>c$。也就是说，C 电商企业所提供的产品或服务没有达到客户的预期值，因此使客户产生不满。

客户在购买前对 B 电商企业的预期值为 b，而客户实际对 B 电商企业的产品或者服务的感知价值刚好是 b。也就是说，B电商企业所提供的产品或服务刚好达到了客户的预期值，所以客户对B电商企业是满意的。

客户在购买前对A电商企业的预期值为 b，而客户实际对A电商企业的产品或服务的感知价值是 a，而 $a > b$。也就是说，A电商企业给客户提供的感知价值超过了客户的预期值，从而使客户对A电商企业非常满意。

这个例子说明了客户感知价值对客户满意的重要影响，即如果电商企业提供的产品或服务的感知价值达到或超过客户预期，那么客户就会满意或者非常满意；如果感知价值达不到客户预期，那么客户就会不满意。

（二）影响客户感知价值的因素

营销大师菲利普·科特勒认为，客户从消费产品或服务中所获得的一系列利益，包括产品价值、服务价值、人员价值、形象价值等，以及客户在消费产品或服务中需要耗费的成本，包括货币成本、时间成本、精神成本、体力成本等，是影响客户感知价值的主要因素。

进一步说，客户感知价值与产品价值、服务价值、人员价值、形象价值成正比，与货币成本、时间成本、精神成本、体力成本成反比。

1. 产品价值

产品价值是由产品的功能、特性、品质、品种、品牌与式样等所产生的价值，它是客户需要的中心内容，也是客户选购产品的首要因素。在一般情况下，产品价值是决定客户感知价值大小的主要因素。产品价值高，客户感知价值就高；产品价值低，客户感知价值就低。

假如产品的质量不稳定，即使电商企业与客户建立了某种关系，这种关系也是脆弱的，很难维持下去，因为它损害了客户的利益。所以，电商企业只有保持并不断提高产品的质量，才能提升产品价值，进而提升客户感知价值，使其与客户的关系建立在坚实的基础上。

假如产品缺乏创新，样式陈旧或功能落伍，跟不上客户需求的变化，客户感知价值就会降低，自然客户就会不满意，还会转向购买新型的或者更好的同类产品或服务。

此外，随着收入水平的提高，客户的需求层次也有了很大的变化，面对日益繁荣的市场，许多客户产生了渴望品牌的需求，同时，品牌还充当着电商企业与客户联系情感的纽带。因此，电商企业可通过塑造品牌形象为客户带来更高的感知价值。

2. 服务价值

服务价值是指伴随产品实体的出售，电商企业向客户提供的各种附加服务，包括售前、售中、售后的产品介绍、送货、安装、调试、维修、技术培训、产品保证，以及服务设施、服务环境、服务的可靠性和及时性等所产生的价值。

服务价值是构成客户总价值的重要因素之一，对客户感知价值的影响也较大。服务价值高，客户感知价值就高；服务价值低，客户感知价值就低。虽然再好的服务也不能使劣质的产品成为优等品，但优质产品却会因劣质服务而失去客户。例如，有些电商企业的服务意识淡薄，服务效率低，对客户冷漠、不礼貌、不友好、不耐心，对客户的问题不能及时解决，对客户咨询不理睬，对客户投诉不处理等，这些都会导致客户感知价值低。电商企业只有不断提高服务质量，才能提升客户感知价值。

总之，良好的服务是提升客户感知价值的基本要素，出色的售前、售中、售后服务对增加客户总价值和降低客户的时间成本、体力成本、精神成本等具有极其重要的作用。

无论是对产品的供应商还是物流服务的供应商，电商企业都需要建立起完善的供应商管理体系，包括供应商的选择、评估、考核等一系列管理制度，保证整体的服务质量。

3. 人员价值

人员价值是指电商企业上至领导下至员工的经营思想、经营作风、工作效率、业务能力、应变能力等所产生的价值。此外，工作人员是否愿意帮助客户、理解客户，以及工作人员的敬业精神、响应时间和沟通能力等因素也会影响客户感知价值。

4. 形象价值

形象价值是指电商企业给社会公众留下的整体形象所产生的价值，它在很大程度上是产品价值、服务价值、人员价值三个方面综合作用的结果，以及电商企业的品牌、价值观念、管理哲学等产生的价值，还包括电商企业领导及其员工的经营行为、道德行为、态度作风等产生的价值。

电商企业形象价值高，将有利于提升客户感知价值。如果电商企业的形象在客户心目中较好，客户就会谅解电商企业的个别失误。相反，如果电商企业的形象在客户心目中不佳，那么任何细微的失误都会造成客户的极大反感。

例如，竞争对手可谓无所不在、无时不有，但电商企业在竞争中不能损人利己、拆台、造谣、诽谤、中伤，否则最终只能导致两败俱伤。相反，如果电商企业能与竞争对手建立良好的竞争关系，则会塑造阳光的电商企业形象，从而提升客户感知价值。

延伸阅读：电商企业的公益行动

自 2020 年 1 月起，随着春节假期延长、复工开学延迟等举措的不断出台，在线教育、远程办公、在线医疗等消费模式兴起，也为"宅经济"拓展了发展空间。

例如，为了不影响工作，以互联网为依托开展的远程办公异常火爆。2020 年 1 月 27 日，字节跳动旗下办公套件飞书宣布，2020 年 1 月 28 日至 5 月 1 日向所有用户免费提供远程办公及视频会议服务，对在上述时间内申请的所有湖北地区医院、学校及公益组织，飞书将持续提供三年的免费服务；同日，腾讯也宣布可进行线上音视频协同的"腾讯会议"，面向全国用户免费升级开放 300 人会议协同功能；2020 年 1 月 28 日，苏宁宣布面向全社会电商企业与相关社会组织等，免费开放"苏宁豆芽"的协同办公服务计划；2020 年 1 月 29 日，阿里钉钉首次详细披露了在家办公全套解决方案，并为各大电商企业、单位等机构组织提供全方位的办公协助服务支持。

5. 货币成本

货币成本是客户在购买产品或服务时必须支付的金额，是构成客户总成本的主要因素，是影响客户感知价值的重要因素。客户在购买产品或服务时，无论是有意还是无意，总会将价格与其消费所得相比较，希望以较少的货币成本获取更多的实际利益。

在最大化收益原则的驱动下，大多数客户在网上购物时会积极寻找优惠券，并且更加愿意接受在线商家对产品价格的直接打折。相较于有使用门槛的优惠券，如"全场消费满 500 元可用"，客户更偏好无门槛优惠券。此外，大部分客户是损失厌恶型的，当在支付环节发现有额外的费用，或在其他地方找到更优惠的价格时，其购买意愿就会大大减弱。

总之，电商企业的产品或服务再好，如果需要客户付出超过其预期的价格才能得到，客户也不会乐意。因此，如果客户能够以低于预期价格的货币成本买到较好的产品或服务，那么客户感知价值就高。

6. 时间成本

时间成本是客户在购买产品或服务时必须花费的时间，它包括客户等待服务的时间、等待交易的时间、等待预约的时间等。激烈的市场竞争使人们更清楚地认识到时间的宝贵。

在相同情况下，客户所花费的时间越少，客户总成本就越低，客户感知价值就越高；相反，客户所花费的时间越多，客户总成本就越高，客户感知价值就越低。

因此，电商企业必须努力提高效率，在保证产品和服务质量的前提下，尽可能减少客户的时间成本，从而降低客户总成本，提高客户感知价值。

7. 精神成本

精神成本是客户在购买产品或服务时必须耗费的精神。在相同情况下，精神成本越低，客户总成本就越低，客户感知价值就越高；相反，精神成本越高，客户总成本就越高，客户感知价值就越低。

一般来说，客户在一个不确定的情况下购买产品或者服务，都可能存在一定的消费风险。例如，预期风险，即当客户的预期与现实不相符时，客户就会有失落感，产生不满；形象风险或心理风险，如客户担心购买的服装太"前卫"会破坏自己的形象，或担心购买价格低的产品会被人取笑，或购买价格高的产品会被人指责炫富等；财务风险，即购买的产品是否值得、保养维修的费用是否太高、将来产品会不会更便宜等；人身安全风险，如某些产品的使用可能隐含一定的风险……这些可能存在的消费风险，都会导致客户精神成本的增加，如果电商企业不能降低客户的精神成本，就会降低客户感知价值。

客户的精神成本高往往与电商企业的失误有关，也可能与电商企业制度和理念的漏洞相关。例如，不同的客户在同一个月份，甚至同一周购买相同的产品，但产品价格不一样，这会让客户担心今天买会不会买贵了，从而增加了客户的精神成本，降低了客户感知价值。

根据日本知名的管理顾问角田识之的研究，一般交易活动中买卖双方的情绪热度呈现为两条迥然不同的曲线：卖方从接触买方开始，其情绪热度便不断升高，到签约时达到巅峰，等收款后便急剧下降；然而，买方的情绪热度却是从签约开始逐渐上升的，但总是在需要卖方服务的时候因感到失望而下降。这往往是买方产生不满的根源。如果买方始终担心购买后卖方的售后服务态度会一落千丈，那么就会犹豫是否要购买。

8. 体力成本

体力成本是客户在购买产品或服务时必须耗费的体力。在相同情况下，体力成本越低，客户感知价值就越高；相反，体力成本越高，客户感知价值就越低。

在紧张的生活节奏与激烈的市场竞争中，客户对购买产品或服务的方便性的要求也在提高，因为客户在购买过程的各个阶段均需付出一定的体力。如果电商企业能够通过多种渠道减少客户为购买产品或服务而花费的体力，便可降低客户的体力成本，进而提升客户感知价值。

总之，客户总是希望获得最多的产品价值、服务价值、人员价值、形象价值，同时又希望把货币成本、时间成本、精神成本、体力成本降到最低，只有这样客户感知价值才会最高。

延伸阅读：影响客户对电商满意的因素

一、网站因素

网页的设计。美观的网页往往可以一下子吸引客户的眼球，使某些信息搜寻者转化为实际购买者，而使用的方便性则可以减少客户的时间成本，提高其感知价值。

网站的易用性。对在线客户而言，网站重要的属性之一就是易用性。便利的操作方式会使客户用更少的时间、有更多的耐心来浏览页面，找到自己心仪的产品。数据显示，提升网站可用性，如升级网站导航功能，可以使投资回报提升83%，在支付页面删除强制注册的要求之后，客户满意度也可以提高。

网站的登录速度。网站的登录速度直接影响在线客户的访问意愿。调查数据显示，73%的移动互联网用户一旦遇到网站速度过慢，就不再继续访问；近65%的客户表示，如果一个网站的登录时间超过3秒，他们就会离开。亚马逊的数据显示，它的网站页面加载时间每增加100毫秒，销量就会下降1%，网站加载时间每增加1秒，客户满意度就会下降7%。

网站对移动设备的支持。如今，鉴于智能手机、平板电脑便捷性、灵活性和易操作的特点，越来越多的在线客户选择在移动端进行网上购物。大多数在线客户表示会使用移动设备搜索价格更优惠的产品，或在自己的移动设备上兑换优惠券。调查数据显示，如果某电商网站不支持移动设备，75%拥有智能手机的在线客户会放弃访问该网站。

网站的安全性和可靠性。第一，支付。网上购物与传统营销购物不同，在网上消费一般需要先付款后收货，这种购物方式决定了网上购物的安全性、可靠性很重要。安全性直接影响在线客户的购买意愿。增加安全认证可以降低在线客户的不确定性和购物风险，进而提高销量。调查数据显示，大多数网上客户认为，如果电商网站没有安全认证，他们就不会选择在该网站购物。第二，隐私。目前还存在系统设备功能不健全、数据传输风险、网络管理隐患、交易风险、黑客攻击、病毒攻击等网络安全问题，虽然我国出台了《中华人民共和国计算机信息系统安全保护条例》等一系列法律法规，但网络安全问题千变万化，法律法规无法面面俱到，而有些电商企业应对网络安全风险的能力有限。因此，隐私保护成为影响客户购买意愿的因素之一。为此，电商企业应在网上购物的各个环节加强安全管理，保护客户购物过程的信息传递安全和个人隐私，以树立客户对网站的信心。电商企业应从以下两个方面防范网络环境下的隐私侵犯问题：其一，借助先进的网络安全技术，提高客户隐私保护的技术水平，为客户营造一个安全无忧的购物环境，避免损害客户利益事件的发生；其二，应遵守隐私政策、法律和自身发布的隐私保护声明，杜绝为了商业利益恶意获取和传播用户隐私的行为。

二、服务因素

网上购物的服务因素包括网站的客户服务、退货政策、物流等，这些因素以不同的方式影响着在线客户的购买决策。

客户服务。客户服务是连接客户与网站的重要纽带，是帮助客户解决网上购物过程中的疑问和困难，促成最终购买和后续再次购买的关键因素。糟糕的服务体验会直接导致客户不再访问网站。

退货政策。由于网上购物限制了客户直接体验产品，客户只能够根据网上已有的信息做出购买决策，这使很多在线客户在拿到实体产品后发现实际和预期之间的差异太大而无法使用，这就涉及退货问题。网站的免费退货政策极大地影响着在线客户的购买意愿和购后满意度。调查显示，大多数客户会在网上购物之前查看电商的退货政策，如果电商有免费的退货政策，客户会购买更多的产品。

物流。随着网上购物的进一步发展，物流配送对网上购物的影响日益明显。在电子商务环境下，客户上网浏览并完成了购物后，若客户所购货物迟迟不能送到手中，甚至出现了送错货物的现象，客户会倾向于选择更为安全可靠的传统购物方式。此外，物流费用是独立于产品本身价值之外的额外费用，因此，客户会将其标为不必要的其他支出，其对客户的购买意愿会产生负面影响。调查数据显示，当购物网站提供免费物流服务时，在线客户的购物金额会更高，并且当发现电商网站不提供免费物流时，47%的客户会放弃购买。

二、客户预期

客户预期是指客户在购买产品或服务之前对感知价值，即产品价值、服务价值、人员价值、形象价值、货币成本、时间成本、精神成本、体力成本等的主观认识或期待。

（一）客户预期对客户满意的影响

为什么不同的人接受同一产品或者服务时，有的人感到满意，而有的人感到不满意呢？因为他们的预期不同。

为什么会出现同一个人接受不同的产品或者服务，好的产品或者服务不能让他满意，而不够好的产品或者服务却能使他满意呢？因为好的产品或者服务比他预期的要差，而不够好的产品或者服务却比他预期的要好。

例如，客户对自己的等待时间满意与否，取决于客户对等待时间的预期和实际等待时间的对比。例如，客户预期等待10分钟，而实际上却等待了30分钟，这很可能会引起客户的极度不满意；同样等了10分钟，预期等待6分钟的客户会比预期等待30分钟的客户不满意。

例如，以往客户在3天之内就能够收到快递，某次超过5天仍未收到快递就会难以接受；反之，以往等待1个月都不能收到退款，现在只要15天就能够收到退款，客户就感觉比较好。

研究人员做过一个有趣的实验：每天固定给猴子3根香蕉，当某一天给猴子5根香蕉时，猴子会变得兴高采烈，而当某一天给猴子1根香蕉时，猴子会变得闷闷不乐。

（二）影响客户预期的因素

客户预期不是与生俱来、一成不变的，而是后天得来且动态变化的。一般来说，影响客户预期的因素有以下几个。

1. 客户的性别、年龄、身份等背景

不同的客户由于性别、年龄、身份及消费能力等背景的差异会产生不同的价值观、需求、习惯、偏好等，进而面对同样的产品或者服务会形成不同的预期。

2. 客户以往的消费经历、消费经验、消费阅历等

客户在购买某种产品或者服务之前往往会结合以往的消费经历、消费经验，对即将

要购买的产品或者服务形成心理预期。

而没有消费经历和消费经验的客户的消费阅历（即亲眼看见别人消费）也会影响客户的预期——如果看上去感觉不错就会形成较高的预期，如果看上去感觉不好则会形成较低的预期。

此外，一般来说，新客户与老客户对同一产品或者服务的预期往往不同。新客户由于没有消费经历、消费经验而往往预期过高或过低，而老客户由于有丰富的消费经历、消费经验而形成比较合理的预期。

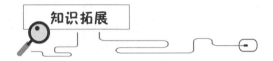

锚定效应

所谓锚定效应，是指人们对事物的判断容易依赖最初的印象。虽然人们都知道对事物的判断依赖第一印象并不科学和准确，但还是无法摆脱第一印象的影响。

例如，某品牌牛仔裤原本 50 美元一条，现在却只卖 35 美元，这大概率会让很多人很动心，而最初的 50 美元起到"锚"的作用，影响了人们的预期。因此，在产品促销时，把原价写在折扣价的旁边会使客户容易接受折扣价。

例如，为了推销 90 平方米、售价 170 万元的房子，中介人员先带客户看一套 100 平方米、售价 200 万元的房子，使客户有一个心理定式——每平方米 20 000 元，这就影响了客户对房价的预期。这样，当客户看到每平方米售价低于 20 000 元的房子时，就比较容易满意。

3. 他人的介绍与口碑

人们的消费决策总是很容易受到他人尤其是亲戚朋友的影响，他们的介绍与口碑对客户预期的影响较大。如果客户身边的人极力赞扬，说某电商企业的好话，那么客户就容易对该电商企业的产品或服务产生较高的预期；相反，如果客户身边的人对某电商企业进行负面宣传，则客户对该电商企业的产品或服务会产生较低的预期。

4. 电商企业的宣传与承诺

电商企业的宣传与承诺主要包括广告、产品外包装上的说明、员工的介绍和讲解等，根据这些，客户会对电商企业的产品或服务产生一个预期。如果电商企业夸大宣传自己的产品或服务，会让客户产生过高的预期，而客观的宣传就会使客户的预期比较合理。例如，如果电商企业预先提醒客户可能需要等待，就会使客户产生需要等待的预期。研究表明，那些预先获知需要等待的客户会比那些没有预先获知需要等待的客户的满意度高。

第三节 如何让客户满意

从上一节中我们知道，客户预期和客户感知价值是影响客户满意的因素。如此，电商企业若能够把握客户预期，并且让客户感知价值超出客户预期，就能够实现客户满意。实现客户满意的路径如图 8-1 所示。

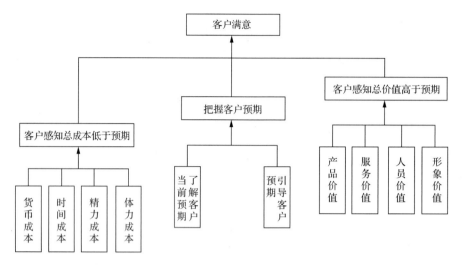

图 8-1　实现客户满意的路径

一、把握客户预期

（一）把握客户预期的重要性

1. 确保实现客户满意

如果客户感知价值达到或超过客户预期，那么客户就会满意或很满意；如果客户感知价值达不到客户预期，那么客户就会不满意。因此，为了确保实现客户满意，电商企业必须把握客户预期，这样才能使电商企业所有让客户满意的努力有用，否则即使客户感知价值再高也未必能够实现客户满意。

2. 控制和降低实现客户满意的成本

如果电商企业能够把握客户预期，那么就可以控制和降低实现客户满意的成本。只要用最小的代价让客户感知价值稍稍超过客户预期，就能够获得客户满意。这既是实现客户满意的较为经济的思路，也是较为科学的思路。

（二）如何把握客户预期

电商企业要把握客户的预期可以通过两条路径，一是了解客户当前的预期，二是引导客户预期。

1. 了解客户当前的预期

电商企业可以通过各种市场调查的方式了解客户当前对电商企业提供的产品价值、服务价值、人员价值、形象价值、货币成本、时间成本、精神成本、体力成本等各方面的预期，充分了解客户当前的预期可以使电商企业采取有针对性的让客户满意的措施。

2. 引导客户预期

如果客户预期过高，一旦电商企业提供给客户的产品或服务的感知价值没有达到客户预期，客户就会感到失望，导致客户的不满。但是，如果客户预期过低，可能就没有兴趣来购买电商企业的产品或服务。由此看来，客户预期过高、过低都不行，电商企业必须主动出击，既要引导客户产生良好的预期，又要引导客户产生合理的预期。

（1）如何引导客户产生良好的预期

首先，以当前的努力和成效引导客户形成良好的预期。客户的价值观、需求、习惯、偏好等属于电商企业不可控的，在这些方面电商企业可以作为的空间不大。但是，如果电商企业能够认真做好当前的工作，从小事做起，从细节做起，努力使客户获得良好的体验，长此以往就能够使客户获得积极的、正面的消费经历、消费经验、消费阅历等，从而形成对电商企业的良好预期。

其次，通过宣传及沟通与承诺来引导客户形成良好的预期。

京东通过广告语引导客户产生良好的预期

京东的广告语："多仓直发，极速配送"；"正品行货，精致服务"；"天天低价，畅购无忧"；"网购上京东，省钱又放心"。

最后，通过电商企业文化、经营理念、规章制度、价格、包装、环境等来引导客户形成良好的预期。一般来说，客户对价格高的产品或服务的预期高，而精美的有形展示也会使客户形成良好的预期。

例如，小红书为了使客户拥有良好的体验，除了保证产品质量、物流效率，对产品的包装盒也进行了精心的设计。小红书的包装盒统一为红色，盒子上印着各种趣味名言，有意思的文字增加了客户"晒"盒子的可能性，提升了客户的预期，同时也增强了客户的购买意愿。

（2）如何引导客户产生合理的预期

客户的预期如果过高将给电商企业实现客户满意造成一定的困难，所以，电商企业要想办法引导客户形成合理的预期。

首先，电商企业要根据自身的实力进行实事求是、恰如其分的宣传与承诺。电商企业只能宣传与承诺能够做得到的事，而不能过度宣传与承诺，这样可以避免客户产生过高预期。如果电商企业在宣传与承诺时恰到好处并且留有余地，或者干脆揭短，将丑话说在前头，使客户的预期保持在合理的范围内，那么客户感知价值就很可能超过客户预期，如此客户就会因感到物超所值而喜出望外，自然对电商企业十分满意。电商企业的宣传与承诺如果得以实现，将在客户心中建立可靠的形象。相反，如果电商企业过度承诺和宣传、夸大其词，客户的预期就会被抬高，如果客户感知价值与客户预期出现差距将导致客户不满。例如，人们对承诺送赠品却没有兑现的电商企业的反感程度远大于未送赠品也未承诺送赠品的电商企业。

其次，通过沟通来引导客户的合理预期。例如，电商企业可以说明产品或服务价格高的各种合理原因，以及强调比竞争对手更好的方面，如通过"一分价钱一分货，虽然价格高但性价比更高"等引导客户接受相对较高的价格。

延伸阅读：通过沟通引导客户产生合理预期

（1）向客户展示其忽视的因素

客户："这件衣服100元可以卖吗？"

店员："对不起，太低了，要200元！"

客户："这不是普通棉布做的吗？怎么这么贵？"

店员："您没看出来吧？这可是正宗的巴西进口的精细棉，不会起皱，透气性也很好，所以要贵些！"

客户："是这样啊，好吧，那我买了！"

（2）修正对方的惯性认知

客户："这件童装多少钱？"

店员："200元。"

客户："怎么这么贵？！我上次给自己买的比这件大多了，但只要100元，除了布料比这件多些，其他没什么不一样啊？！怎么这件这么贵？"

店员："是这样的，童装虽然用的布料少，但做工要求更高、更精细，所以价格会更高！"

（3）修正对方的思维模式

客户："这部手机多少钱？"

店员："2 000元。"

客户："上星期我的一个朋友在另外一家店买才花1 500元！"

店员："那几天这款手机刚上市，为了宣传所以按优惠价格销售，当时我们这里也卖1 500元，可现在促销期已经过了，所以要按正常价格销售了。"

（4）强调规则

当客户提出过分要求时，可表现出为难情绪，如说明自己的权力有限："对不起，在我的处理权限内，我只能给您这个价格。"然后再话锋一转，"不过，因为您是我的老客户，我可以向经理请示一下，看能不能再给您额外的优惠。但估计很难，我也只能尽力而为。"这样客户的预期就不会太高，即使得不到优惠，他也会感到你已经尽力而为，不会怪你。

最后，通过恰当的价格、包装、环境、企业文化、经营理念、规章制度等来引导客户产生合理预期，以免客户产生不切实际的预期。

总而言之，电商企业要实现客户满意就必须采取相应的措施来把握客户预期，让客户的预期处在一个恰当的水平，这样既可以吸引客户，又不至于让客户因为预期落空而失望，产生不满。一般来说，客户预期的上限是电商企业能够带给客户的感知价值，客户预期的下限是客户对竞争对手的预期。此外，电商企业引导客户预期时应当做到实事求是、扬长避短——引导客户多关注电商企业擅长的方面，忽略电商企业的短板。

另外，引导客户形成良好的预期还要把握节奏，否则客户可能会得寸进尺，而电商企业却可能后劲乏力，陷入"江郎才尽"的困境。

二、让客户感知价值超越客户预期

如果电商企业善于把握客户预期，然后为客户提供超预期的感知价值，就能够使客户满意。

例如，有一对已经相处了多年的恋人，在过去几年的七夕节那天，男士总是送女士9朵玫瑰，而今年男士送她99朵玫瑰，这大大超出了她的预期，她会怎样呢？她高兴得几乎跳了起来!

为了让客户感知价值超越客户预期,电商企业要努力使产品价值、服务价值、人员价值、形象价值等高于客户预期,使货币成本、时间成本、精神成本、体力成本等低于客户预期。

(一)产品价值高于预期

产品价值是提高客户感知价值和客户满意度的基础。电商企业要严格把控产品来源,选择有信誉的品牌和商家,保证产品质量、功能、包装等。

案例

盒马鲜生提供"超市+餐饮+电商+物流"服务

为了实现真正的优质低价,盒马鲜生选择优质的货源,经过多道工序的质检,确保商品符合相关的国家和行业标准,最大限度地减少劣质商品对客户人身和财产的损害。此外,盒马鲜生对自营的"日日鲜"产品采取"当天销售,关店下架,次日换新"的原则,并且实行原地直采,从而省略了诸多中间环节,避免了中间商赚取差价,进一步降低了客户的购物成本,为客户带来了实惠。

客户在盒马鲜生超市进行购物,时间一久,会产生疲惫感和饥饿感,进而想要休息或就餐,而盒马鲜生餐饮场所恰好满足了这个需求。反过来,前来盒马鲜生就餐的客户很可能会顺便在盒马鲜生超市购物,这是个双向促进、互利共赢的正向反馈过程。

当客户在盒马 App 上购物后,盒马鲜生的后仓能在 10 分钟之内完成选货、分拣、流转、包装等一系列流程;后仓配送员接到货物后,可实现门店附近 3 千米范围内,30 分钟内送货上门。高效快捷的配送服务节省了客户等候的时间成本,也赢得了客户的信任。另外,线上 App 结算,记录用户的购买行为和偏好,形成购物数据闭环。盒马鲜生进而利用大数据分析,描绘用户画像,根据年龄、性别、收入、购物偏好等不同维度进行个性化推送,将客户需要的商品在合适的时间以人性化的方式进行展现,精确触达目标群体,提高转化率。

(二)服务价值高于预期

随着购买力的提高,客户对服务的要求也越来越高,给客户提供优质的服务已经成为提高客户感知价值和客户满意度的重要因素。这就要求电商企业站在客户的角度,想客户所想,在服务内容、服务质量、服务水平等方面不断改进,从而提高客户感知价值,进而提高客户的满意度。

此外,售前、售中、售后的服务也是提高客户感知价值的重要环节。例如,在售前及时向客户提供充分的关于产品性能、质量、价格、使用方法和效果的信息;在售中向客户提供准确的介绍和咨询服务;在售后重视信息反馈和追踪调查,及时答复客户提问,对有问题的产品主动退换,对故障迅速采取措施排除或者提供维修服务。

例如,2020 年京东"双 11"期间推出 5 项服务举措,大幅提升购物体验——15 天价保,第三方商家所有参加京东"双 11"的商品提供 15 天价保服务,只要下单 15 天内商品降价,客户都可以申请退还差价；严查"假降价"，京东严查用"先涨后降"等手段进行假降价的行为，一旦发现将进行下架、清退等处理；推出"晚必赔"保险，京东支持部分商家免费向客户提供"晚必赔"保险，一旦送货超过时效，客户可获每单5元赔偿；免费上门取退，在京东物流服务覆盖的区域，客户购买第三方商家的商品，退换货时如选择上门取件，则京东快递人员将免费上门取件，而且取件后退款马上到账；扩大品质优选覆盖范围，对扫地机器人、空气净化器、汽车导航等十二大日常消费中标准不清、争议较多的品类，京东联合权威部门推出品类标准，为高标准商品打上"品质优选"标志并提供资源扶持，让客户买得省心。

售后服务是指电商企业在产品出售以后所提供的服务，主要包括送货、回收、安装、维修、检修、回访、处理客户投诉等。提供送货上门服务对电商企业来说并不是很困难的事，但却为客户提供了极大的便利，从而提高了客户的重复购买率。在产品自然寿命终结时，为客户提供处理、搬运、回收、以旧换新等服务既可消除客户处理废旧产品的烦恼，又可减轻废旧产品对环境的污染，提高物资的综合利用率。为此，电商企业要与可靠的物流公司合作，一个服务好、速度快的物流公司可以提高客户的满意度。另外，随着科学技术的发展，一些产品的使用和安装极其复杂，客户依靠自己的力量很难完成，因此就要求电商企业提供上门安装、调试的服务，使客户一旦购买就可以安心使用。这种方式解决了客户的后顾之忧，大大方便了客户。

此外，电商企业若能为客户提供良好的售后维修和检修服务，就可以使客户安心地购买、使用产品，从而减轻客户的购买压力。有能力的电商企业应在各地设立维修网点或提供随叫随到的上门维修方式。电商企业也可抽样巡回检修，及时发现隐患，并予以排除，让客户感到放心、满意。最后，当出现客户投诉时，电商企业应当认真对待，妥善处理，有效解决客户的问题。

总而言之，电商企业要全心全意为客户提供良好的购物体验，站在客户的立场上，以提升客户整体体验为出发点，从客户的感觉、情感、思考、行动等方面进行设计，为客户创造品牌承诺的正面感受。电商企业还要制定科学合理、切实可行、行之有效的规章制度和服务标准，明确规定服务程序、服务步骤、服务方式、服务方法等服务政策，并且以书面形式公布出来，从而使员工的服务行为有章可循、有规可依，减少主观随意行为，实现服务标准化、规范化。同时，服务质量标准确定以后，不可朝令夕改，否则不利于员工的学习与掌握。但服务质量标准又不是一成不变的，要根据外部环境的变化相应调整。例如，当"24小时内"已作为送货上门服务的通行标准时，电商企业若依然坚持"3日内送货"的传统标准，则易给客户留下不思进取的印象。

（三）人员价值高于预期

电商企业的工作人员，尤其是客服人员，其行为、素质和形象代表着电商企业，肩负着给客户留下良好印象的重任。客户喜欢热情、积极、善于倾听、愿意解决问题、知道如何解决问题的客服人员。当客户同一位友好、和善且技能娴熟的客服人员打交道时，他会获得信心和安全感。

为此，电商企业应当积极寻找优秀的员工，寻找那些特质、潜力、价值观与企业的制度、战略和文化相一致，才识兼备、技能娴熟、工作能力强的员工，并加强培训。客服人员应当文明礼貌、谈吐文雅、口齿清晰，对客户提出的疑问进行细致、明确的回答；应当热爱工作，有高度的责任感和使命感，具有良好的职业道德，真心实意地为客户提供服务；应当温暖、友爱、诚实、可靠，能够与客户建立和发展良好的关系；还应当对服务项目有深入了解，掌握为客户提供优质服务的技巧，并且灵活运用沟通技巧与客户进行有效沟通。

电商企业可以通过培训和加强管理制度的建设来提高员工的业务水平，提高员工为客户服务的娴熟程度和准确性，从而提高客户感知价值和满意度。

（四）形象价值高于预期

电商企业是产品与服务的提供者，其规模、品牌、公众舆论等都会影响客户的判断。电商企业形象好，会提高客户对电商企业的感知价值，从而提高客户对电商企业的满意度，因此电商企业应高度重视自身形象的塑造。

电商企业形象的提升可通过形象广告、公益广告、新闻宣传、赞助活动、庆典活动、展览活动等方式来进行。

形象广告是以提高电商企业的知名度，展示电商企业的精神风貌，树立电商企业美好形象为目标的广告。

公益广告是电商企业为社会公众利益服务的非营利性广告或者非商业性广告，它通过艺术性的手法和广告的形式表现出来，营造一种倡导良好作风、提高社会文明程度的氛围或声势。公益广告具有极强的舆论导向性、社会教育性，是体现发布者对社会、对环境关怀的有效的表达方式，可以提升发布者的形象。

新闻宣传是电商企业将发生的有价值的新闻，通过大众传播媒介告知公众的一种传播形式。新闻宣传由于具有客观性、可信性等特点，所以对提高电商企业的知名度、美誉度十分有利。

赞助活动是电商企业出资或出力支持某项社会活动或者某一社会事业，如支持文化、教育、体育、卫生、社区福利事业。赞助活动可使电商企业的名称、产品、商标、服务等得到新闻媒介的广泛报道，有助于树立电商企业热心社会公益事业、有高度的社会责任感等形象，从而提高电商企业的知名度和美誉度，赢得人们的信任和好感。

庆典活动，如开业典礼、周年纪念、重大活动的开幕式和闭幕式等，由于其能够引起社会公众的较多关注，因此，借助庆典活动的喜庆和热闹气氛来提升电商企业形象，往往能够收到良好的效果。

展览活动通过实物、文字、图片、多媒体来展示电商企业的成就和风采，有助于增加公众和客户对电商企业的了解。

（五）货币成本低于预期

合理地制定产品价格也是提高客户感知价值和满意度的重要手段。因此，电商企业定价时应以确保客户满意为出发点，依据市场形势、竞争程度和客户的接受能力，尽可能做到按客户的预期价格定价，千方百计地降低客户的货币成本，坚决摒弃追求暴利的短期行为，这样才能提高客户感知价值和满意度。

此外，电商企业还可以通过开发替代产品，以及使用价格低的包装材料或者使用大包装等措施，不断降低服务的价格，降低客户的货币成本，从而提高客户感知价值和满意度。

当然，降低客户的货币成本不仅体现在价格上，还体现在提供灵活的付款方式和资金融通方式等方面。当客户规模较小或出现暂时财务困难时，电商企业向其提供延期付款、赊购等信贷援助就显得尤为重要。

▶ **案例**

拼多多的成本领先战略

成本领先战略是指企业强调以低单位成本为用户提供低价格的产品，简言之就是"低成本""低价格"。拼多多主打低端消费品的销售，在这个领域中，淘宝已经在客户心中有了一定的地位，拼多多要想吸引客户就必须给出更低的价格，但是又要保证质量，因此拼多多各方面的成本控制会变得更加重要。那么，拼多多是怎么做到的呢？

首先，压缩平台费用，降低销售成本。拼多多平台目前不收取任何提点费用，商家入驻及发布产品也无须提前支付保证金。这种压缩平台入驻费用的做法从根本上为商家降低了销售成本，这也是拼多多平台上产品价格比其他平台上产品价格低的一大原因。

其次，使宣传费用最小化。由于腾讯入股了拼多多，因此腾讯旗下的社交平台向拼多多开放，包括常用的社交软件微信和 QQ。这两者作为主流的社交软件，自身就拥有很多的用户流量，这样就能保证拼多多每天都有充足的浏览量，并不用投入额外的费用去大力推广。而对于淘宝、京东等其他购物平台，如果商家不投钱做推广，接到的订单量就会偏少。所以对于同样的商品，拼多多卖的价格要比淘宝、京东等其他平台的低。另外，拼多多采用的是拼单团购的销售模式，单独买拼多多平台上的商品的价格比拼团买的价格稍高，所以客户为了以更低的价格买到心仪的商品，就会主动把这个商品分享给自己的亲朋好友。对拼多多商家来说，这些客户都是免费的推广大使，他们不仅能给商家带来交易量，还能提高店铺的浏览量。此外，传统电商中，商品被动等待搜索—点击—成交，商家要花费大量成本购买广告位、关键词，将流量转换为交易额。但在拼多多上，早期商品通过客户的主动分享自发传播，几乎以零成本转化成交。

最后，降低供应链成本。与其他电商平台不一样，拼多多联合工厂一起通过"定制化产品＋压缩供应链"控制成本，拼多多上的大多数商家都是一级厂商，商品直接从生产商到客户，减少了很多中间商，因此供应链成本大幅度降低。这种产地直发的方式，将供应链压缩到了最短，能够大幅降低流通过程中的成本。拼多多联合创始人说过："拼多多借助拼单接力，让订单量几何式增长，把每个客户分散的需求变成了规模化、集约化的定制采购，进一步降低流通成本、交付成本。"

（六）时间成本低于预期

在保证产品与服务质量的前提下，电商企业应当加强管理及采用现代化的工具、设备、系统和流程来提高服务效率，尽可能减少客户的时间成本，从而提高客户感知价值和满意度。

此外，电商企业可以发布信息，如预先提醒高峰时段及可能需要等待的时间，这样可以使客户避开高峰期，而选择非高峰期来接受服务，以免拥挤和等待。

（七）精神成本低于预期

降低客户的精神成本常见的做法是给予承诺与保证。例如，汽车电商企业承诺永远公平对待每一位客户，保证客户在同一月份购买汽车，无论先后都是同一个价格，这样今天购买的客户就不用担心明天的价格会更低。

服务承诺是由电商企业提供的一种契约，是电商企业以客户满意为导向，对服务过程的各个环节、各个方面实行全面的承诺，目的是引起客户的好感和兴趣，促进客户消费。服务承诺可以降低客户的心理压力和风险，从而增强客户的安全感，促使客户放心地接受服务。敢于做出承诺，实际上体现了电商企业的一种气魄、一种信心，能够产生良好的口碑效应，从而树立和改善电商企业的形象。当然，承诺时应该量力而行，一旦做出承诺就要兑现，切不可给客户"开空头支票"。

服务承诺一般包含两部分内容：一是向客户承诺其能够从服务中得到什么，即向客户承诺服务的具体内容及服务标准，从而便于客户评价服务质量，使客户放心地接受服务；二是向客户承诺，如果承诺没有实现，电商企业将采取什么行动补偿客户损失。

> **案例**

京东商城的承诺

京东全球购的商家承诺出售的商品 100% 为境外直采，并提供正品保障，一旦商家被发现有假货及非境外直采商品，京东全球购有权立即与商家终止协议，并对买家进行先行赔付，赔付的金额以"买家实际支付的商品价款的 4 倍 + 买家支付的邮费"为限，坚持正品行货，对假货零容忍。"7 天无理由退换货"，即从签收商品之时起 7 天内在不影响商家二次销售的情况下，商家应无条件为买家退换货。"正品保障"，即不销售假货及非原厂正品商品。若商家销售假货或非原厂正品商品，则京东全球购有权立即终止协议，并根据《中华人民共和国产品质量法》责令商家进行赔付。"假一赔三"，即如果买家从承诺相关保障的商家处确认买到假货，则京东全球购对商家进行"假一赔三"的惩罚。

此外，如果客户想到的电商企业都能给予，客户没想到的电商企业也能提供，这必然使客户感到电商企业时时刻刻对他的关心，从而会对电商企业满意。此外，电商企业还要积极、认真、妥善地处理客户投诉，从而降低客户的精神成本。

另外，安全性一直是移动互联网环境下人们所忧心的问题，如在移动电商 App 上的交易操作是否安全，用户的个人敏感信息和隐私数据是否会被泄露，出现安全问题是否有完善的补偿机制，等等。为此，电商企业应当采取积极有效的措施，以降低客户的精神成本。

（八）体力成本低于预期

如果电商企业能够通过多种渠道为客户提供相关的劳务，那么就可以减少客户为购买产品或者服务所花费的体力成本，从而提高客户感知价值和满意度。

例如，对于装卸和搬运不太方便、安装比较复杂的产品，电商企业如果能为客户提供良好的售后服务，如送货上门、安装调试、定期维修、供应零配件等，就会减少客户为此所耗费的体力成本，从而提高客户感知价值和满意度。

案例

虚拟养老院

许多老人希望居家养老，但很多子女心有余而力不足，如何解决这个问题？虚拟养老院或许是一个解决方案。虚拟养老院里没有一张床位，却能服务上万名老人。只需一个电话，虚拟养老院便能为居家老人提供从买菜做饭到打扫卫生、从按摩服务到生病陪护等各项服务，使老人足不出户即可享受"个人定制养老"。通过建立"信息服务＋居家养老上门服务"平台及"智能养老信息化"管理平台，虚拟养老院可以将分散居住的已注册老年人纳入信息化管理系统，通过大数据收集，及时、准确地提供上门养老服务。

总之，如果电商企业能够把握客户预期，并且让客户感知价值超出客户预期，就能够实现客户满意。

本章练习

一、不定项选择题

1. 客户的满意是由（　　）因素决定的。
   A. 客户的预期和感知　　　　　　　　B. 客户的抱怨和忠诚
   C. 产品的质量和价格　　　　　　　　D. 产品的性能和价格

2. 以下影响客户满意的因素是（　　）。
   A. 客户预期　　　　B. 客户心情　　　　C. 客户性别　　　　D. 客户年龄

3. 以下影响客户预期的因素是（　　）。
   A. 消费经历　　　　B. 消费偏好　　　　C. 消费阶段　　　　D. 包装

4. 如果企业善于把握客户预期，然后为客户提供超预期的（　　），就能够使客户产生惊喜。
   A. 感知价值　　　　B. 服务价值　　　　C. 产品价值　　　　D. 形象价值

5. 企业要让（　　）保持在一个恰当的水平，这样既可以吸引客户，又不至于让客户因失望而不满。
   A. 客户预期　　　　B. 客户感知　　　　C. 客户满意　　　　D. 客户心情

二、判断题

1. 客户预期越高就越不容易满足。　　　　　　　　　　　　　　　　　（　　）

2. 客户满意是企业持续发展的基础，是企业取得长期成功的必要条件。　（　　）

3. 如果企业试图使客户的预期低一些，那么价格、包装等也就应该高些、好些。
　　　　　　　　　　　　　　　　　　　　　　　　　　　　　　　　（　　）

4. 企业要提高客户满意度，可以引导甚至修正客户对企业的预期。　　（　　）

5. 客户满意是一种心理活动，是客户的主观感受。　　　　　　　　　（　　）

三、名词解释

客户满意　客户预期　客户感知价值

四、问答题

1. 判断客户满意的指标有哪些？

2. 影响客户满意的因素有哪些？

3. 影响客户预期的因素有哪些？

4. 影响客户感知价值的因素有哪些？

5. 如何让客户满意？

 本章实训：电商对客户满意的管理

实训任务

介绍、分析 ×× 电商是如何把握客户预期的，以及如何让客户感知价值超出客户预期从而实现客户满意。

实训组织

（1）教师布置实训任务，指出实训要点和注意事项。

（2）全班分为若干个小组，各组确定本组的实训内容。

（3）收集相关资料和数据时可以进行实地调查，也可以采用二手资料。

（4）小组内部充分讨论，认真研究，形成分析报告。

（5）小组需制作一份能够在 3 ～ 5 分钟演示完毕的 PPT，在课堂上进行汇报，之后其他小组可质询，台上台下进行互动。

（6）教师对每组分析报告和课堂讨论情况即时进行点评和总结。

第九章
电商对客户忠诚的管理

本章将首先介绍客户忠诚的含义、评价客户是否忠诚的指标，以及实现客户忠诚的意义，其次介绍有哪些因素影响客户忠诚，最后介绍实现客户忠诚的策略。

第一节　客户忠诚概述

一、客户忠诚的含义

客户忠诚是指客户一再重复购买，而不是偶尔重复购买同一电商企业的产品或者服务的行为。

有学者把客户忠诚细分为行为忠诚、意识忠诚和情感忠诚，但对企业来说，只有意识忠诚或者情感忠诚，却没有行为忠诚，是没有直接意义的，因为企业能够从中获得多少收益是不确定的，行为忠诚能够给企业带来实实在在的利益。因此，企业不会排斥虽然意识不忠诚、情感不忠诚，但行为忠诚的客户——因为他们实实在在、持续不断地购买企业的产品或服务，帮助企业获利。不过，应当清楚的是，意识不忠诚、情感不忠诚的客户难以做到持久的行为忠诚。理想的客户忠诚是行为忠诚、意识忠诚和情感忠诚的统一体。具备行为忠诚、意识忠诚和情感忠诚的客户是难能可贵的！

本书主要研究和介绍的是客户的行为忠诚。

二、客户忠诚的判断指标

客户是否忠诚一般可以通过下面几个指标来判断。

（一）客户重复购买的次数及复购率

客户重复购买的次数是指在一定时期内，客户重复购买某产品或服务的次数。一般来说，客户重复购买的次数越多，其忠诚度越高。有些电商企业为了便于识别和纳入数据库管理，将客户忠诚量化为连续 3 次或 4 次以上的购买行为，但现实中不同消费领域、不同消费项目有很大差别。例如，对于某些产品或服务，我们在一生中可能会购买几千次甚至更多，而对于另外一些产品或服务，我们在一生中可能只能购买几次甚至一次。因此，电商企业不能一概而论，不能简单用次数来判断客户是否忠诚，更不能跨消费领域、跨消费项目进行比较。

复购率是客户对某一品牌的购买次数占购买同类产品或服务的总次数的比值。如果客户对某品牌的复购率高，说明客户对该品牌的忠诚度高。

（二）客户对竞争品牌的态度

一般来说，对某电商企业忠诚度高的客户会自觉地排斥其他电商企业。因此，如果客户对竞争企业有兴趣，那么就表明他对该电商企业的忠诚度较低。

当竞争电商企业降价促销或推出品质更好的产品或服务时，品牌忠诚度不高的客户会很快转而购买竞争电商企业的产品或服务，而品牌忠诚度很高的客户却能熟视无睹，甚至自觉地排斥。

（三）客户对价格的敏感程度

客户对价格都是非常重视的，但这并不意味着客户对价格变动的敏感程度都相同。事实表明，对于喜爱和信赖的电商企业，客户对其价格变动的承受能力强，即敏感度低；而对于不喜爱和不信赖的电商企业，客户对其价格变动的承受力弱，即敏感度高。因此，可以依据客户对价格变动的敏感程度来衡量客户对某电商企业的忠诚度。一般来说，对价格的敏感程度高，说明客户对该电商企业的忠诚度低；对价格的敏感程度低，说明客户对该电商企业的忠诚度高。

（四）容忍度

任何产品或服务都有可能出现各种质量问题，即使是名牌产品或服务也很难避免。如果客户对该电商企业的忠诚度较高，当出现质量问题时，他们会宽容、谅解或同意协商解决，不会由此流失。相反，如果客户对电商企业的忠诚度较低，当出现质量问题时，他们会深感自己的正当权益被侵犯了，从而会产生强烈的不满，甚至会通过法律方式进行索赔。当然，运用这一指标时，要注意区别事故的性质，判断是严重事故还是一般事故，是经常发生的事故还是偶然发生的事故。

（五）购买比重

客户对某一电商企业购买的费用占购买同类产品或服务支付的总额的比值如果高，即客户购买该电商企业的产品或服务比重大，说明客户对该电商企业的忠诚度高。

三、客户忠诚的意义

（一）"忠诚"比"满意"更能确保电商企业长久的收益

客户满意不等于客户忠诚，如果电商企业只能实现客户满意，不能实现客户忠诚，那么意味着自己没有稳定的客户群，这样长久收益就无法确保。因为只有忠诚的客户才会持续购买电商企业的产品或服务，才能给电商企业带来持续的收益。

假设某电商企业每年的客户流失率是10%，每个客户平均每年带来100美元的利润，获得一个新客户的成本是80美元。现在电商企业决定实施客户忠诚计划，将客户年流失率从10%降低到5%，该计划的成本是每个客户20美元。以下分析这家电商企业客户终生价值的变化情况。每年流失10%的客户，意味着平均每个客户的保留时间大约是10年，每年流失5%的客户，意味着平均每个客户的保留时间大约是20年。忠诚计划实施前，平均每个客户的终生价值为：10年×100美元/年–80美元=920美元。忠诚计划实施后，平均每个客户的终生价值为：20年×（100美元/年–20美元/年）–80美元=1520美元。通过实施客户忠诚计划，平均每个客户的终生价值增加了600美元，也就是说，平均每个客户给电商企业创造的价值增加了600美元。

可见，忠诚的客户能给企业带来长久的收益。

忠诚客户因为对电商企业信任、偏爱，不仅会重复购买电商企业的产品或者服务，还会增加购买量，或者提高购买频率。忠诚客户会连带地对电商企业的其他产品产生信任，当该类客户产生对该类产品的需求时，会自然地想到购买该电商企业的产品，从而增加电商企业的产品销量，为电商企业带来更多的利润。

此外，忠诚客户会很自然地对该电商企业推出的新产品或新服务产生信任，愿意尝试电商企业推出的新产品或新服务，因而该类客户往往是新产品或新服务的早期购买者，助推电商企业的新产品或新服务上市。

另外，忠诚客户对价格的敏感度较低、承受力强，比新客户更愿意以较高的价格接受电商企业的产品或服务，而不是等待降价或不停地讨价还价。由于该类客户信任电商企业，所以购买贵重产品或者服务的可能性也较大，因而忠诚客户可使电商企业获得溢价收益。

（二）降低营销成本、交易成本和服务成本

1. 降低营销成本

随着电商企业为争夺客户而展开的竞争日趋激烈，电商企业争取新客户需要花费各项成本，如广告宣传费用、促销费用（如免费使用、有奖销售、降价等），因此，电商企业开发新客户的成本非常高，而且这些成本还呈不断攀升的趋势。所以，对许多电商企业来说，最大的成本就是开发新客户的成本。

比起开发新客户，留住老客户的成本要低很多，且客户越"老"，成本越低。即使是激活一位中断购买很久的"休眠客户"的成本，也要比开发一位新客户的成本低得多。美国的一项研究表明：吸引一个新客户要付出119美元，而维系一个老客户只需要19美元，也就是说，获得一个新客户的成本是维系一个老客户成本的6倍左右。此外，忠诚客户往往会成为宣传员，他们会劝说亲朋好友购买。

总而言之，如果电商企业的忠诚客户多了、客户的忠诚度提高了，就可以降低电商企业的营销成本。

2. 降低交易成本

交易成本主要包括搜寻成本（即为搜寻交易双方的信息所发生的成本）、谈判成本（即为签订交易合同所发生的成本）、履约成本（即为监督合同的履行所发生的成本），支出的形式包含金钱、时间和精力的支出。

由于忠诚客户比新客户更了解和信任电商企业，加之忠诚客户与电商企业已经形成一种合作伙伴关系，彼此之间已经达成一种信用关系，所以，交易的惯例化可使电商企业大大降低搜寻成本、谈判成本和履约成本，从而最终使电商企业的交易成本降低。

3. 降低服务成本

一方面，服务老客户的成本比服务新客户的成本要低很多。例如，在客户服务中心的电话记录中，新客户的致电次数往往要比老客户的多得多，这是因为新客户对产品或者服务还相当陌生，需要电商企业多加指导，而老客户因为对产品或者服务了如指掌，因此不用花费电商企业太多的服务成本。

另一方面，电商企业由于了解和熟悉老客户的预期和接受服务的方式，所以可以更容易、更顺利地为老客户提供服务，并且可以提高服务效率和减少员工的培训费用，从而降低电商企业的服务成本。

（三）降低经营风险并提高效率

据统计，如果没有采取有效的措施，电商企业每年要流失10%～30%的客户，这样造成的后果是电商企业经营的不确定性增加了，风险也增加了。

忠诚的客户群体和稳定的客户关系，可使电商企业不再疲于应对客户不断改变而带来的需求变化，有利于电商企业制定长期规划，集中资源去为这些稳定的、忠诚的客户

提高产品质量和完善服务体系，并且降低经营风险。

同时，电商企业能够为老客户熟练地提供服务，这不但意味着效率会提高，而且失误率也会降低。此外，忠诚客户亲近电商企业，能主动向电商企业提出改进产品或者服务的合理建议，从而提高电商企业决策的效率和效益。

（四）获得良好的口碑效应

随着市场竞争的加剧，各类广告信息的泛滥，人们面对大量的广告难辨真假，无所适从，对广告的信任度大幅度下降。而口碑是比广告更具说服力的宣传方式，人们在进行购买决策时，往往重视和相信亲朋好友的推荐，尤其是已经使用过产品或者服务的人的推荐。

忠诚客户是电商企业的有力倡导者和宣传者，他们会将自己的良好体验介绍给周围的人，主动地向亲朋好友推荐，从而帮助电商企业增加新客户。

美国有一项调查表明，一个高度忠诚的客户平均会向 5 个人推荐自己忠诚的电商企业，这不但能节约电商企业开发新客户的费用，而且可以在市场拓展方面产生乘数效应。一个对欧洲 7 000 名客户进行的调查表明，60% 的被调查者购买新产品或新品牌是因为受到家庭或朋友的影响。

可见，忠诚客户的正面宣传是难得的免费广告，有助于提高电商企业的知名度和美誉度。电商企业通过忠诚客户的口碑效应还能够塑造和巩固良好的电商企业形象。

（五）促进客户队伍的壮大

假设有三家电商企业，A 电商企业的客户流失率是每年 5%，B 电商企业的客户流失率是每年 10%，C 电商企业的客户流失率是每年 15%，三家电商企业每年的新客户增长率均为 15%。

那么 A 电商企业的客户存量将每年增加 10%，B 电商企业的客户存量将每年增加 5%，而 C 电商企业的客户存量则是零增长。

这样一来，7 年以后 A 电商企业的客户总量将翻一倍，14 年后 B 电商企业的客户总量也将翻一倍，而 C 电商企业的客户总量将始终不会有实质性的增长。

可见，客户忠诚度高的电商企业，能够获得客户数量的增长，从而壮大电商企业的客户队伍。

（六）使电商企业实现良性循环

随着电商企业与忠诚客户关系的延续，忠诚客户带来的效益呈递增趋势，这样就能够使电商企业实现良性循环——客户忠诚的电商企业，增长速度快，发展前景广阔，可使电商企业员工产生荣誉感和自豪感，有利于激发员工士气；客户忠诚的电商企业获得的高收入既可以用于再投资、再建设、再生产、再服务，也可以进一步提高员工的待遇，进而提高员工的满意度和忠诚度；忠诚员工一般都是熟练的员工，工作效率高，可以为客户提供更好的、令其满意的产品或者服务，这将更加稳固电商企业的客户资源，进一步强化客户的忠诚；客户忠诚的进一步提高，又将增加电商企业的收益，给电商企业带来更大的发展，从而进入下一个良性循环……美国贝恩咨询公司通过对几十个行业长达 10 年的"忠诚实践项目"调查，发现客户忠诚是企业经营成功和持续发展的基础和重要动力之一。

总而言之，客户忠诚能确保电商企业的长久收益，能节省营销成本、交易成本和服务成本，降低经营风险并提高效率，能获得良好的口碑效应及实现客户队伍的壮大，使电商企业实现良性循环。可以说，忠诚客户的数量决定了电商企业的生存与发展，忠诚的质量，即忠诚度的高低，反映了电商企业竞争能力的强弱。

第二节　影响客户忠诚的因素

一、客户是否满意

客户忠诚和客户满意之间有着千丝万缕的联系。一般来说，客户满意度越高，客户的忠诚度就会越高；客户满意度越低，客户的忠诚度就会越低。可以说，客户满意是推动客户忠诚的重要因素。但是，客户满意与客户忠诚之间的关系又没有那么简单，它们之间的关系既复杂，又微妙。

（一）满意则可能忠诚

满意使重复购买行为的实施变得简单易行，同时也使客户对电商企业产生依赖感。统计结果表明：一个满意的客户更愿意继续购买电商企业的产品或服务。

根据客户满意的状况，客户忠诚可分为信赖忠诚和势利忠诚两种。

1. 信赖忠诚

当客户对电商企业及其产品或服务完全满意时，往往表现出对电商企业及其产品或服务的信赖忠诚。信赖忠诚是指客户在完全满意的基础上，对使其从中受益的一个或几个品牌的产品或服务情有独钟，并且长期、指向性地重复购买。信赖忠诚的客户注重与电商企业在情感上的联系，寻求归属感。信赖忠诚的客户相信电商企业能够以诚待客，有能力满足客户的预期，对所忠诚电商企业的失误也会持宽容的态度。当发现该电商企业的产品或服务存在某些缺陷时，能谅解并且主动向电商企业反馈信息，而不影响再次购买。他们还乐意为电商企业免费宣传，甚至热心地向他人推荐，是电商企业的热心追随者和宣传员。

信赖忠诚的客户在行为上表现为指向性、重复性、主动性、排他性购买。当他们想购买一种他们曾经购买过的产品或服务时，会主动去寻找原来向他们提供过这一产品或服务的电商企业。他们能够自觉地排斥货比三家的心理，能拒绝其他电商企业提供的优惠和折扣等诱惑，而一如既往地忠诚。信赖忠诚的客户是高度依恋的客户，他们的忠诚最可靠、最持久，他们是电商企业十分宝贵的资源，是电商企业十分重要的客户。他们的忠诚也表明电商企业现有的产品和服务对他们是有价值的。

2. 势利忠诚

当客户对电商企业及其产品或服务不完全满意，只是对其中某个方面满意时，往往表现出对电商企业的势利忠诚。例如，有些客户因为"购买方便"而忠诚；有些客户因为"价格诱人"而忠诚；有些客户因为"可以中奖""可以打折""有奖励""有赠品"等而忠诚；有些客户因为"流失成本太高"而忠诚……

总之，势利忠诚是客户为了能够得到某个（些）好处或者害怕有某些损失，而长久地重复购买某一产品或服务的行为。一旦没有了这些诱惑和障碍，他们也就不再忠诚，很可能会转向其他更有诱惑力的电商企业。可见，势利忠诚的客户对电商企业的依恋度很低，很容易被竞争对手挖走。因此，电商企业要尽可能实现客户的信赖忠诚，但是，如果实在无法实现客户的信赖忠诚，也可以退而求其次，追求实现客户的势利忠诚，因为这种忠诚比较常见、比较容易实现，也能够给企业带来利润，值得电商企业重视。

（二）满意也可能不忠诚

一般认为，满意的客户很可能是忠诚的客户，但实际上二者之间并不像人们所想象的那样存在着必然的联系。许多电商企业发现：有的客户虽然满意，但还是离开了。《哈佛商业评论》显示，对产品满意的客户中，仍有 65% ～ 85% 的客户会选择新的替代品，也就是说满意并不一定忠诚。

一般来说，满意也可能不忠诚的原因大概有以下几个：客户没有因为忠诚而获得更多利益、客户对电商企业的信任和情感不够强烈、客户没有归属感、客户的转换成本过低、电商企业与客户的联系不够紧密、电商企业对客户的忠诚度低、员工对电商企业的忠诚度低，以及客户自身原因，如个人客户想丰富自己的消费经历，或者企业客户的采购主管、采购人员、决策者的离职等。

（三）不满意一般不忠诚

一般来说，让不满意的客户忠诚的可能性是很小的，如果不是迫不得已，客户是不会"愚忠"的。例如，客户如果不满意电商企业污染环境，或不承担社会责任，或不关心公益事业等，就会对电商企业不忠诚。又如，若电商企业对客户的投诉和抱怨处理不及时、不妥当，客户就会对电商企业不忠诚。一个不满意的客户迫于某种压力，不一定会马上流失、马上不忠诚，但一旦条件成熟，就会不忠诚。

（四）不满意也可能忠诚

不满意也可能忠诚分为两种情况，一种是惰性忠诚，另一种是无奈忠诚。

1. 惰性忠诚

惰性忠诚是指客户尽管对产品或者服务不满意，但是由于本身的惰性而不愿意去寻找其他供应商或者服务商。对于这种忠诚客户，如果其他电商企业主动出击，很容易将他们挖走。

2. 无奈忠诚

无奈忠诚是指在卖方占主导地位的市场条件下，或者在不开放的市场条件下，尽管客户不满意却因为别无选择，找不到其他替代品，而不得已忠诚。例如，市场上仅有一个供应商，在这样的垄断背景下，尽管不满意，客户也只能别无选择地忠诚，因为根本没有其他机会和条件。

虽然惰性忠诚和无奈忠诚能够给电商企业带来利润，电商企业可以顺势、借势而为，但是，电商企业切不可掉以轻心。因为不满意的忠诚是靠不住的、很脆弱的，一旦时机成熟，这类不满意的客户就会毫不留情地流失。

从以上的分析来看，客户忠诚在很大程度上受客户满意的影响，一般来说，客户满意会带来客户忠诚，但不绝对，电商企业要想实现客户忠诚，除了让客户满意，还得考虑影响客户忠诚的其他因素，需要其他手段的配合。

二、客户因忠诚能够获得多少利益

追求利益是客户的基本价值取向。调查结果表明，客户一般也乐于与电商企业建立长久关系，其主要原因是希望通过忠诚得到优惠和特殊关照，如果能够得到，他们就会与电商企业建立长久关系。如果老客户没有得到比新客户更多的优惠和特殊关照，那么就会抑制他们的忠诚，这样老客户就会流失，新客户也不愿成为老客户。因此，电商企业能否提供忠诚奖励将决定客户是否持续忠诚。

当前仍然有许多电商企业总是把最好、最优惠的条件提供给新客户，甚至有的企业利用大数据杀熟，使老客户的待遇还不如新客户，这其实是鼓励"后进"，打击"先进"，是一种倒退，将大大降低客户忠诚度。如果一个人对待一个有十年交情的老朋友的态度还不如新结识的朋友，那么谁会愿意和这样的人做长久的朋友？电商企业切不可喜新厌旧，否则只会让老客户寒心，受伤害的老客户将不再忠诚进而流失，而新客户看到老客户的处境也会望而却步，不愿忠诚，因为老客户的今天就是新客户的明天。

所以，电商企业只有让老客户得到更多的利益和奖励，才能激励客户对电商企业忠诚。

三、客户的信任和情感

（一）信任因素

由于客户的购买存在一定的风险，客户为了避免和减少购买过程中的风险，往往倾向于与自己信任的电商企业保持长期关系。市场上有些电商企业只追求眼前利益，不顾及客户的感受，这种电商企业是不可能得到客户信任的，而没有得到客户信任的电商企业肯定得不到客户的忠诚。研究结果显示，信任是构成客户忠诚的核心因素，信任使重复购买行为变得简单易行，同时也使客户对电商企业产生依赖。

（二）情感因素

如今，情感对客户是否忠诚的影响越来越大，这是因为电商企业给予客户利益，竞争者同样可以提供类似的利益，但竞争者难以破坏情感深度交流下建立的客户忠诚。

电商企业与客户一旦有了情感交流，就容易从单纯的买卖关系升华为休戚相关的伙伴关系。当客户与电商企业的感情深厚时，即使受到其他利益的诱惑，客户也不会轻易流失。

维基·伦兹在其所著的《情感营销》一书中也明确指出："情感是成功的市场营销的唯一的、真正的基础，是获得价值、客户忠诚和利润的秘诀。"

加拿大营销学教授杰姆·巴诺斯通过调查研究指出，客户关系与人际关系有着一样的基本特征，包括信任、信赖、社区感、共同目标、尊重、依赖等内涵。企业只有真正站在客户的角度，给客户以关怀，与客户建立超越经济关系的情感关系，才能赢得客户的心，赢得客户的忠诚。

四、客户是否有归属感

假如客户感到自己被电商企业重视、尊重，有很强的归属感，就会不知不觉地依恋电商企业，因而忠诚度就高。相反，假如客户感觉自己被轻视，没有归属感，就不会依恋电商企业，忠诚度也就低。

例如，穷游网保持客户黏性的手段是依靠其丰富、实用的旅游咨询和服务，以及良好的社区氛围。穷游网将后台加工制作的集成式攻略单列入一个板块，将客户生成的攻略和客户间的问答互动一起放入了该板块。注册网友拥有自己的主页，可以进行发帖、上传照片、问答等，也可以与其他网友发信息。注册网友在穷游网上免费得到了其他网友提供的旅游信息，然后在自己亲身体验之后又在网站上分享自己的旅游经历，如此循环。穷游网使客户具有强烈的归属感，从而吸引了众多客户对穷游网进行持续关注并保持忠诚。

另外，当客户之间志趣相投、相互帮助、和谐共处时，就会促使客户愿意逗留、忠诚；相反，当客户之间存在相互破坏行为、过度拥挤、彼此冲突，则会促使客户不愿意久留与忠诚。

五、客户的转换成本

转换成本指的是客户从一家电商企业转向另一家电商企业需要面临多大的障碍或增加多大的成本，是客户为更换电商企业所需付出的代价的总和。

转换成本可以分为以下三类：第一类是时间和精力上的转换成本，包括学习成本、时间成本、精力成本等；第二类是经济上的转换成本，包括利益损失成本、金钱损失成本等；第三类是情感上的转换成本，包括个人关系损失成本、品牌关系损失成本。相比较而言，情感转换成本比另外两类转换成本不容易被竞争对手模仿。

转换成本可阻止客户不忠诚，如果客户从一家电商企业转向另一家电商企业，会消耗大量的时间、精力、金钱、关系和感情，那么，即使目前他们对电商企业不完全满意，也会慎重考虑，不会轻易流失。

例如，电商企业实行累计优惠计划，那么频繁、重复购买的忠诚客户就可以获得奖励，而如果客户中途流失、放弃就会失去即将到手的奖励，并且原来积累的利益也会因转换而消失，这会激励客户对电商企业忠诚。

知识拓展

损失厌恶

损失厌恶是由卡尼曼（诺贝尔经济学奖获得者）和特沃斯基提出的。损失厌恶是指人们面对同样数量的收益和损失时，认为损失更加令他们难以忍受。也就是说我们失去某样东西的痛苦程度会远远高于我们得到这样东西的开心程度，人们对损失更加敏感。行为经济学家还计算出了一个准确数值，同量损失带来的负效用为同量收益的正效用的2.5倍。

例如，你花费了200元，送你一张200元的代金券，但这张券只有下次才能用，而且并不是都可以全部用完，如你下次购满150元可以抵50元、购满300元可以抵100元；你要把200元代金券全部花掉，需要花费600元。

这样的一个策略有什么好处呢？用户领到200元的代金券后，总觉得不花更浪费，损失更大，为了不浪费，用户又会产生第二次购买。看上去用户领取了一张200元的代金券，但是商家实际只补贴了30%，也就是只打了7折，但如果商家直接给用户打7折，用户会觉得不如获得200元的代金券好。

但是，必须认识到，如果电商企业仅靠提高转换成本来维系客户忠诚而不思进取，忽视为客户创造价值，那么，一旦其他企业带来的价值高过转换成本，客户则很可能会流失。

六、客户对电商企业的依赖程度

如果两家电商企业之间的关系不是表层的关系，而是深层的、相互渗透的关系，那么分开就不是件容易的事。

同理，若电商企业与客户的合作关系紧密，电商企业提供的产品或者服务就能渗透到客户的核心业务。电商企业的产品或者服务具有显著的独特性与不可替代性，则客户对电商企业的依赖程度和忠诚度就会高。客户若对电商企业的依赖程度低，一旦发现更好、更合适的企业，便会毫不犹豫地离开。

总而言之，如果一家电商企业对客户来说是可有可无的，那怎么能够奢望客户对这家电商企业忠诚？相反，如果客户离不开一家电商企业，那么客户想不忠诚都不行。

例如，奇虎360通过网上智能升级系统，及时为使用其产品的客户进行升级，并且免费提供一些软件，从而提高了客户对其的依赖程度。

又如，客户手机上的App太多已经成为痛点，如果一个App可以集合多个功能显然会赢得客户的青睐。美团App就集合了团购、外卖、打车、酒店预订、机票预订等诸多功能，让客户在吃、住、行等方面都能用美团App，不知不觉中，许多客户已离不开美团，渐渐忠诚于美团了。

七、电商企业对客户的忠诚

电商企业与客户之间是双向忠诚的，不能追求客户对电商企业的单向忠诚，而忽视了电商企业对客户的忠诚。

假如电商企业对客户的忠诚度高，一心一意地为客户着想，能够不断为客户提供满意的产品或者服务，就容易获得客户的忠诚。

相反，假如电商企业喜新厌旧，不能持续地为客户提供满意的产品或服务，那么客户的忠诚度就会降低。

延伸阅读：每所学校都应关注校友发展，不论贫富

"人大女毕业生遇变故成低保户 一家9口住漏雨土坯房"事件报道后，中国人民大学校方施以援手，备受赞许。有公众号文章就说，"当我一无所有，至少还是人大校友"。

其实，每所学校只要用心都可及时跟踪所有校友的发展，并且不论贫富，不将"能否捐赠"作为发展校友关系的考量，而是帮助所有校友获得更好的发展——这与学校的条件和实力无关，关键在于有无这方面的意识。中国人民大学关注陷入困境的校友，就是个范本。

八、员工对电商企业的忠诚

研究发现，员工的满意度、忠诚度与客户的满意度、忠诚度之间呈正相关的关系。这是因为，一方面，只有满意、忠诚的员工才能愉快、熟练地提供令客户满意的产品或服务；另一方面，员工的满意度、忠诚度会影响客户对电商企业的评价，进而影响客户对电商企业的忠诚度。

此外，有些客户忠诚于某家电商企业主要是因为与之联系的员工表现出色，如专业、高效、娴熟及与他们建立了良好的私人关系。因此，如果这个员工离开了这家电商企业，客户就会怀疑该电商企业是否仍能满足他们的需要，尤其是在一些特别依赖员工个人出色表现的电商企业，员工的忠诚对客户忠诚的影响尤其显著。

总而言之，影响电商客户忠诚的因素有：客户是否满意、客户因忠诚能够获得多少利益、客户的信任和情感、客户是否有归属感、客户的转换成本、客户对电商企业的依赖程度、电商企业对客户的忠诚度、员工对电商企业的忠诚度等。客户是否忠诚有时是单一因素作用的结果，有时是多个因素共同作用的结果。

第三节　如何实现客户忠诚

根据影响客户忠诚的因素，我们知道，电商企业应尽可能消除影响客户忠诚的不利因素，强化一切有利于客户忠诚的因素，从而形成客户"不想走""不能走"的局面，这样就能实现客户忠诚。具体做法如下。

一、努力实现客户完全满意

客户越满意，忠诚的可能性就越大，只有最高等级的满意才能实现最高等级的忠诚。为此，电商企业应当追求让客户满意，甚至完全满意。

延伸阅读：开市客（Costco）的经营哲学

在开市客，每一个品类只精选2～3个品牌，这使客户一眼就能找到自己需要的东西，这简直让"选择困难症"患者狂喜。同时，种类少代表每款商品都经过了严格筛选，性价比高。

低价高品质，是成就开市客的法宝。一旦某品牌商品无法在开市客以最低的价格出售，开市客就会立即着手找供应商生产同类的Kirkland（开市客自有品牌）产品，把前者挤出去。在将进销差价降到最低的同时，开市客严把质量关，一旦供应商出现质量问题，至少3年都不会与其合作。由于开市客一直秉承低价高品质销售策略，其商品毛利率始终保持在10%左右，远低于其他零售企业。普通超市的毛利率在15%～25%；而在开市客，一旦商品的毛利率高过14%，相关人员就必须汇报给CEO，再经董事会批准。如果商品在别的地方定的价格比在开市客的价格还低，该商品就会被下架。

此外，凡是在开市客购买任意商品（包括会员卡）的客户，均可享受开市客退货保证，而且不限定时间（电器类除外，退货时间限3个月）。通常，美国的零售企业是允许客户无理由退货的，有些企业提供7天之内无理由退货服务，有些企业提供1个月之内无理由退货服务，还有些企业提供3个月之内无理由退货服务。开市客不但允许客户无理由退货，而且几乎不限定退货的期限。换句话说，如果客户在半年甚至9个月之后去退货（电器类除外），开市客也会同意。

二、奖励忠诚客户

我们知道，想要让某人做某事，如果能够让他从做这件事中得到好处，那么，他自然会积极主动地去做这件事，而不用别人引导或监督。

同样的道理，电商企业想要赢得客户忠诚，就要对忠诚客户进行奖励，奖励的目的就是让客户因忠诚而受益，从而使客户在利益驱动下忠诚。

（一）如何奖励

1. 财务奖励

财务奖励的代表形式是频繁营销规划，也称为老主顾营销规划，指向经常或大量购买的客户提供奖励，目的是促使现有客户对企业忠诚。财务奖励的形式主要有折扣、积分、赠品、奖品等。电商企业以此来表达对老客户的关爱，鼓励他们重复购买。

例如，京东在客户消费后给予京豆、京享值，以此在经济和服务权益方面奖励忠诚客户。京豆是京东用户在京东网站完成购物、评价、晒单等相关活动后给予的奖励，京豆仅可在京东网站使用，可用于支付京东网站订单、兑换指定优惠券及生活福利等权益。京享值是根据用户近365天在京东的账户价值、消费价值、活跃价值、小白信用及信誉分等综合计算得出的分值。分值每日更新，每日结算近365天分值。随着京享值的不断提升，客户可享受的服务权益也不断增加。客户通过完善账户信息、多购物消费、经常参与评价晒单、转发分享及回答提问等途径可以提升京享值。

此外，实行以旧（产品）折价换新（产品）也能够起到奖励忠诚客户的作用。例如，华为Mate40系列发布后开展了"老用户享福利，以旧换新最高补贴3000元"的活动。

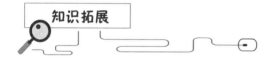

知识拓展

积分兑换

积分是企业对客户消费的一种回馈和奖励。当客户积累了一定数量的积分之后，即可参与企业设置的积分兑换活动。积分兑换活动可以刺激客户产生更多的消费，增加客户对企业或品牌的黏性。

常见的积分兑换活动有积分兑换产品或礼品、积分兑换优惠券、积分抵扣消费金额、积分兑换客户升级权利、积分抵邮费、积分兑换抽奖机会等。

积分兑换产品或礼品分两种，一种是部分积分兑换产品或礼品，另一种是全部积分兑换产品或礼品。如果是全部积分兑换，兑换的产品可以是企业内的产品，如企业推广产品、新品、体验品等，也可以是与企业产品相关的其他礼品。如果是部分积分兑换，则可以让客户以"部分积分＋折扣价"的形式来购买产品。

积分兑换优惠券的方式实质上也是以为客户提供价格优惠的方式回馈客户。

积分抵扣消费金额是将积分按照一定比例兑换成消费金额，让客户在购买产品时抵扣现金。

积分兑换客户升级权利是客户可以使用积分来提升客户等级的权利，进而获得相应等级的客户权益。

积分抵邮费是对不包邮的产品，客户可以将积分兑换成邮费，拍下订单后产品自动包邮。

积分兑换抽奖机会是一种具有趣味性的博弈游戏，如设置支付100积分可抽奖一次。

此外，企业可以为积分设置有效期，这样可以刺激客户及时使用积分，同时还能刺激客户为了积累更多的积分而增加消费。

2. 其他配套奖励

这里的其他配套奖励是指特权、优待、机会、荣耀等财务利益以外的奖励。

（二）奖励时要注意的问题

首先，注意客户是否重视电商企业的奖励。如果客户对奖励抱着无所谓的态度，那么电商企业就不应花冤枉钱。

其次，不搞平均主义，要按忠诚度、重购次数来区别奖励客户。

再次，要注重为客户提供长期利益，因为一次性奖励并不能使客户忠诚，还浪费了大量的财力，即使奖励有效，竞争者也会效仿。因此，电商企业要考虑自己是否有能力对客户持续进行奖励，能否承受奖励成本不断上升的压力，否则，就会出现尴尬的局面——坚持下去，成本太高；取消奖励，电商企业信誉会受损。

最后，奖励要具有灵活性，如奖励形式可以选择。

（三）奖励计划的弱点

首先，未享受到奖励的客户可能对电商企业产生不满。

其次，电商企业之间的奖励计划竞争使客户享受到越来越多的优惠，客户的预期也会越来越高，因而电商企业为了迎合客户所投入的奖励成本会越来越高。

再次，奖励计划操作简单，很容易被竞争者模仿。如果被多数竞争者仿效，则奖励计划会趋于相同，如此电商企业提高了成本却不能形成相应的竞争优势。但是，电商企业又不能轻易中断这些奖励计划，因为一旦中断就会产生竞争劣势。于是，电商企业面临一个恶性循环：奖励计划—初显成效—大量仿效—失去优势—新的奖励计划……电商企业成本不断上升，但成效甚微，大多只能获得虚假忠诚、势利忠诚的客户。

三、使客户信任并加深其感情

（一）增强客户的信任

一系列的客户满意产生客户信任，长期的客户信任有利于客户忠诚的形成。因此，电商企业要持续不断地增强客户对电商企业的信任，这样才能获得客户对电商企业的忠诚。

那么，电商企业怎样才能增强客户的信任呢？第一，要牢牢树立"客户至上"的观念，"想客户所想，急客户所急，解客户所难，帮客户所需"，要确保所提供的产品或服务能够满足客户需要。第二，要提供完整并值得信赖的信息（包括广告），当客户认识到这些信息是值得信赖并可接受的时候，电商企业和客户之间的信任就会逐步产生并得到强化。第三，要针对客户可能遇到的风险，提出保证或承诺并切实履行，以打消他们的顾虑，从而赢得他们的信任。第四，要尊重和保护客户的隐私，使客户有安全感，进而产生信赖感。第五，要认真处理客户投诉，如果电商企业能够及时、妥善地处理客户的投诉，就能够赢得客户的信任。

例如，美团外卖作为国内知名的网上订餐平台，精心挑选了众多优质外卖商家，为客户提供快速、便捷的线上订餐服务。美团外卖还制定了《美团点评餐饮安全管理办法》，为了鼓励更多客户曝光不良商家还给予相应现金红包奖励，同时与社会各界广泛合作、共同治理，并承诺对所有与餐饮安全相关的投诉在 24 小时内提出解决方案。此外，美团外卖规定配送人员要持有健康证明，衣帽清洁，不能直接接触餐品；配送箱清洁，配送过程中不能把餐品与有害的物品一起存放；保证餐品安全所需的温度、湿度等。这一系列的努力换来了客户的信任，也提高了客户的忠诚度。

（二）加深客户的感情

联邦快递的创始人佛雷德·史密斯有一句名言："想称霸市场，首先要让客户的心跟着你走，然后让客户的腰包跟着你走。"因此，电商企业在与客户建立关系之后，还要努力建立交易之外的关系，加强与客户的感情交流和感情投资，这样才能巩固电商企业与客户的关系。

例如，电商企业可与客户进行定期或不定期的沟通，了解他们的想法和意见，并邀请他们参与到企业的各项决策中，让客户觉得自己很受重视。对于重要的客户，企业负责人要亲自接待和登门拜访，努力加深双方的情感联系，并且发展联盟式的客户关系。在客户的重要日子（如生日、结婚纪念日、职务升迁、乔迁、子女上大学、厂庆日等）采取恰当的方式予以祝贺，如寄节日贺卡、赠送鲜花或礼品等，让客户感觉到电商企业实实在在的关怀。此外，电商企业可以邀请客户参加娱乐活动，如打保龄球、观赏歌舞、参加晚会等，逢年过节时举行客户游园会、客户团拜会、客户酒会、客户答谢会等，也可以增进客户对电商企业的感情。

生活中我们常说"将心比心，以心换心"，电商企业与客户之间特别需要这种理解与关心，电商企业对处于危困之中的客户"雪中送炭"，很可能为自己培养了未来的忠诚客户。

总之，电商企业只有通过对客户的理解、体贴及人性化经营，真心付出、以诚相待，才能增强客户对自身的信任与情感，才能与客户建立长期友好的关系。

四、建立客户组织

建立客户组织可使电商企业与客户的关系正式化、稳固化，使客户感到自己有价值、受欢迎、被重视，进而产生归属感。客户组织还使电商企业与客户之间由短期关系变成长期关系，由松散关系变成紧密关系，由偶然关系变成必然关系，因而有利于电商企业与客户建立除交易关系之外的关系。

案例

"米粉"圈

小米公司在官方网站建立了小米社区，将有共同爱好、共同价值观的粉丝进行聚拢，通过同城会、"米粉"节等不断增强社区的活力与吸引力，并在小米社区引导粉丝进行内容创造，与核心的粉丝建立良好的互动关系，通过一系列的优惠措施及良好体验带给核心粉丝更高的溢价。小米公司还通过微信平台对粉丝遇到的产品售后问题进行解答，以解决产品设计缺陷可能导致的粉丝流失问题。同时，小米在各大媒体社交工具上都与粉丝频繁互动，包括小米手机的创始人在内的公司高层管理者每天都会亲自做一系列的客服工作，耐心解答用户的部分提问。总之，小米通过小米社区、同城会、"米粉"节等，构建稳固的粉丝群，打造集群社区，与粉丝建立良好的互动关系，使粉丝有了归属感，感到自己被重视、被尊重，得到了粉丝的认同与追随，并提高了粉丝对小米的忠诚度。

有些企业还通过收取会员费的方式来维系老客户，当然，会员一次性支出的会费远小于以后每次购物所享受的超低价优惠，还可享受其他特殊服务，如定期收到有关新品的样式、性能、价格等资料，以及享受送货上门的服务等。

例如，阿里巴巴推出了 88 会员活动，用户只需要花费 88 元就可以获得天猫、饿了么、优酷、虾米、淘票票等产品的会员权益，而单独买这些会员权益则需要花费 626 元，而且淘气值低于 1 000 的用户，要花 888 元才能购买。用户成为 88 会员后，在购物的时候，一想到自己是淘宝会员，而且还享受 95 折优惠，就会先想到在淘宝上购买。对阿里巴巴来说，88 会员还可以联合天猫、饿了么、优酷、虾米、淘票票等产品的用户，实现用户共享。

开市客会员的忠诚

开市客是美国最大的连锁会员制仓储量贩店，成立以来即致力于以最低价格提供给会员高品质的品牌商品，多年来综合毛利率始终在 10% 左右，其赢利主要来自会员费收入。要想在开市客购物，客户必须缴纳 45 ～ 100 美元的年度会员费。

当客户交了这笔年费成为会员后，如果经常来开市客购物，客户就会觉得会员费缴得实在是太值了。因为他们只要多买一些低价优质的商品就赚回来了！另外，开市客还允许会员携带多位亲友一同购物，并提供分单结账服务，以实现口碑相传，增加会员基数。绝大多数客户都选择继续缴纳会员费，开市客 60% 的利润也来自这些会员费。

开市客会员费成为公司的主要利润。2018 年 31 亿美元的利润几乎全部来自全球9 600 万名会员的会员费！在客户的会员费续费上，每年开市客的会员续费率是 90%，也就是说忠诚的客户达到 90%。

五、提高客户的转换成本

一般来讲，如果客户在转换电商企业时感到转换成本太高，或客户原来所获得的利益会因为转换电商企业而损失，或者将面临新的风险和负担，那么客户就会尽可能不转换，如此就会继续对电商企业忠诚。

（一）提高客户转换的学习成本、时间成本、精力成本

例如，电商企业一开始为客户提供有效的产品或服务，包括提供免费软件等，并帮助客户学习如何正确地使用软件。那么，一段时间以后，客户学习软件使用方法所花的时间、精力将会成为一种转换成本，客户会自愿重复使用该软件，成为忠诚客户，而不会轻易转换。

大 V 店"让天下没有难做的妈妈"

大 V 店是国内首家以社群为主的母婴会员电商企业，由原先单一的童书微信销售平台，发展成为妈妈们提供购物、社交、教育、生活等服务的平台，现拥有数百万名活跃的妈妈用户。

大V店始终关注的是"妈妈的成长"，并且以"让天下没有难做的妈妈"为使命，为妈妈们提供一系列相关产品与服务。大V店最初以儿童图书为切入点，按不同年龄阶段将图书分类，如此妈妈们可以轻松地在孩子看图、认字、读诗等不同学习阶段挑选到合适的书本。发展到现在，大V店增加了母婴用品、个人护理、家用电器等产品。会员妈妈还可以在平台上购买知识干货，听一听育儿专家的经验，学一学家庭关系问题的处理方法。

大V店积极打造学习型社群，通过教育专家提供育儿知识，为妈妈们提供持续性知识输出，同时鼓励妈妈们丰富社交活动，在交流中学习，在分享中体现自我价值。"妈妈商学院"是专门为妈妈们建立的虚拟学院。妈妈们能在其中了解到大量专业的有关儿童教育、家庭关系的知识和技能。为了提高妈妈们的课程完成率，大V店不仅会请名师授课，还督促学员听课、提交作业等。此外，大V店会定期开展干货分享活动，邀请优秀妈妈分享经验，让更多妈妈紧跟时代，学习互联网知识。

（二）提高客户转换的财务成本

电商企业还可以通过提高客户转换的财务成本，即损失将要到手的经济利益来维持客户忠诚。

例如，京东在客户消费后给予了京豆、京享值，但是，如果账号停止使用，那么账号内的京豆、京享值等相关权益将被取消，这就提高了客户转换的财务成本。

COSTA 的打折卡

当你走进COSTA点了一杯36元的拿铁咖啡，准备掏出钱包付款时，服务员告诉你："先生，这杯价格36元的咖啡，您今天可以免费得到。"

服务员接着说："您办理一张88元的打折卡，这杯咖啡今天就免费给您了，并且这张卡全国通用，您可以在任何时候到COSTA消费，同时可以享受9折优惠。"

调查表明，有70%左右的客户会购买这张打折卡。此策略可是一箭双雕之计。

第一，增加客户第一次消费单价。对客户来说，咖啡的价值是36元，办一张打折卡88元，送一杯咖啡，然后凭这张卡以后还可以持续享受折扣。但是，真实的情况是多花了52元，因为打折是建立在你消费的基础上的，你不消费，这张卡对你便没有用。

第二，锁定客户。当你响应了COSTA的主张之后，你获得了一张打折卡，就在你办卡的一瞬间，你就被锁定了。COSTA与星巴克的定价很接近，当你下一次要喝咖啡的时候，因为有这张打折卡，所以你基本不会考虑星巴克。

当然，企业还可以与客户签订合作协议或合同，一般情况下在协议期限内客户不会轻易违约，否则他将按照合作协议的违约条款承担责任。

（三）提高客户转换的情感成本

客户购买了某电商企业的产品或者服务一段时间后，与电商企业建立了交情，那么就可能提高情感转换成本而增加退出障碍，从而不轻易流失。

> ▶ 案例

"米粉"因参与而忠诚

参与感是提升客户黏性和忠诚度的重要手段。小米创始人曾经说过："从某种程度上讲，小米贩卖的不是手机，而是参与感。"

在小米眼中，用户不仅是产品的使用者，也极有可能成为小米手机的开发者，因此，在产品的设计中，小米创新性地引入了用户参与机制，给予"发烧友"用户参与产品创造和改进的机会，并且积极吸纳海量的用户意见，用以指导软件设计和更新，与用户一起做好的手机。小米手机论坛每周都发布数千篇用户反馈的帖子，其中不乏来自用户的深度体验报告和心得。在部分重要功能的设计和确定上，小米的工程师们充分挖掘并利用隐藏在论坛中的强大的用户力量，通过网络问卷调查及投票的方式征询用户的意见。小米每周更新的众多功能中有1/3得益于"米粉"。小米借助微博、微信和论坛的力量使用户与手机开发者完成近距离互动，在娱乐化的互动过程中也增强了用户对产品和品牌的信任。

另外，小米从产品研发、营销、传播、服务各个环节充分激发用户的自组织参与和创造意愿，先推出手机开发论坛 MIUI，招募 100 个智能手机"发烧友"参与功能研发；再以这 100 个种子用户为中心逐步扩充，招募 1 000 个测试用户、10 000 个体验用户，进行新功能的测试体验和反馈；再带动 10 万个忠实用户和千万个普通用户进行口碑营销和持续消费。

小米以"和'米粉'做朋友"为己任，一方面以 MIUI 论坛为平台聚集用户参与开发和传播，不断激发和满足用户需求，不断升级产品，保持用户参与热度；另一方面充分利用社交互动进行营销服务，实时响应用户反馈，提供精细化服务体验，提高用户对小米品牌的认同感和忠诚度，从而使小米品牌在智能手机的"红海大战"中异军突起。

小米这种将终端用户的参与融入产品设计过程的做法使得"米粉"因自身的参与而加深了对小米的牵挂和忠诚。

六、加强业务联系提高不可替代性

（一）加强业务联系

加强业务联系是指电商企业渗透到客户的业务中间，双方形成战略联盟与紧密合作的关系。假如电商企业能够向客户提供更多的服务，如为客户提供生产、销售、调研、管理、资金、技术、培训等方面的服务，就能与客户建立紧密的联系从而促进客户忠诚。

例如，小米投资了 270 多家生态链企业，并且不断地跨界，尝试新的服务领域——第一圈层是手机周边商品，基于小米手机已取得的市场影响力和庞大的活跃用户群，手机周边是小米有先天优势的第一圈层，如耳机、音箱、移动电源等；第二圈层是智能硬件，小米投资孵化了多个领域的智能硬件产品，如空气净化器、净水器、电饭煲等传统白色家电，也投资孵化了无人机、机器人等极客互融类智能玩具；第三圈层是生活耗材，如毛巾、牙刷、旅行箱、跑鞋和背包等。小米通过投资生态链，不断地加强与客户的业务联系，在一定程度上增强了客户对小米的忠诚。

▶ **案例**

强生公司的网上服务

强生公司选择婴儿护理品为公司网站的形象产品，将企业网站变成一部个性化的、记录孩子出生与成长历程的电子手册，增强了强生品牌的感召力。

在网站上，强生公司时刻提醒着年轻的父母们关注孩子的睡眠、饮食、哭闹情况、体温等，并且设置相关的板块为用户解答育儿疑问。随着孩子的成长，强生公司会时时推荐"强生沐浴露""强生安全棉""强生尿片""强生爽身粉"等孩子所需的产品。强生公司这份育儿宝典会告诉父母哪些产品正是孩子现在所必需的。年轻父母们会突然发现，孩子的成长离不开这个育儿宝典。

此外，电商企业如果能够为客户提供量身定制的服务来满足客户的特殊要求，也能够达到促进客户忠诚的目的。

例如，某企业为女性购物者和对健康很在意的客户，特别推出了瘦身购物车。这种瘦身购物车的造价是普通推车的7倍，装有设定阻力的装置，客户可自主决定推车时的吃力程度，阻力越大，消耗的热量就越多。在推车购物过程中，客户的手臂、腿部和腹部都会得到锻炼，相当于进行一定时间的慢跑或游泳而得到的锻炼。推车上还装有仪器，可测量使用者的脉搏、推车速度与时间，并显示使用者消耗的热量。瘦身购物车受到了客户的热烈欢迎，因为客户得到了其他商场没有提供的"健身服务"。

每逢大促，商家店铺图片、视频等设计需求便大大增加，会带来很多支出。2020年"双11"，京东玲珑设计平台的图片设计、视频设计、直播页面设计、京东智辅购物小程序4项工具对商家免费，加上一直免费的其他6项视觉设计功能，大促期间总共可为商家节省超10亿元。此外，京东为商家提供海量的直播间贴片、封面图和宣传图模板，让设计新手也能设计出优质的直播间，助力商家直播带货。对于直播内容的策划，京东推出直播超级排位赛，鼓励商家进行直播营销。另外，"京小贷"为满足条件的超万名优质商家提供临时额度，最高额度为100万元，满足商家在活动期间对资金周转的需求。同时，京东推出"京营保"服务，坚决保护商家权益，包括加强对恶意购买行为的防控、对商家价格错标等失误的及时补救等。京东邀请更多商家加入"护宝锤"系统，共同治理品牌侵权行为。京东的一系列努力大大提升了商家对京东的忠诚度。

当然，企业可与客户通过交叉持股或者双方共同成立合资、合伙或合作企业等形式，建立双方共同的利益纽带，达到"你中有我，我中有你"的效果，这样彼此就不容易分开了。

（二）提高不可（易）替代性

如果电商企业凭借人才、经验、技术、专利、秘方、品牌、资源、历史、文化、关系、背景等为客户提供独特的、不可（易）替代的产品或者服务，就能够增强客户对电商企业的依赖性，从而实现客户忠诚。

例如，B站诞生之初就以弹幕闻名，并引领了弹幕这种独特的潮流。相比于其他视频网站动辄60～90秒的广告，在B站观看视频更加顺畅、痛快，这有利于提高客户对B站的忠诚度。

又如，阿里巴巴集团于2014年正式推出天猫国际平台，直接向客户提供境外进口商品。作为一个媒体平台，天猫国际有效地整合了境外卖家与境内买家的信息，解决了双方语言障碍的问题，以及传统海淘中支付不安全、无售后保障等问题。大部分世界知名的百货公司和免税商店均入驻天猫国际，并且大多数和天猫国际签署了独家的战略合作协议，这意味着，天猫国际拥有着其他平台无法得到的货源。在天猫国际入驻的商家大部分可以为客户提供7天无理由退换货的服务，如果客户需要退换商品，天猫国际可以直接从保税区发货，具有很强的时效性。而且天猫国际还为客户提供运费险，如果客户有退换货的需要，则可由天猫国际承担退换货的大部分运费，客户只需承担少部分邮寄费用。天猫国际承诺所有需退换商品均为国内退货，为客户解决了传统海淘中售后无保障的难题。显然，这些独特的服务提高了客户对天猫国际的忠诚度。

此外，品牌是用以识别某个产品或者服务，并使之与竞争对手的产品或者服务区别开来的商业名称及标志。品牌对客户的吸引力在于，品牌是一个保证，是一种承诺。电商品牌一旦创建成功就像竖起了一道屏障，如果客户认可了电商品牌，对其他电商品牌就很可能会采取排斥的态度。

延伸阅读：电商企业打造品牌的意义

1．有利于吸引客户、留住客户

在市场竞争日益激烈的今天，如何让自己快速脱颖而出，为客户所接受？唯有打造品牌。品牌可以给客户带来光环效应，客户因对品牌认可或信任而购买产品或服务。客户出于对品牌的信任会跟随品牌，得到客户认可和信赖的品牌会获得更高的溢价收益。另外，通过品牌，电商企业与客户可以建立一种牢固的关系。

2．有利于拓展市场

品牌是电商企业生存发展的重要依托，良好的品牌形象是电商企业开拓市场的通行证，并且有助于节省大量的推广费用。

3．有利于塑造电商企业形象

品牌是电商企业的脸面，是独一无二的，具有不可复制性。可以说，品牌是电商企业的灵魂，是电商企业的无价之宝，有利于塑造电商企业形象，提高电商企业的知名度。

4．有利于聚集各类资源

品牌塑造成功可以帮助电商企业聚集各类社会资源，如人力、财力、物力资源等。例如，品牌可以很好地吸引和激励人才，因为效力于一个优秀的品牌意味着拥有良好的发展空间和机会，也可以获得自豪感。此外，强有力的品牌可以获得供应链上下游电商企业的渠道支持，也容易获得融资上的便利。

5．有利于获得法律保护

品牌经过注册之后获得商标专用权，其他个人或者电商企业不能进行仿冒或者侵害，一旦出现此种行为侵权个人或电商企业就会受到法律制裁，因此注册品牌有利于电商企业保护自身合法权益。

七、以自己的忠诚换取客户的忠诚

电商企业不应当忽视自己对客户的忠诚，而应当以自己对客户的忠诚换取客户的忠诚。

延伸阅读：为客户打伞

初春的一天上午，胡雪岩正在客厅里和几个分号的大掌柜商谈投资的事情。这时，外面有人禀告，说有个商人有急事求见。前来拜见的商人满脸焦急之色。原来，这个商人在最近的一次生意中栽了跟头，急需一大笔资金来周转。为了救急，他拿出自己全部的产业，想以非常低的价格转让给胡雪岩。

胡雪岩不敢怠慢，让商人第二天来听消息，自己连忙吩咐手下去打听是不是真有其事。手下很快就赶回来，证实商人所言非虚。胡雪岩听后，连忙让钱庄准备钱。因为对方需要的现金太多，钱庄里的现金又不够，于是，胡雪岩又从分号急调大量的现金。第二天，胡雪岩将商人请来，不仅答应了他的请求，还按市场价来购买对方的产业，这个价格远远高于对方转让的价格。那个商人惊愕不已，不明白胡雪岩为什么连到手的便宜都不占，坚持按市场价来购买那些房产和店铺。

胡雪岩拍着对方的肩膀让他放心，告诉商人说，自己只是暂时帮他保管这些抵押的资产，等到商人挺过这一关，可随时来赎回，只需要多付一些微薄的利息就可以。胡雪岩的举动让商人感激不已。签完协议之后，商人对着胡雪岩深深作揖，含泪离开了胡家。

胡雪岩的手下可就想不明白了。胡雪岩微微一笑："你肯为别人打伞，别人才愿意为你打伞。那个商人的家产可能是几辈人积攒下来的，我要是以他开出的价格来买，当然很占便宜，但人家可能就一辈子翻不了身。这不是单纯的投资，而是救了一家人，既交了朋友，又对得起良心。谁都有雨天没伞的时候，能帮人遮点雨就遮点吧。"

众人听了之后，久久无语。后来，商人赎回了自己的家产，也成了胡雪岩最忠实的合作伙伴。在那之后，越来越多的人知道了胡雪岩的义举，对他佩服不已。胡雪岩的生意好得出奇，无论进入哪个行业，总有人帮忙，有越来越多的客户来捧场。

八、加强员工忠诚的管理

只有满意、忠诚的员工才能愉快、熟练地提供令客户满意的产品或服务，从而实现客户的忠诚，而员工的流失会影响客户的忠诚。为此，电商企业一方面要通过培养员工的忠诚实现客户的忠诚，另一方面要通过制度避免员工流失，进而避免客户流失。

（一）通过培养员工的忠诚实现客户的忠诚

1. 寻找优秀的员工并加强培训

电商企业应寻找那些特质、潜力、价值观与电商企业的制度、战略和文化相一致，才识兼备、技术娴熟、工作能力强的员工。此外，电商企业应培训员工树立"以客户为中心"的理念，使每位员工认识到他们的工作会影响客户和其他部门的人员，进而影响客户的忠诚和电商企业的生存，并给予员工相关知识和技能的培训与指导。

2. 培养员工忠诚

首先，电商企业要关心员工、尊重员工，充分满足员工的需要，在员工个人发展上舍得投资，及时解决员工遇到的问题，从而不断提高员工的满意度。

例如，京东用各种福利关爱员工，不但为在京东工作5年以上的老员工提供医药费报销服务，而且若他们治病资金不足，京东也会全力支持。为解决员工小孩上学问题，京东开了家托儿所，凡是京东员工0～3岁的孩子都可以入园，且费用全免。另外，京东食堂高达6层，总面积2万多平方米，包括咖啡厅、茶餐厅、面包房、果蔬房等。

其次，电商企业要充分授权，即电商企业要赋予员工充分的权利，从而使员工感到自己受重视、被信任，进而增强其责任心和使命感，激发其解决服务问题的创造性和主动性，并群策群力，共同想办法赢得客户忠诚。

3. 不轻易更换为客户服务的员工

一个员工如果在服务客户的岗位上待的时间很长，不但可以了解客户的兴趣与需求，而且能够给客户带来亲切感与温暖，从而使客户愿意在此重复消费。当出现失误时，客户也往往会体谅，而不会轻易流失。

（二）通过制度避免员工流失，进而避免客户流失

熟悉的员工能让客户感到亲切，而客户熟悉的员工离职可能会造成客户流失。为此，电商企业可通过扩大客户与企业的接触面，减少客户对企业员工个人的依赖，途径如下。

1. 制定轮换制度

轮换即每隔一段时间更换与客户联系的员工，这样当某个员工离职时，电商企业就能保证仍有客户熟知的员工为之服务。当然，员工轮换不宜过于频繁，因为如果客户还没来得及与员工建立良好的合作关系，这个员工就被调离，客户就会怀疑电商企业到底是否能够为他提供连续的服务。

2. 以客户服务小组代替单兵作战

由于团队的作用，单个员工对客户的影响被削弱，从而降低了员工流失导致客户流失的可能性。客户服务小组可采取多种形式，如海尔的客户服务小组的成员由同一部门不同级别的人组成。当然，电商企业采用的客户服务小组的形式要确保每个成员输出信息的一致性，相互矛盾的信息会让客户怀疑客户服务小组的能力。

3. 通过数据库在电商企业内部实现客户资源的共享

电商企业要把各个员工所掌握的客户信息在电商企业内部共享，同时建立共享的电商企业文化，为员工创建一种开放的工作环境，并组织开展一些交流活动，如员工经验交流会等，让他们可以自由沟通、分享信息，从而在电商企业内部共享客户资源。这样就不会出现因某一员工的离开而造成客户流失的情况，任何员工都能在其他员工的基础上发展与客户的关系。

以上策略在实现客户忠诚上所起的作用会因行业、电商企业、客户的不同而不同，在实际工作中应当灵活应用。

延伸阅读：电商直播间的保流

电商直播间的保流是指电商直播间积极做好受众维护，增强受众黏性，保住流量，从而可能将流量转化为销量，实现电商直播的目的。直播间的保流可以从直播内容、带货产品、主播、互动交流增进感情、优惠福利、社群维护、定时直播等方面着手。

（一）靠内容保流

高质量的直播内容是维持与提高流量的根本，直播间提供的内容，如表演、分享、培训等要有价值、有特色，才能够让受众形成兴趣和偏好，才能让受众黏性随之增强。

例如，有的直播内容好看、有趣，不负期待，能够给受众带来快乐；有的直播内容能带给受众新鲜感、收获和进步；有的主播探访各地工厂，用直播的方式向受众展示产品的质量，甚至全程直播产品的生产加工和包装运输过程，为受众展示整个产业链等。当受众发现内容对自己有帮助时，就会主动加入直播间并且留下来。因此，直播间要努力做有吸引力的直播内容，坚持"内容为王"的原则，以优质的内容来吸引流量。为此，直播间要深入调研受众的需求，明确自身在直播市场中的定位，并且避免和其他直播内容同质化，以优质的直播内容吸引受众、留住受众。直播间只要肯下功夫，向受众持续提供有价值的内容，就能够积聚受众资源，完成流量变现，获得稳定收入。

（二）靠带货产品保流

首先，购买物美价廉的产品是受众消费的常见逻辑。在直播间，受众对产品的价格尤为关注，很多受众观看直播都是冲着直播间的产品价廉物美、高性价比来的。所以，直播间、主播只有争取较大的价格优势，保证产品的高性价比，才能够为直播间保流。其次，直播间选择的带货产品应是受众喜欢的产品，并且是主播亲测过的产品，产品只要质量可靠、性能优异，就能够增强受众的感知，长此以往将增强受众的黏性。最后，不管是原材料稀缺还是生产数量、销售数量较少，都会极大地提高产品在消费者内心的价值。为此，直播间应当尽量推出具有唯一性、独特性、稀缺性的产品，这类产品容易受到受众的追捧，直播间也就能够保流。

（三）靠主播保流

如果直播间的主播有吸引力、号召力，既专业又有责任心，能够给受众带来利益，自然能够帮助直播间保流。例如，有的主播是行业达人，可以给受众分享很多实用的技能；有的主播专业，能够以专业的态度、专业的知识，给出专业的解答，帮助受众打开眼界；有的主播幽默风趣，可以让受众心情愉快等。这些都会吸引受众成为直播间的忠实粉丝。主播还可以根据每天直播的话题设置不同的主题，同时让受众参与话题互动，这样不仅能提升直播间的活跃度，还能让受众觉得主播知识渊博、专业、靠谱，让受众对主播产生敬佩之情，这样主播就能比较容易地控制直播间的场面和气氛了。另外，不同的主播可以带来不同风格、不同内容的直播，为此，直播间还可以邀请行业内的**KOL**来对产品进行解读和推荐，以及邀请艺人、嘉宾等进行合作，从而吸引受众、留住受众。

（四）靠互动交流增进感情来保流

直播的一大优势在于主播可以与受众进行实时互动。直播过程中，主播在介绍产品信息、展示产品功能时，受众可以直接在评论区提出疑问或需求，主播也可以实时予以回应，甚至就某一话题展开深入讨论，这种交流互动，让受众感觉到被重视、被尊重，激发了他们的积极性，也容易留住受众。直播中主播要尽量聊受众感兴趣的话题，和受众建立共同语言。只有把受众当成朋友来对待，让受众感受到主播的真诚，才会增加受众对主播的信任，增强受众黏性。互动话题的来源有三个：首先，可以在官方微博、微信公众号向受众征集其感兴趣的话题；其次，互动话题来自直播过程中受众发送的弹幕、评论，不论是受众提出的疑问，还是受众之间的互动，主播都可以从这些信息中提炼出话题，在直播中进行互动讨论；最后，为了保持活跃度，主播可以在直播间制造一些热门话题，或者分享一些大家感兴趣的话题，如将网络头条新闻的链接发到直播间，让大家探讨交流，鼓励受众参与。

直播间互动时应当尊重个体的自由言论，但是要禁止传播不良信息，多一些正能量的讨论，避免传播不好的社会舆论，对于不好的言论要有应对措施。另外，直播时主播可以像朋友一样和受众聊聊自己的经历和想法。聊天时主播要谦逊和善，像唠家常一样和受众进行接地气、生活化的互动，可以说一说当天遇见的趣事，或者讲一讲自己觉得有意思的事情，引发受众的情感共鸣，让受众感觉主播更像是他们身边的一位可信赖的朋友，而愿意与主播讨论交流、分享感悟。另外，在受众购买产品后可以给受众私发产品使用须知、使用小常识等，这也会让受众感觉很温暖。总之，互动交流有助于主播和受众联络感情、增进了解，促进受众成为直播间的忠实粉丝。

（五）靠利益保流

如果直播间只是靠受众效应，而不能给受众带来实际的利益，那么受众是不会驻足的。因此，直播间要不定时地为受众发放优惠券、发红包、抽奖及建立会员积分制度等，让受众享受到实实在在的利益，从而实现保流。

优惠券是直播间给予持有人购买时一定减价的凭证。由于能够得到减价优惠，所以，优惠券对价格敏感的受众有很强的吸引力。发放优惠券是一种简单有效的保流方法，很多受众即便对带货产品不感兴趣也还是愿意领取优惠券，从而留在直播间。此外，直播间也可以提供受众福利，如专属售后服务、专享折扣、生日福利等，吸引受众持续关注；还可以定期做优惠活动，如直播专享优惠、直播间分享领优惠、直播间幸运抽奖等，从而让受众养成定期看直播的习惯而实现保流。

在直播间里发红包是提升直播间人气的好方法，在直播过程中的某些时段送出直播红包，可能成为引出众多"潜水者"的利器。但是，红包的发放也不是随意的，如果在直播开场便发完红包可能会导致直播后半程的受众数量大大减少，而且红包的金额和数量也关系着商家和主播的利益。

抽奖也是迅速提高直播间活跃度、增加直播间人气的有效方式。抽奖有定时抽奖、点赞抽奖、问答抽奖、购买抽奖、关注抽奖、抽取幸运受众等多种形式。

积分制度是直播间对受众的特定行为给予一定的积分并且受众可通过兑换来变现积分，从而增强受众黏性的制度。例如，每天签到送1积分，累计签到满90天，就可以兑换对应价值的小礼品。又如，可邀请受众帮忙将直播间转发至微信朋友圈，截图可送100分积分。此外，受众加入主播受众团是希望得到主播的关注，让自己在直播间有更多的存在感。为此，可以让加入主播受众团的受众拥有受众团成员的专属受众徽章，且在直播间发送弹幕时可以展示特殊的昵称与颜色等。

（六）靠社群保流

不管是在直播中还是在直播结束后，主播与受众之间的互动都很重要。主播在直播中与受众互动，是为了延长受众的停留时长，提高购买转化率，而直播结束后是否互动是决定受众是否会成为忠实受众的关键因素。对此，直播间可通过建立社群来维护受众的黏性。为了保持社群热度，需要有人员天天运营维护社群。就像经营一个店铺一样，早上有人开门营业，晚上也需要有人打烊，直播间受众社群每天都需要有人打理，运营人员可以发早、晚安问候，有人提问的时候需要及时回复，不要让受众群冷清，否则会导致出现退群的现象。

社群运营实际上是建立情感联结，在有了情感联结的基础上，受众黏性会有质的提高。主播通过社交网络与受众沟通和互动，大家虽然可能在现实中没有见过面，但却在社群中不断分享、交流观点。在这个过程中，个人不仅得到了成长和提升，也在社群文化的闭环中对直播间形成了高黏性，很可能会自觉地观看下一次直播，进行后续的消费。

有这样一句话，"线上聊千句不如线下见一面"，大家通过社群建立情感联结后，可以开始走向线下，在线下开展各式各样的活动，这会让社群更有人情味儿，使受众黏性更高。

总之，优雅、舒适、轻松、愉快的社群氛围，能够展示直播间的文明程度、亲切友好程度，能够保流。有温度的社群，有着更高的黏性，容易形成稳定的生态关系。

（七）靠定时直播保流

直播是项需要长期坚持的工作，即使在受众很少的情况下，也要定时做直播，因为定期、规律性直播要比随机直播更能吸引受众长期关注，让受众养成定期看直播的习惯。直播间要根据受众习惯和观看规律，设置固定、合理的直播时段和时长，并且准时开播，这样才能在受众心中建立良好的信誉，从而使受众养成按时观看直播的习惯，增强黏性，集聚更多受众。

 **本章练习**

一、不定项选择题

1. （　　　）是指客户对某一特定产品或服务形成了偏好，进而重复购买的一种趋向。

 A. 客户满意 B. 客户价值 C. 客户忠诚 D. 客户赢利

2. 客户忠诚一般是建立在（　　　）基础之上的，因此提供高品质的产品、无可挑剔的基本服务，增加客户关怀是必不可少的。

 A. 客户赢利 B. 客户成本 C. 客户满意 D. 客户价值

3. 以下影响客户忠诚的因素是（　　　）。

 A. 客户满意 B. 客户性别 C. 客户年龄 D. 客户期望

4. 评估客户忠诚度可以从（　　　）去判断。

 A. 客户重复购买次数   B. 客户对品牌的关注度

 C. 客户对产品质量事故的承受能力 D. 客户对价格的敏感程度

5. 下列影响客户转换成本的因素有（　　　）。

 A. 时间成本 B. 精力成本 C. 经济成本 D. 情感成本

二、判断题

1. 客户满意与否不会对客户忠诚产生影响。   （　　　）

2. 忠诚的客户一定来源于满意的客户，满意的客户一定是忠诚的客户。 （　　　）

3. 维系老客户的成本大大高于吸引新客户的成本。   （　　　）

4. 客户忠诚能为企业节约服务成本。   （　　　）

5. 忠诚客户的数量决定了企业的生存与发展，忠诚度的高低决定着企业竞争能力的强弱。   （　　　）

三、名词解释

客户忠诚 转换成本 信赖忠诚 势利忠诚 惰性忠诚 无奈忠诚

四、问答题

1. 客户忠诚的意义是什么？

2. 判断客户满意的指标有哪些？

3. 影响客户忠诚的因素有哪些？

4. 实现客户忠诚的策略有哪些？

本章实训：电商对客户忠诚的管理

实训任务

介绍、分析 ×× 电商采取了哪些有效措施来实现客户忠诚。

实训组织

（1）教师布置实训任务，指出实训要点和注意事项。

（2）全班分为若干个小组，各组确定本组的实训内容。

（3）收集相关资料和数据时可以进行实地调查，也可以采用二手资料。

（4）小组内部充分讨论，认真研究，形成分析报告。

（5）小组需制作一份能够在 3 ～ 5 分钟演示完毕的 PPT，在课堂上进行汇报，之后其他小组可质询，台上台下进行互动。

（6）教师对每组分析报告和课堂讨论情况即时进行点评和总结。

第四篇

电商客户关系的挽救

　　客户关系在建立阶段、维护阶段随时可能破裂，此时电商企业如果没有及时采取有效措施，就可能造成客户永远流失。相反，如果电商企业能够及时采取有效措施，就有可能挽回流失客户，从而使破裂的客户关系得到修复。

　　客户关系的挽救是电商企业挽回流失客户的过程。

第十章
电商对流失客户的挽回

10-1 电商对流失
客户的挽回

本章将首先介绍客户流失有哪些原因，其次介绍应当如何看待客户的流失，再次介绍如何区别对待不同的流失客户，最后介绍挽回流失客户的策略。

第一节　客户流失的原因

客户流失是指客户由于种种原因不再忠诚，转而购买其他电商企业产品或服务的现象。客户流失除了有电商企业的原因，还有客户本身的原因。

一、电商企业的原因

导致客户流失的因素与影响客户忠诚的因素是一样的，也就是说，客户流失的原因主要是客户不满意及其他促使客户流失的原因。

（一）客户不满意

当产品或服务质量没有达到标准或者经常出现故障时，当服务态度或服务方式存在问题时，当对客户的投诉和抱怨处理不及时、不妥当致使客户利益受损时……电商企业的客户都容易流失。

客户受骗上当后也容易流失。例如，有的电商企业承诺包退包换，但是一旦客户提出退换要求，电商企业总是找理由拒绝。

当产品或服务落伍时，客户也容易流失。任何产品或服务都有自己的生命周期，若电商企业不能进行产品或服务的创新，客户自然就会另寻他路，这也是客户流失的重要原因。

此外，由于不满电商企业的行为，如破坏或污染环境、不关心公益事业、不承担社会责任等，或者电商企业内部出现震荡或波动等，客户也会流失。

总而言之，当客户感知价值低于客户预期时，客户就会觉得不值，就会流失。

▶ **案例**

凯瑟琳因不满意而流失

凯瑟琳小姐一直以来都是澳大利亚某最大、历史最悠久的银行的忠实客户。有一年她收到银行寄来的通知，告诉她可以到墨尔本分行领取新的信用卡。但是她已经在悉尼定居8年，其间她起码通知过银行四五次，要求更改地址信息。

她拨通了银行通知信件上的服务电话，询问是否可以将墨尔本分行的信用卡寄到悉尼分行，但服务人员表示无能为力，告诉她必须自己打电话或者传真到墨尔本分行。凯瑟琳小姐告诉服务人员过去几年间她已经好几次要求墨尔本分行修正资料，这次不应该再浪费她的时间和金钱了，这是银行延迟处理造成的错误。此时，服务人员开始有点不耐烦：“但这件事我无能为力。”凯瑟琳要求与其上司通话，没想到服务人员竟然直接挂断电话。于是凯瑟琳二话不说直接到那家银行，把自己账户中的钱全部取出，转存到街角的另一家小银行去了。

这件事发生数月之后，凯瑟琳突然对投资房地产感兴趣，便打电话给这家小银行询问相关的贷款方案。由于当时不方便亲自走一趟，所以她只是简单地在电话里告知银行她的资产、债务和收入情况。那时她其实只是想收集一点相关的信息，了解一下房地产投资市场。

服务人员礼貌地告诉她，她将会在 24 小时之后得到想要的信息。果然如服务人员所承诺的，凯瑟琳在一天后收到服务人员的来电，告诉她一个远远超出她预期的贷款金额，并说明计算方式："希望您不介意，我向几家市内的房地产公司查询了符合您条件的方案，并以此计算出最适合您需求的金额。"作为这家小银行的客户，现在凯瑟琳感到十分愉快，并决定以后的所有银行业务都在这家原本不起眼的小银行办理，因为该银行的服务态度给了她对其忠诚的理由。

（二）其他原因

客户通过忠诚所获得的利益较少，客户对电商企业的信任和情感不够深，客户没有归属感，客户转换成本较低，客户对电商企业的依赖程度低，员工忠诚度低，以及电商企业自身对客户不忠诚等也都会导致客户流失。

二、客户的原因

有些客户流失是由于自身原因，具体如下。

有的客户因为需求转移或消费习惯改变而退出某个市场；有的客户因受到某种诱惑或承受某种压力，而"移情别恋"；有的客户对电商企业提供的好的服务或者产品根本就不在乎，转向其他电商企业不是因为对原电商企业不满意，而是因为自己想尝试一下新的电商企业的产品或者服务，或者只是想丰富自己的消费经历；有的客户由于搬迁、成长、经济状况变差甚至破产，或由于客户的采购主管、采购人员的离职等而流失。

第二节　如何看待客户的流失

一、客户流失给电商企业带来很大的负面影响

流失一位重复购买的客户，不仅使电商企业失去这位客户可能带来的利润，还可能损失与受其影响的其他客户的交易机会。因为流失客户可能散布不利的言论，动摇其他客户，此外，还可能会极大地影响电商企业对新客户的开发。

当电商企业与客户的关系破裂，客户流失成为事实的时候，电商企业如果不能尽快、及时地恢复客户关系，就可能造成客户的永远流失，而他们很可能成为电商企业竞争对手的客户，壮大竞争对手的客户队伍和规模。一旦竞争对手由于客户多了，生产服务规模大了，成本得以下降了，就会对电商企业产生威胁。因此，电商企业不能任客户流失。

客户的流失，尤其是好客户的流失会让电商企业投入客户关系中的成本与心血付之东流。客户的流失不断消耗着电商企业的财力、物力、人力和企业形象，给电商企业造成的伤害是巨大的。

二、有些客户的流失是不可避免的

新陈代谢是自然界的规律。电商企业的客户也有一个新陈代谢的过程，特别是在今天的市场上，在各种因素的作用下，随着电商企业经营水平的不断提高，市场上相似的产品或服务越来越多，竞争品牌之间的差异也越来越小，客户因改变电商品牌所承受的风险也大大降低了，因此，客户流动的风险和代价越来越小，流动的可能性越来越大。此外，由于客户本身原因形成的流失，企业是很难避免的，也是无能为力的。所以，当前电商企业普遍存在客户易流失的特点。

因此，虽然很多电商企业提出了"客户零流失"的目标，但是这个目标不太切合实际。留住所有的客户是不现实的，因为电商企业的产品或者服务不可能得到所有客户的认同。所以，电商企业应当理性看待客户的流失，并将客户流失率控制在一个很低的水平。

三、流失客户有被挽回的可能

客户挽回是指电商企业通过努力促使已经流失的客户回心转意，重新成为电商企业忠诚客户的行为。

研究显示，向流失客户销售，每4人中有1人可能成功，而向新客户销售，每16人中才有1人成功。这其中的原因主要是：一方面，电商企业拥有流失客户的信息，他们过去的购买记录会指导电商企业如何下功夫将其挽回，而对新客户，电商企业对其了解要少得多；另一方面，流失客户毕竟曾经是电商企业的客户，对电商企业有所了解，只要电商企业下足功夫，纠正引起他们流失的失误，他们还是有可能回归的。可见，争取流失客户的回归比争取新客户容易得多，只要流失客户回头，他们就会继续为电商企业介绍新客户。

四、挽回流失客户是重要的

假设电商企业有10 000名客户，每年的客户忠诚度是80%，那么，第二年留下来的客户就是8 000名，第三年就是6 400名，第四年就是5 120名。也就是说，4年后，将有约一半的客户流失。

可见，对流失客户的挽回工作十分重要。在客户流失前，电商企业要防范客户的流失，极力维系客户的忠诚；而当客户关系破裂、客户流失成为事实的时候，电商企业不应该坐视不管，轻易地放弃他们，而应当重视他们，积极对待他们，尽力争取挽回他们，促使他们重新购买电商企业的产品或者服务，与电商企业继续建立稳固的合作关系。

第三节　区别对待不同级别的流失客户

由于不是每一位流失客户都是电商企业的重要客户，所以，如果电商企业花费了大量时间、精力和费用，留住的只是使电商企业无法赢利的客户，那就不值得了。

因此，在资源有限的情况下，电商企业应该根据客户的重要性来分配用以挽回客户的资源，挽回的重点对象应该是那些流失的好客户，这样才能实现挽回效益的最大化。

针对下列不同层级的流失客户，电商企业应当采取的基本态度如下。

一、对关键客户要极力挽回

一般来说，流失前能够给电商企业带来较大利润的客户，被挽回后也将给电商企业带来较大的利润。因此，给电商企业带来较大利润的关键客户应是挽回工作的重中之重，他们是电商企业的基石，失去他们，电商企业轻则损失重大，重则伤及根本。

所以，电商企业要不遗余力地在第一时间挽回关键客户，而不能任其流向竞争对手，这也是电商企业必须做的事情。

二、对普通客户要尽力挽回

普通客户的重要性仅次于关键客户，而且普通客户还有升级的可能，因此，电商企业要尽力挽回普通客户，使其继续为电商企业创造价值。

三、对小客户可见机行事

由于小客户的价值低、数量多且很零散，因此，电商企业对这类客户可冷处理，顺其自然，不必花大力气将其挽回。

四、放弃不值得挽回的劣质客户

以下客户不值得挽回：不可能再带来利润的客户；无法履行合同约定的客户；无理取闹、损害员工士气的客户；需要超过了合理的限度，妨碍电商企业对其他客户服务的客户；名声太差，与之建立业务关系会损害电商企业形象和声誉的客户等。

总之，对有价值的流失客户，电商企业应当竭力挽回，最大限度地争取与他们重归于好；对不再回头的客户也要安抚好，使其对电商企业无可挑剔，从而有效地阻止他们散布负面评价而造成不良影响；对没有价值甚至是负价值的流失客户则放弃。

第四节　挽回流失客户的策略

建立和维护客户关系都需要使用组合拳，需要使用一系列组合策略；而客户关系的挽回则可以从"点"上着眼——找出客户流失的原因及关系破裂的症结，然后对症下药，有针对性地采取有效的挽回措施。

一、调查客户流失的原因

如果电商企业能够深入了解客户流失的原因，就可以发现经营管理中存在的问题，采取必要的措施，及时加以纠错、改进，从而挽回流失客户并且避免其他客户的流失。相反，如果电商企业没有找到客户流失的原因，或者需要很长的时间才能找到客户流失的原因，电商企业就不能及时采取有效措施挽回流失客户并且不能加以防范，那么这些客户流失的原因还会不断地使现有客户流失。

总之，当出现客户流失时，电商企业要在第一时间积极地与流失客户联系，了解客户流失的原因，弄清问题究竟出在哪里，并虚心听取他们的意见、看法和要求，让他们感受到电商企业的关心。电商企业只有充分考虑流失客户的利益，并站在流失客户的立场上，对特点不同的流失客户进行及时、有针对性的、个性化的沟通，才可能挽救破裂的客户关系。

二、对症下药

对症下药就是电商企业要根据客户流失的原因制定相应的对策，以挽回流失的客户。例如，针对价格敏感型客户的流失，应该在定价策略上参照竞争对手的定价策略，甚至采取略低于竞争对手的价格，这样流失的客户才会回来；针对喜新厌旧型客户的流失，应该在产品、服务、广告、促销上多一些创新，从而将他们吸引回来。

例如，海底捞是一家以经营川味火锅为主、融汇各地火锅特色的大型跨省直营餐饮品牌火锅店。2020 年 4 月月初，客户发现，海底捞恢复堂食之后涨价了，且菜量变少，如半份毛血旺的价格从 16 元涨到 23 元，自助调料的价格增至 10 元一位，小酥肉 50 元一盘……许多客户表示不会再去海底捞消费。海底捞涨价事件在网络上发酵近一周，2020 年 4 月 10 日，海底捞官方微博发布致歉信，表明海底捞门店此次涨价是公司管理层的错误决策，伤害了海底捞客户的利益，即日起国内各地门店菜品价格恢复到 2020 年 1 月 26 日门店停业前标准。海底捞由于反应及时，总算挽回了流失的客户。

电商企业要根据实际情况，参照流失客户的要求，提出具体的解决方案，并告诉他们正是基于他们的意见，电商企业已经对有关工作进行了整改，避免类似的情况再次发生。如果流失客户仍然对整改方案不满意，则电商企业可以问问他们的意见，向他们讨教；如果整改方案得到流失客户的认可就要抓紧实施。电商企业的诚意会给流失客户留下很好的印象，他们会觉得电商企业很重视他们提出的问题，在真心实意地解决问题，这样就可以打动他们，促使流失客户回头。

 **本章练习**

一、不定项选择题

1. 客户不（　　　）是影响客户流失的重要因素。
  A. 满意　　　　　　B. 关注　　　　　　C. 忠诚　　　　　　D. 沟通
2. 影响客户流失的因素有（　　　）。
  A. 客户从忠诚中所获得的利益　　　B. 客户对企业的信任和情感
  C. 客户转换成本　　　　　　　　　D. 客户对企业的依赖
3. 对（　　　）的流失要极力挽回。
  A. 关键客户　　　B. 普通客户　　　C. 小客户　　　D. 劣质客户
4. 对（　　　）的流失要尽力挽回。
  A. 关键客户　　　B. 普通客户　　　C. 小客户　　　D. 劣质客户
5. 彻底放弃、不值得挽留的是（　　　）。
  A. 关键客户　　　B. 普通客户　　　C. 小客户　　　D. 劣质客户

二、判断题

1. 对不可能再带来利润的客户，其流失不必挽回。　　　　　　　　（　　　）
2. 对小客户的流失，如果不吃力则可以试着将其挽回。　　　　　　（　　　）
3. 有些导致客户流失的因素是客户本身造成的。　　　　　　　　　（　　　）
4. 影响客户流失的因素与影响客户忠诚的因素是不一样的。　　　　（　　　）
5. 对不同级别客户的流失应当采取不同的态度。　　　　　　　　　（　　　）

三、名词解释

客户流失　客户挽回

四、思考题

1. 客户流失的原因有哪些？

2. 如何看待客户的流失？

3. 挽回流失客户的重要性是什么？

4. 怎样挽回流失客户？

 本章实训：电商对流失客户的挽回

实训任务

介绍、分析 ×× 电商客户流失的原因，以及采取了哪些有效措施挽回流失客户。

实训组织

（1）教师布置实训任务，指出实训要点和注意事项。

（2）全班分为若干个小组，各组确定本组的实训内容。

（3）收集相关资料和数据时可以进行实地调查，也可以采用二手资料。

（4）小组内部充分讨论，认真研究，形成分析报告。

（5）小组需制作一份能够在 3 ～ 5 分钟演示完毕的 PPT，在课堂上进行汇报，之后其他小组可质询，台上台下进行互动。

（6）教师对每组分析报告和课堂讨论情况即时进行点评和总结。

综合实训 1
×× 电商企业的客户关系管理分析

实训内容

1. 客观且全面地介绍一家电商企业管理客户关系的做法。
2. 分析并评价该家电商企业客户关系管理的得与失。
3. 为该家电商企业客户关系管理提出改进意见或建议。

实训组织

1. 教师布置实践任务，指出实践要点和注意事项。
2. 全班分为若干小组，各组确定本组的实训内容。
3. 收集相关资料和数据时可以进行实地调查，也可以采用二手资料。
4. 小组内部充分讨论，认真研究，形成分析报告。
5. 小组需制作一份 5 ～ 10 分钟演示完毕的 PPT，在课堂上进行汇报，之后其他小组可提出疑问。
6. 教师对每组分析报告和课堂讨论情况即时进行点评和总结。

综合实训 2

××电商企业的客户关系管理策划

实训内容

1. 为××电商企业策划如何建立客户关系。

2. 为××电商企业策划如何维护客户关系（策划重点）。

3. 为××电商企业策划如何挽回流失客户。

提示：拟定思路、构建框架时，要以理论为指导。主体内容必须紧密联系电商企业实际，不空谈，要言之有物，重对策，重实效。其中可穿插生动的实例来增强策划的有效性和说服力。

实训组织

1. 教师布置策划任务，指出策划要点和注意事项。

2. 全班分为若干小组，各组确定本组的实训内容。

3. 收集相关资料和数据时可以进行实地调查，也可以采用二手资料。

4. 小组内部充分讨论，认真分析研究，形成策划报告。

5. 小组需制作一份 5～10 分钟演示完毕的 PPT，在课堂上进行汇报，之后其他小组可提出疑问。

6. 教师对每组策划报告和课堂讨论情况即时进行点评和总结。

延伸阅读

[1] 苏朝晖. 客户思维 [M]. 北京: 机械工业出版社, 2019.

[2] 苏朝晖. 消费者行为学 [M]. 北京: 人民邮电出版社, 2020.

[3] 苏朝晖. 客户服务实务 [M]. 北京: 清华大学出版社, 2020.

[4] 苏朝晖. 客户关系管理: 建立、维护与挽救 (第2版) [M]. 北京: 人民邮电出版社, 2023.

[5] 苏朝晖. 服务营销管理 (第3版) [M]. 北京: 清华大学出版社, 2023.

[6] 苏朝晖. 市场营销: 从理论到实践 (第2版) [M]. 北京: 人民邮电出版社, 2021.

[7] 苏朝晖. 直播营销 (微课版) [M]. 北京: 人民邮电出版社, 2023.

[8] 苏朝晖. 品牌管理 [M]. 北京: 人民邮电出版社, 2023.

参考文献

[1] 夏永林，顾新. 客户关系管理理论与实践 [M]. 北京：电子工业出版社，2011.
[2] 邬金涛，严鸣. 客户关系管理 [M]. 北京：中国人民大学出版社，2014.
[3] 谷再秋，潘福林. 客户关系管理（第 2 版）[M]. 北京：科学出版社，2013.
[4] 黄敏学，电子商务 [M]. 北京：高等教育出版社，2022.
[5] 陈道志，电子商务运营管理 [M]. 北京：人民邮电出版社，2021.